北大法律硕士实务丛书

北交所上市

实务操作与典型案例

刘婷 著

法律出版社 LAW PRESS·CHINA
北京

图书在版编目(CIP)数据

北交所上市实务操作与典型案例 / 刘婷著. -- 北京：法律出版社，2023

(北大法律硕士实务丛书 / 隋平主编)

ISBN 978 -7 -5197 -8008 -1

Ⅰ. ①北… Ⅱ. ①刘… Ⅲ. ①证券交易所－监督管理－研究－北京 Ⅳ. ①D922.287.4

中国国家版本馆 CIP 数据核字(2023)第 107908 号

北交所上市实务操作与典型案例
BEIJIAOSUO SHANGSHI SHIWU CAOZUO YU DIANXING ANLI

刘 婷 著

责任编辑 李沂蔚
装帧设计 鲍龙卉

出版发行 法律出版社
编辑统筹 法律应用出版分社
责任校对 裴 黎
责任印制 刘晓伟
经　　销 新华书店

开本 710 毫米×1000 毫米 1/16
印张 21.5　　**字数** 375 千
版本 2023 年 9 月第 1 版
印次 2023 年 9 月第 1 次印刷
印刷 天津嘉恒印务有限公司

地址:北京市丰台区莲花池西里 7 号(100073)
网址:www.lawpress.com.cn
投稿邮箱:info@lawpress.com.cn
举报盗版邮箱:jbwq@lawpress.com.cn

销售电话:010 - 83938349
客服电话:010 - 83938350
咨询电话:010 - 63939796

书号:ISBN 978 - 7 - 5197 - 8008 - 1　　**定价**:98.00 元

凡购买本社图书,如有印装错误,我社负责退换。电话:010 - 83938349

教育部关于做好全日制硕士专业学位研究生培养工作的若干意见(教研〔2009〕1号)

长期以来,我国硕士研究生教育主要是培养具有独立从事科学研究或教学工作能力的教学科研人才。但随着研究生规模的不断扩大和社会需求的不断变化,硕士研究生的就业去向已更多地从教学、科研岗位转向实际工作部门。从世界研究生教育发展状况来看,硕士研究生教育基本是以面向实际应用为主,教学科研人才更多是来源于博士研究生。为促进我国研究生教育的更好发展,必须重新审视和定位我国硕士研究生的培养目标,进一步调整和优化硕士研究生的类型结构,逐渐将硕士研究生教育从以培养学术型人才为主向以培养应用型人才为主转变,实现研究生教育在规模、质量、结构、效益等方面的协调、可持续发展。

教育部等部门关于进一步加强高校实践育人工作的若干意见(教思政〔2012〕1号)

进入21世纪以来,高校实践育人工作得到进一步重视,内容不断丰富,形式不断拓展,取得了很大成绩,积累了宝贵经验,但是实践育人特别是实践教学依然是高校人才培养中的薄弱环节,与培养拔尖创新人才的要求还有差距。要切实改变重理论轻实践、重知识传授轻能力培养的观念,注重学思结合,注重知行统一,注重因材施教,以强化实践教学有关要求为重点,以创新实践育人方法途径为基础,以加强实践育人基地建设为依托,以加大实践育人经费投入为保障,积极调动整合社会各方面资源,形成实践育人合力,着力构建长效机制,努力推动高校实践育人工作取得新成效、开创新局面。

丛书编辑组织者

主编简介

隋平:北京大学法律硕士,香港城市大学法学博士,哈佛大学行为金融学博士后,曾经在北京德恒律师事务所从事律师工作,后在多家大型机构担任高层领导职务,长期致力于推动法学院模拟实务教学。

副主编简介

刘宽:北京大学法律硕士研究生,第 12 届北大法律硕士联合会主席。

甘凯云:北京大学法律硕士研究生,第 13 届北大法律硕士联合会主席。

作者简介

刘　婷

北京大学2005级法律硕士，毕业后长期从事金融法律工作，熟悉金融市场法律法规，10年以上投资银行工作经验，先后任职于东吴证券、方正证券、信达证券、开源证券，参与安邦保险收购和谐健康保险项目（国内首单保险公司并购案），赤峰黄金（600988）收购瀚丰矿业；坚朗五金（002791）收购道尔智控（832966）项目，中建材集团增资中建信息(834082. OC)(融资5.8亿获2018年最具投资价值奖）、国药集团投资中科生物（833207）项目；为淳中科技（603516）、远大住工（02163）等上市公司提供资本运作服务。

出版著作：《上市公司并购重组操作实务图解》《新三板股票发行与融资并购操作务与图解》《新三板董秘工作手册》。

致　谢

为推动本丛书的编写，北大法律硕士联合会现任领导班子成员专门组织了编辑委员会，为本丛书的顺利编写提供了鼎力支持和帮助，在此对以下人员表示感谢！

刘　宽　刘　坦　高至人　冯钰宸　李雨宸

吴　梅　郭蓬勃　郭慧阳　罗艺欣　谢舒婷

吴昕颖　王红媛　卢　苑　刘思琪

此外，本丛书的编写得到众多目前工作在金融实务届和法律实务界的北大法律硕士毕业生们（名单如下）的热心帮助和支持，在此致谢！

庞世之	北大法律硕士	中国保监会
金姗姗	北大法律硕士	中国银监会
景　燕	北大法律硕士	中国证监会
孙　漪	北大法律硕士	中国人民银行
陈利强	北大法律硕士	上海证券交易所
张　炎	北大法律硕士	深圳证券交易所
毛剑锋	北大法律硕士	全国中小企业股份转让系统公司
庄海燕	北大法律硕士	北京金融资产交易所
张　浩	北大法律硕士	长城资产管理公司
蔡　鹏	北大法律硕士	信达资产管理公司
刘　涛	北大法律硕士	长城资产管理公司
段　凯	北大法律硕士	中债增信
周　健	北大法律硕士	中投证券
周　俊	北大法律硕士	中信证券
张润潮	北大法律硕士	光大证券

刘　斌　北大法律硕士　长城证券
何辛欣　北大法律硕士　海通证券
杨　娇　北大法律硕士　国泰君安证券
安　宁　北大法律硕士　东北证券
李　军　北大法律硕士　宏源证券
张　建　北大法律硕士　银河证券
黄亚颖　北大法律硕士　安信证券
龚利娟　北大法律硕士　民生证券
陈　波　北大法律硕士　东方证券
黄亚颖　北大法律硕士　安信证券
赵英华　北大法律硕士　西部证券
邢　凯　北大法律硕士　招商证券
倪　军　北大法律硕士　申银万国证券
潘天永　北大法律硕士　金元证券
邓安民　北大法律硕士　华安证券
章龙平　北大法律硕士　东吴证券
刘　敏　北大法律硕士　中国银行
杨　涛　北大法律硕士　中国工商银行
杨艺宁　北大法律硕士　中国工商银行
刘永利　北大法律硕士　兴业银行
王军宝　北大法律硕士　光大银行
戴华祥　北大法律硕士　中国农业银行
方　冰　北大法律硕士　徽商银行
范常涛　北大法律硕士　包商银行
邵　菲　北大法律硕士　国家开发银行
饶　杨　北大法律硕士　中国建设银行
刘晓棠　北大法律硕士　中国邮政储蓄银行
孙玉洁　北大法律硕士　昆仑银行
杨　第　北大法律硕士　中国交通银行
古　村　北大法律硕士　汇丰银行
张　硕　北大法律硕士　中信银行
吴志刚　北大法律硕士　浙商银行

李　森　北大法律硕士　阳光保险资产管理公司
李世涛　北大法律硕士　光大永明保险公司
申筱然　北大法律硕士　安邦保险公司
郭婧然　北大法律硕士　泰康保险公司
王　嵘　北大法律硕士　长城寿险
黄贤明　北大法律硕士　中融信托
吴　政　北大法律硕士　中信信托
康　顺　北大法律硕士　平安信托
王大伟　北大法律硕士　中粮信托
李　敢　北大法律硕士　苏州信托
杨　帆　北大法律硕士　陆家嘴信托
黄建华　北大法律所示　大业信托
周　慧　北大法律硕士　云南信托
冯　博　北大法律硕士　民生证券
李冠宇　北大法律硕士　国投信托
于　佳　北大法律硕士　北京信托
薛显志　北大法律硕士　新华信托
何世军　北大法律硕士　渤海信托
余祖丽　北大法律硕士　北京中盛律师事务所
林久初　北大法律硕士　北京金杜律师事务所
林海宁　北大法律硕士　北京天元律师事务所
郭　治　北大法律硕士　北京通商律师事务所
林海宁　北大法律硕士　北京金诚通达律师事务所
高　巍　北大法律硕士　北京中银律师事务所
金明浩　北大法律硕士　北京时代九和律师事务所

总　序

首先需要说明的是，本丛书中各书的作者主要是北京大学法学院法律硕士毕业生。我本人是2001级北大法律硕士。我们2001级北大法律硕士是北大法学院招收的第一届全日制本科专业为非法学的法律硕士研究生。我们毕业至今已经十年。在这十年里，我们经历了很多，也对法学院教学内容和方式有很多的思考。实际上，不只我们，后来毕业的师弟师妹们都有着和我一样的感受，甚至是目前在校的师弟师妹们也都渴望实务界的知识进入法学院的课堂。遗憾的是，这种渴望一直是渴望，因为法学院的教师们一直坐在法学院舒适的办公室里，并不了解我们这些实务界打拼的毕业生们具体在做什么，所以他们尽管也想把实务知识引进课堂，但由于不了解外面有什么样的实务知识，所以也就无法引进。

北大法律硕士从2001级开始，至今已经有十几届了。令我感到很自豪的是，这个群体非常优秀，在实务界发展得非常出色，很多人已经身居高层领导职位或者在本单位中是业务中坚力量。这个群体更值得称道的一个方面是，他们很团结，社会责任感很强，愿意帮助别人。北大法律硕士从我们这一届起就组织了北大法硕联合会，为北大法律硕士在校和毕业生提供服务。法律硕士联合会经常组织毕业生们的聚会，交流感情和工作经验，举行慈善募捐活动。此外，在法律硕士联合会的组织下，师兄师姐为师弟师妹们提供实习机会，甚至是工作机会，聚会成了北大法硕毕业生们一项经常性的活动。有感于课堂教育存在的局限性，我们北大法律硕士毕业生们从2007年开始就自发组织起来，经常为在校学生开办实务讲座，给他们提供实务知识，帮助他们了解学校围墙外面的世界。

2014年4月我们受北大法硕联合会时任主席刘宽的邀请，在北大法学院再次组织了一系列的金融实务讲座。很多同学感觉获益良多，但由于时间上的限制，我们的很多讲座没有展开，而且很多种类的业务也没有机会和师弟师妹们共享。鉴于此，有很多同学就问，是否有一些实务书可以推荐阅读？于是，这启发了我们组织已经毕业了的北大法律硕士毕业生们为北大法律硕士在校生编写一套实务丛书，把我们所了解到的业务操作知识告诉他们。这是一件很不容易的事情。要知道，在北京工作不是一件轻松的事情。尽管如此，很多人都愿意参与这个项目，在工作时间和休息时间中挤出时间来写书。

本丛书初衷是为北大法律硕士在校生而作，但也奉献给其他在校学生，特别是商学院、法学院这些实践性学科的在校学生和那些有志从事金融、法律职业的其他学科的在校生，帮助他们初步了解外面的世界。这套丛书为在校生们提供入门的知识，并不指望他们能够读了这些书而成为高手（当然，能成为更好），但确实希望能够帮助他们了解各种业务操作的基本知识，而不至于在实习时和工作初期面对工作一脸茫然，不知从何下手。通过阅读这些实务书，他们可以知道各种业务操作的流程，了解这些业务的核心问题和解决方案，明白相关文件如何制作。如此，他们就能够在实习时不会因为对业务一无所知而被冷落去打杂。并且，相比其他的实习生，他们会因为能够尽早上手做业务而在职位获取方面更有竞争优势。客观上来说，这些实务书籍如果能够在高校内推广，也会推动实务界专业水平的提高。我们期待最好的社会效果！

丛书主编　隋　平

2014年9月于金融街

《北京大学法律硕士实务丛书》序言

从2014年9月开始在燕园攻读法律硕士,不知不觉已经过去十八个月。这十八个月是自己学生生涯最为充实、也是课业最为繁重的一段日子。整个研一期间,我修了17门课程,而且绝大多数课程都是三个甚至四个课时。对于硕士研究生来说,这样的课程密度可能是绝无仅有的。但对于北大的法律硕士来说,这却是司空见惯。

作为无数学子心中的学术殿堂,北京大学对于全国各地的学生都有着无可比拟的吸引力。我相信绝大多数人从小便有一个北大梦,可现实是通过高考就实现了梦想的人毕竟是少数。不过让人欣慰的是很多学生并不因此就轻易地埋葬了自己的梦想:来到中国最好的法学院、攻读目前最热门的法律专业,成了很多本科生更为真切的目标。所以,每年各个高校的众多优秀学生都拼尽全力以求保送或考上北大法律硕士。以考研为例,自我国开始招收法律硕士以来,北大法学院的录取分数线一直稳居全国第一。就此我们可以想象竞争是多么的激烈,而能从中突围最后入读北大法硕的学生,其学习能力和精神毅力都算得上是出类拔萃的。

北大法学院也一直很注重对法律硕士的培养,尤其在学习方面的要求严格得近乎严苛。比如在课程安排上,因为北大法律硕士本科所学的都是法学以外的专业(北大法学院于2014年9月首次招收法学法硕,但人数很少,所以在一般观念中北大法硕主要指非法学法硕),为了夯实法律基础,北大法学院给研一学生安排了众多专业基础课程,意使法硕学生能通过一年的专业学习达到法学本科生四年的基础知识储备。这也就解释了为什么会出现我上文提到的一学年修17门课程的情况。除了量的积累,北大法学院对法硕学生的学习也有质的要求。如所有法硕专业课成绩及格线均为70分;挂科达到三门即强制退学等。根据这些情况,我们可以感受下北大法律硕士平时得在学习上花费多少精力、时间。当然,这也意味着北大法律硕士在法学领域的学术理论、文本知识上应该有着不错的造诣。

学以致用,再好的学理不能运用在实践中,也是水中月、镜中花。更何况国家招收、培养法律硕士的宗旨,就是以实务为导向,向立法、司法、行政执法与监督,以及经济管理等部门、行业输送高层次法律专业人才与管理人才。可以说衡量法律硕士是否合格,一个重要标准就是评断其在实务上取得的成就。所以,如何最高效地将在北大法学院学到的知识运用在现实的社会工作中,是北大法学院也是北大法律硕士一直探索的问题。

以隋平师兄为首的各级已毕业北大法硕师兄师姐,作为不同行业的杰出人士,整合自身多年的实务工作经验,不遗余力、煞费心血,终于编撰出《北京大学法律硕士实务丛书》。这套丛书是北大法硕人凭借扎实的法学理论功底,根据真实的工作经历,经过审慎的推敲,最后做到质而不俚、辩而不华才予以面世。《北京大学法律硕士实务丛书》既是北大法硕已毕业师兄师姐留给我们这些在校师弟师妹们的精神财富,更反映了北大法硕人薪火相传的伟大传统。所以,遇上这套书是我们的幸运,读好这套书是我们的责任。

北大法律硕士联合会现任主席　甘凯云

2015年1月16日于北大法律图书馆

执行主编序言

法律硕士在中国的发展可谓突飞猛进、一日千里。目前,一大批法律硕士出身的专业人才正活跃在中国立法、司法、律师、公证、审判、检察、监察、金融、经济管理等各个领域,他们依凭自己的专业知识、实践技能和法治信仰,为中国的法治进程贡献力量,为中国的市场经济添砖加瓦。

当然,法律硕士的发展与现状并不是只有成绩、没有遗憾。

作为专业硕士,法律硕士的对应概念是位列学术型硕士谱系的法学硕士。按照《关于设置法律专业硕士学位的报告》以及《关于开展法律硕士专业学位研究生试点工作的通知》这两个基本文件,法律专业硕士学位是具有特定法律职业背景的专业性学位,它以培养应用型高层次法律人才为培养目标,法律专业硕士与现行法学硕士在学位上处于同一层次,但规格不同、各有侧重,法律硕士专业要着力改变法学研究生教育尚存在的偏重学术性而对实务性注重不够,专业划分过细,培养规格单一的状况。由此,应用型、实务型、职业型是法律硕士区别于法学硕士的基本特征,这一特征决定了法律硕士的培养目标、培养计划和培养方式必须以实务为导向。

然而较为遗憾的是,当前各高等院校法律硕士的培养并没有很好地突出专业硕士的实务特色,而或多或少存在如下一些问题:(1)课程设置上借鉴法学本科,授课内容上参考法学硕士;(2)缺乏专职师资队伍,基本依靠学术型教师队伍;(3)教学方式仍以传统课堂讲授为主,案例教学、实践教学很少或基本没有;(4)学位论文选题偏重理论,较少关注司法实践问题的应用研究。对于这些问题更为通俗、形象的诠释来自法律硕士学生一种较为普遍的感受:学生如果积极主动一些、跟老师接触多一些、学术能力强一些,老师会按法学硕士培养;对于一般的学生,就像在读法学本科,中规中矩地上课、写论文、毕业。总之,学校里学不到实务技能。

之所以会产生法律硕士培养与实务导向背离的现象,是长期以来讲授式教学方式、缺乏具有实务经验的专职师资、未设置专门的实务课程体系和授课内容等多方面因素综合作用的结果。无怪乎一位泰斗级法学教授曾无奈地说过,给法律硕士上课不知道上什么。设立之初便以培养实务人才为目标的法律硕士,实际培养中却相去甚远,这对于每一位可能付出了非常多努力才读上法律硕士的学生来说无疑是一种悲哀。

问题需要解决,现状需要改变。北京大学法学院一直致力于探索法硕培养之道。经过十几年的发展,北大法学院逐步形成一套比较完整的培养模式,具体包括分方向培养、开设专业中高级课程、双导师制等。与此同时,作为在读法律硕士研究生自治组织和已毕业法律硕士校友联谊组织的北京大学法律硕士联合会,也通过举办法律硕士成长成才论坛、未名金融实务论坛、协办职业发展训练营等多种形式提升法律硕士实务能力。

编写《北京大学法律硕士实务丛书》是北京大学法律硕士联合会为切实帮助法律硕士提高自身实务能力进行的又一努力,通过邀请法律硕士出身的各行业杰出人士就所在领域的业务实务进行系统、全面、深入浅出的讲解,希望能够向在读的法律硕士研究生传递实务知识和业务操作经验。丛书撰稿人均为所在领域经验丰富的代表人士,他们都将自己多年积累下来的实务经验在书中毫无保留地倾囊相授。本套丛书能够顺利出版,要特别感谢2001级北大法律硕士毕业生隋平师兄,隋平师兄承担了选题、联系作者、审稿等大量任务,没有他不知疲倦的付出和不遗余力的支持,这套丛书是难以呈现在读者面前的。

此套丛书也是北大法律硕士联合会从自身的需求出发,在历届师兄、师姐们的帮助下自发进行的一次尝试,是一个法律硕士培养方案的“民间版本”,希望能够为法律硕士培养方案的版本提供一些思路和经验。

第12届北京大学法律硕士联合会主席　刘　宽

2014年10月1日于北大万柳学区

序　言

时光荏苒，岁月如歌。今受隋平师兄之托为书作序，方觉自己毕业已数载，校园种种依稀就在昨日。数月前，闻知隋平师兄有编书之意，当即深感此事甚好，很有意义。反观自己在新三板市场工作多年，日积有余，岁积不足，未有所著，自叹弗如。而今作序，聊表对师兄主编丛书之敬佩，对后来人之寄托。

这套丛书汇聚了奋战在市场和业务一线朋友们的实践经验和聪明智慧，我认为至少在两个方面特别能够对同学们有所启迪：

其一，专注于为在校学生提供实务指导。一方面，现在实务类书籍林林总总、不计其数，但很多是为已经步入职场的人们服务，对在校学生针对性不强；另一方面，很多同学虽然也利用暑期等业余时间实习，但往往时间短、事务杂、边缘化，核心业务未接触、实习期限已结束，难以获得系统性的实务帮助。一头是意气风发的学生，一头是热火朝天的职场，中间隔着的确是碧海蓝天。怎么才能跨过去拥抱你们梦寐以求的事业，实现你们心比天高的理想？这套丛书就是要送你一条船、一双桨、一道帆，给你们多一些指导，让你们少一些阵痛，针对性很强，实用性很强。

其二，关注对金融市场提供实务说明。金融市场是充满魅力和机会的市场，像巨大的磁石，吸引着一批批应届毕业生前赴后继。这套丛书介绍了金融市场的诸多方面，有助于在校学生们系统了解和掌握金融市场。就新三板市场而言，2006 年国务院批准中关村园区进入股份报价转让试点，到 2011 年只有几十家挂牌公司，挂牌公司股东不能超过 200

人，股份只允许协议转让，交易清淡，融资功能有限，市场规模小，市场关注少，挂牌公司、投资者、中介机构参与的热情都不高，社会各界对市场都不太了解。但就是这个在当时看起来名不见经传、在证券行业不起眼的一个探索，经过经验积累，经国务院批准，2012 年 7 月试点扩大至武汉东湖、天津滨海、上海张江等四个园区，2013 年国务院又专门出台《关于全国中小企业股份转让系统有关问题的决定》，将市场覆盖范围进一步扩大到全国，支持创新、创业、成长型企业发展。市场进入快速发展期，目前挂牌企业已达 1000 多家，市值总计 1300 多亿元，覆盖 17 个行业、28 个省份。市场功能不断完善，股票融资次数和规模大幅增长，机构参与程度日益增高；股权质押、知识产权质押融资逐渐增多；并购重组日趋活跃；做市交易平稳起步。市场各方积极参与，证监会、全国股份转让系统公司制定各项政策规则支持市场发展，各地政府出台各项优惠措施鼓励企业挂牌，主办券商等中介机构积极开拓市场，公司挂牌积极性明显提升。总体来说，新三板市场对经济结构调整和转型升级的支持作用初显成效。这套丛书关于新三板市场的内容丰富，许多见解精辟独到，值得研读，值得玩味。

少年智则国智，少年强则国强。希望这套丛书能为师弟、师妹们增智图强以帮助。

第 5 届北大法律硕士联合会主席　毛剑锋

2014 年 10 月于北京金融街金阳大厦

致“金融派”的新生代

最近，经常会有人问我这样的问题：“你不是学法律吗？那为什么不愿意去律所和法院呢？”“学法律的在金融公司能做些什么啊？”“你现在在券商实习做的事和律师有区别吗？”

每次我都会回答：“因为我喜欢啊，其实金融行业也需要很多法律人才的，做的事嘛，券商比律所做的尽调要更全面……”我知道，这样泛泛地回答并不能释明对方的疑惑，因为甚至连我自己对即将迈入的行业以及未来职业规划都不是那么的明晰和笃定，一切的决定，似乎都是出于一腔热血和激情。

但是，这样一个占据行业链顶端、吸引着全球顶尖人才争相进入、改变着世界经济面貌的行业，不正是因为这样的热血激荡才不断生长繁衍的吗！

我是一名“90后”，在即将到来的2015年中，又会有一批我的同龄人将离开校园、迈入职场，开始书写属于我们新生代的华彩篇章。而当下，随着前不久《证券法》的修改，新一轮资本市场改革已进入纵深化发展，可以预见，未来的金融行业必将大有作为，与国际接轨的步伐也会大大加快。

说来也巧，“90后”的成长轨迹与我国资本市场的发展竟十分一致，就如同一对双生花，互相见证着对方从稚嫩到成熟的蜕变。1990年，当我们刚刚落地、嗷嗷待哺时，上海、深圳两家证券交易所开始营业，资本市场雏形渐成；1992年，当我们开始蹒跚学步时，证监会成立了，我国开始有了统一的市场监管框架；1997年，当我们刚进入校园开始十年寒窗路时，《证券法》开始实施，从此资本市场有了统一的法律规范;2004 年、2005 年,当我们迈入高中为人生第一次“战役”奋斗时,《国九条》、股权分置改革出台,大大拓展了资本市场的深度和广度、将资本市场的发展提升到了国民经济的战略高度……如今,我们即将迎来继高考后又一次的人生转折点,但与之前不同的是,这一次,我们会亲身参与到资本市场的这一轮改革新浪潮,体会它、认识它,甚至改变它。

进入券商实习于我而言是一次偶然的邂逅,在此之前,我一直徘徊于律所、法院、企业法务中,做着一些说不上喜欢也说不上讨厌的工作,正是因为毫无感觉,所以更加不确定未来的发展方向。一直到隋平师兄有一天跟我说:“为什么不去投行试试呢?你肯定会喜欢的。”我很讶异这一建议,因为我一直对自己进入金融业,尤其是投行这种被广泛认知为高大上、非名校 MBA 不得进入的行业是没有信心,甚至是不敢奢望的。就个人素质而言,我在北大这种最高学府也不是出类拔萃的,将近六年时间没有接触过数学,会计、审计等财务知识更是一窍不通,除早早地通过司法考试,貌似没有其他明显的优势了。但隋平师兄的一席话打消了我的顾虑:“没有基础不要紧,大家都是从什么都不会开始的。不懂投行业务也不要紧,求职前多攻读一些实务类书籍,入门并不难。”

此后几个月,我抱着“头悬梁,锥刺股”的心理准备开始了“啃书虫”的生活。从 IPO 实务操作、到企业并购重组、再到最近很火的新三板实务,通读了几本之后,我的心里很快就踏实了。因为我发现,金融业,并不完全是充满着艰涩的数学模型和计算公式的,尤其是对于投行业务而言,相当一部分业务内容是辅导项目公司的合规化治理,而这些对于学了几年法律的我来说并不陌生,看书的过程实际就是将以往的知识储备进行整合而已。后来进入券商投行部实习,凭借从书上获取的知识,虽然冒充不了内行,但也不会让前辈和合作的律师产生“这小孩什么也不懂也来投行实习”的感觉,有时候也能就项目过程中遇到的问题与他们进行激烈的探讨。

阅读实务类书籍带给我最大的感受是,我能清晰地在脑海中构建起整个项目的流程图:一个项目的完成有哪几个阶段;每个阶段的具体内容、大概时间、参与机构;监管部门的审查重点;公司与中介机构应对审查的规范化措施等。在很长的一段时间内,我之所以对投行望而生畏,原因就在于我一直都不清楚投行具体是做什么的,再加上大众、媒体对它的渲染和吹捧,不由得我不发怵。但是,一件事物,一旦刺破了它神秘的外纱,它立刻就会变得亲近、接地气了。隋平师兄的这套丛书,也许就能起到“刺破投行面纱”的作用。

如果说读书是给一幅图画勾勒了轮廓,那么实战就是给这幅画描绘细节、填充色彩。在实习过程中,我不止一次发现,我明明已经发现了问题,但是却不知如何解决,书本并没有给我提供一个现成的答案。当然,这也正是投行业务的魅力:每个项目公司都有自身特点和问题,你参与的项目越多、越见多识广,就越能累积可贵的经验、提升工作的能力。这也许也正是我愿意义无反顾投身于这个行业的原因吧,即使我会为此牺牲掉许多的个人生活(业界传说的"投行女难嫁")和身体健康(高强度工作是投行一贯的风格)——试问:世上又有几份工作能像投行这样,能让你深入各行各业、接触不同风格的精英、遇到接踵而至的挑战,并能在短短几年内就实现素质、能力的飞速提升呢?

投行是个需要复合型人才的地方,我深知自身的不足,需要学习的地方还太多太多。但我内心也为此激动地期待着,期待着见证自己在未来的成长和蜕变,在这个行业,我的未来有无数的可能性,让我忍不住去探寻。

说了这么多,似乎有负于隋平师兄让我写序的重托,实在惭愧。师兄可以说是我人生的一个导师,在我迷茫的时候给我指出了一条崭新的道路,他给我提出的很多建议我也都一一采纳,并收到了很好的效果。师兄给我列出的实务类书单中,有他本人著作,也有他经过大浪淘沙后筛选出的适合初学者、可读性较强的书籍,但由于数量太多、内容也较为分散,迄今为止我仍未能全部读完,颇为遗憾。此套丛书出版,于我而言实乃一大幸事,因为不用再纠结如何在众多实务类书籍中作出取舍,这样一套书籍,足以帮助我重新理清知识体系并补充新的知识储备。师兄已出版多本实务类畅销著作,其一直以来的梦想就是出版一套适合学生进入金融职场的实务类丛书,如今终于得偿所愿,实在是可喜可贺!希望更多对金融业有兴趣、愿意投身于此行业的"新生代"朋友们能通过此套丛书实现自身的目标和愿望!

2012 级北京大学法律硕士

国泰君安证券投资银行部实习生　谢舒婷

2014 年 9 月 14 日于北大万柳学区

本书序言

——献给躬身入局者

2021 年 11 月 15 日,北京证券交易所正式开市了。从设立到开市,仅仅用了 74 天时间,速度史无前例,它将服务于专精特新企业,即具有专业化、精细化、特色化和新颖化的中小企业。

赫尔曼·西蒙提出了“隐形冠军”这一概念,他认为支撑德国经济的并不是那些大型企业,而是那些在各个细分领域市场成为全球行业领跑者的“隐形冠军”。专精特新企业实质上就是某一特定领域“隐形冠军”。

目前在我国已有的 1.4 亿个市场主体中,大部分都是中小企业且有超过 4000 万户创新型企业,在扩大就业、支持创新与推动经济增长等方面发挥了重要的作用。但由于缺乏一套符合中小企业特点的上市、交易、退市、持续监管、投资者适当性管理等基础制度安排,科技型、创业型的成长性中小企业和民营企业长期面临融资难、融资贵的问题,资本市场的差异化服务能力亟待提升。2021 年 9 月 2 日晚,国家主席习近平在 2021 年中国国际服务贸易交易会全球服务贸易峰会上宣布,设立北京证券交易所(以下简称北交所),打造服务创新型中小企业主阵地。新设立的北交所与上交所、深交所这两大中国证券交易所一起,形成共同服务实体经济、服务科技创新的新资本市场格局。同时,北交所也将坚持与上交所和深交所的差异化定位与错位发展，统筹协调多层次资本市场的发展布局。

2021 年 11 月 15 日，北交所首批 81 家上市公司正式亮相。这批在新三板市场历练多年的公司足以在产业链上独当一面，众多公司属于战略性新兴产业，前景广阔；公司发展模式多元，兼具“大而优”和“小而美”，10 家公司 2020 年营收超 10 亿元，五成公司近三年盈利复合增速超 20%，业绩韧性足。这标志着我国多层次资本市场建设体系搭建完成。

截至 2022 年 10 月，北交所 118 家上市公司 2021 年合计实现营收 796.87 亿元。其中，营收规模超过 2 亿元以上的公司有 94 家，占比近八成；营收规模超过 10 亿元的公司共 12 家，超过 20 亿元的公司共 10 家；仅 5 家公司营收少于 1 亿元。贝特瑞位列榜首，2021 年实现营收 104.91 亿元，公司主要从事制造业—非金属矿物制品业。

北交所 118 家上市公司 2021 年研发费用总额合计 33.92 亿元，占营业收入总和的 4.26%。北交所首批上市公司 2021 年研发费用均值为 2875 万元，有 24 家公司研发费用高于平均值。贝特瑞、颖泰生物和长虹能源、连城数控、创远信科 5 家公司 2022 年研发费用均超过 1 亿元，分别为 5.91 亿元、1.87 亿元、1.54 亿元、1.19 亿元、1.17 亿元。9 家公司盈利超过 1 亿元。盈利规模前三的公司分别为贝特瑞、连城数控和同力股份，对应净利润分别为 104.91 亿元、73.54 亿元、40.94 亿元。从获利能力看，朗鸿科技、恒进感应、天马新材最为突出，2021 年的净资产收益率（ROE）分别为 47.28%、42.57%、41.21%。

2022 年新三板随着北交所“龙头撬动”作用带动和“反哺效应”的呈现，激活基础层，做强创新层。随着一系列契合中小企业发展规律和实际情况的相关制度陆续出台，新三板未来 3 年将呈现以下趋势：

1. 挂牌企业数：企业挂牌新三板意愿大增，新挂牌企业也将更加踊跃，挂牌企业总数将重新恢复到 8000 家之上。

2. 做市指数：2021 年新三板做市指数累计涨幅高达 35.65%，主要得益于 9 月北交所的官宣行情，收盘点位 1455.68 点，仅仅只低于新三板指数推出的第一年即 2015 年。新的一年做市指数有望接近 2000 点。

3. 合格投资者数：应该很快就会突破 500 万户。

4. 分层制度：创新层的进层和维持制度又进行增量改革。

5. 创新层企业数量：2017 年 5 月 31 日，新三板第 2 年度分层，其中创新层企业 1393 家，为目前最高。截至 2023 年 5 月创新层企业数为 1841 家，预计 2024

年，创新层企业数将创历史新高，突破2000家是大概率。

6. 摘牌企业数量：无论是主动摘牌还是被强制摘牌的企业数量都会明显下降。

7. 申请北交所企业数量：包括当前正在排队申请的，正式递交申请的数量应该超过500家。

8. 成功过会北交所的数量：将超过500家。

9. 挂牌即进创新层的现象增多，新三板市场整体活跃度大幅提升：企业定增、优先股、可转债等融资更频，企业并购重组增多，二级市场交易量上升，投资者交易意愿上涨，市场整体活跃度大幅增长，市场主体的参与感、获得感大幅提升。

本书旨在通过研究交易所的反馈问题及企业回复，发现典型问题，梳理典型问题的监管视角，并且提供针对典型问题可资借鉴的成熟的解决方案。在隋平师兄的一再催促下，本书力图做到收录全面、体系清晰、编排合理、查询方便。希望本书对计划登陆新三板和北交所的企业有所帮助，再次对隋平师兄表示感谢。

自强者万强，唯有躬身入局，挺膺负责，方有成事之可冀。

刘 婷

2023年于金融街

目　录

第一章　灵活包容的制度创新

第一节　保荐加直投

自2016年12月30日《证券公司私募投资基金子公司管理规范》及《证券公司另类投资子公司管理规范》(以下简称《管理规范》)实施以来,截至目前另类子公司与私募子公司基本上完成了下属机构清理。一方面,券商的合规风控水平不断提高。通过自查和律师核查实质开展投行业务的时点,加大现场检查的比例,保荐机构独立性大大提高,利益输送情况基本绝迹。另一方面,私募股权投资已成为券商的重点发展领域。券商系私募具备强大的资源优势,包括可有效利用母公司强大的研究团队、分支机构"触角"深入开发地方市场机遇等,但由于与市场上其他私募股权投资(PE)机构相比,券商系私募在资本实力、投资策略等方面仍略显逊色,从数据来看,直投加保荐的选股的成功率并不尽如人意。

2020年3月17日,中国证券业协会向会员单位下发《证券公司私募投资基金子公司管理规范(修订意见稿)》征求意见。修订意见稿中重点规范的内容并无变化,但明确了新三板持续督导期间另类子公司投资和科创板战略配售不受《管理规范》有关"投资+保荐"禁止条款的相关限制。一是持续督导期间,另类子公司在切实做到与母公司信息隔离、风险防范的前提下,可以依法投资母公司作为主办券商持续督导的新三板挂牌公司股票;二是根据科创板战略配售的相关规则,另类子公司为保荐机构参与跟投的指定机构,同时,另类子公司也可以将跟投持有的科创板股票向证券金融公司借出开展转融券业务。

一、对发行人的影响——反馈必问,问到能说清楚为止

从已经成功上市的企业来看,对于首次公开募股(IPO)审核存在直投加保荐情况的发行人,反馈中直投加保荐的规范性是必答题,很多公司甚至需要在反馈中反复重申和说明这一问题。

如久量股份的保荐机构是广发证券,其私募子公司乾亨投资向久量股份出资持有其3%的股权,2015年7月7日,增资取得验资报告;2015年7月29日,增资的工商变更登记完成;2016年8月2日,广发投行进场,投资和保荐间隔一年,但久量股份在补充法律意见书(二)、(三)、(四)、(五)中对直投加保荐是否影响保荐机构的独立性进行了反复说明。中信出版、三角防务、金时科技、壹网壹创等公司也是因为这个问题被反复提问4次,立华股份更是被问询了8次,这是因为直投加保荐容易存在利益输送,导致保荐机构独立性不足,引发舆论关注,也会引发监管机构对保荐机构是否尽职履责的质疑。

二、核查重点——程序上保荐在直投后和实质上保荐机构独立

从已经成功上市的反馈意见及其回复来看,核查的重点在于保荐与直投孰先孰后和保荐机构是否实质上独立。

直投的时间点相对容易确定,主要是核查投资协议签署时间、投资款到位时间、验资程序完毕的时间和工商变更的时间,增资方式入股直投时间应是以工商变更完成时为准,股权转让方式入股直投时间应以股权转让款到位时间为准。

保荐的时间点相对比较复杂,是以签订有关协议或者实质开展相关业务两个时点孰早的原则来确定。按照《证券发行上市保荐业务管理办法》《证券公司投资银行类业务内部控制指引》的规定,保荐类协议签署前,需要经过业务洽商、尽职调查和立项,因此实质开展相关业务的时间应该都在签订协议之前。也就是说,投行团队第一次至项目现场时间、尽职调查等工作要在增资的工商变更和股权转让的股权转让款到位时间之后。直投时间和实质开展投行业务的时间和项目申报时间间隔越长,程序上存在问题的可能性就越小。若增资款刚到位,投行就进场了,辅导协议就签署了,直投不到一年项目又申报了(突击入股),则难免会有瓜田李下之嫌。

核查保荐机构是否实质上独立,一方面,核查投资协议是否存在对赌条款,

保荐机构与发行人之间是否存在任何直接或间接以经营业绩、发行上市等事项为标准，以股权变动等事项为实施内容的其他特殊安排。如果直投的协议本身对发行人的业绩、上市申报时间、上市是否成功、何时上市有约定，保荐机构的独立性自然无法保证。另一方面，在审核中关注是否存在保荐机构不尽职履责的可能性，如尽职调查工作、辅导工作、内部核查工作、保荐工作底稿工作的完成情况，存在利益关系的相关人员是否在立项、内核等工作中回避等。

第二节　北交所上市筹备与申报

挂牌公司筹备发行上市，应当做好保密工作，严格控制知情人范围。挂牌公司控股股东、实际控制人、董事、监事、高级管理人员和其他内幕信息知情人在相关信息披露前，不得买卖本公司证券，不得泄露内幕信息，不得建议他人买卖本公司证券。

挂牌公司筹备公开发行股票并在北京证券交易所上市（以下简称公开发行并在北交所上市），同时应当按照北交所相关规定做好内幕信息知情人登记管理和报备工作。

挂牌公司筹备发行上市相关信息，应当在符合《证券法》规定的信息披露平台（以下简称规定信息披露平台）发布。挂牌公司在其他媒体披露相关信息的时间不得早于在规定信息披露平台披露的时间。

挂牌公司筹备发行上市涉及的时间安排、工作进展、财务数据等重大信息，未在规定信息披露平台公开披露的，挂牌公司及其控股股东、实际控制人、董事、监事、高级管理人员或相关信息披露义务人不得对外发布或泄露。

挂牌公司应当同时向所有投资者公开披露筹备发行上市相关信息，确保所有投资者可以平等地获取同一信息，不得向单个或部分投资者提供或透露相关信息。

上市公司与挂牌公司存在控制关系的，其信息披露涉及挂牌公司筹备发行上市的，应当及时告知挂牌公司。挂牌公司应当同步披露相关信息，确保披露信息的一致性。

挂牌公司未能与上市公司同步披露筹备发行上市相关信息的，应当立即申请股票停牌，并在及时完成披露后复牌。

一、信息披露

挂牌公司拟自愿披露筹备发行上市相关信息的，应当审慎评估披露信息的必要性和对公司股票价格的影响，不得利用无实质进展信息或非必要信息误导投资者。自愿披露的信息应当真实、准确、完整，有利于投资者作出价值判断和投资决策。（见图1－1）

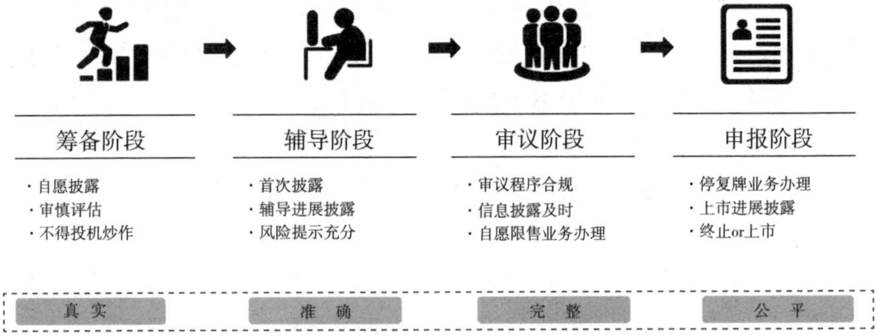

图1－1　不同时间节点的披露要求

主办券商应当切实履行持续督导职责，对挂牌公司拟自愿披露的筹备发行上市相关信息严格进行事前审查，审慎评估披露此类信息的必要性、合理性，督促挂牌公司规范履行信息披露义务。

挂牌公司和主办券商经审慎评估，认为确有必要自愿披露筹备发行上市相关信息的，应当在公告中充分披露已实际开展的筹备工作具体情况，对照中国证监会和境内证券交易所的相关规定，说明是否符合发行上市的财务及其他要求，以及是否与辅导机构签订辅导协议，向投资者充分揭示风险。

挂牌公司与辅导机构签订辅导协议，应当及时披露辅导机构名称及辅导协议签订情况等信息。

进入辅导程序后，挂牌公司应当及时披露辅导进展情况，包括提交辅导备案材料、完成辅导备案、变更辅导机构、终止或撤回辅导备案、变更拟上市场所或上市板块、辅导验收通过或终止等。根据相关监管要求，无法及时披露的，挂牌公司可以延期披露，但应当及时向全国中小企业股份转让系统有限责任公司（以下简称全国股转公司）报告并说明情况。（见图1－2）

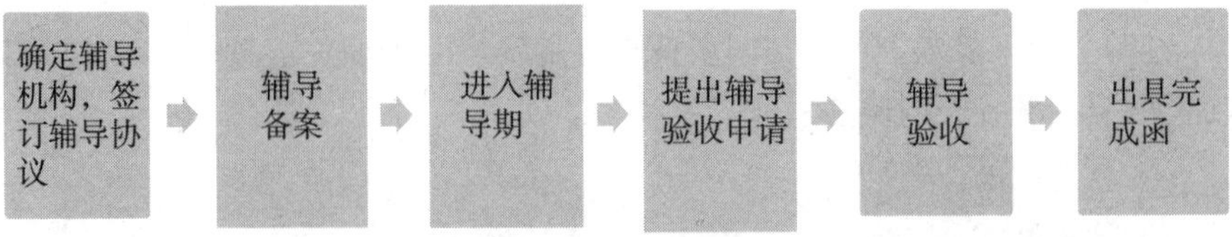

图1－2　相关流程

挂牌公司应当及时披露发行上市进展情况及停牌进展公告，说明发行上市工作取得的重大进展情况，包括受理或不予受理，收到中国证监会反馈意见或境内证券交易所审核问询，提交反馈意见或审核问询的回复，中止审核、恢复审核或终止审核，中国证监会或境内证券交易所公告审核结果，中国证监会作出核准或不予核准、注册或不予注册决定等。

挂牌公司收到中国证监会反馈意见或境内证券交易所审核问询，提交反馈意见或审核问询的回复，应当在临时报告中载明相关函件的网址，便利投资者查询。

发生可能对公司符合发行条件、上市条件或者信息披露要求产生重大影响的事项，挂牌公司及相关信息披露义务人应当及时披露临时报告。

挂牌公司应当密切关注媒体关于本公司筹备发行上市的新闻报道。媒体传播的消息可能或者已经对公司股票价格或投资者决策产生较大影响的，挂牌公司应当立即了解核实情况并向全国股转公司报告，并针对传播信息内容及时发布澄清或说明公告。

二、审议程序

挂牌公司董事会应当依法就公开发行股票的具体方案、募集资金使用的可行性及其他必须明确的事项作出决议，并提请股东大会批准。

挂牌公司应当在董事会审议后两个交易日内，披露董事会决议、股东大会通知、关于董事会审议通过或审议未通过发行上市事项的提示性公告等临时报告。

董事会审议公开发行事项时，挂牌公司尚未进行辅导备案的，应当单独编制相关风险提示公告，并同前款董事会决议等临时报告一并披露。

挂牌公司审议公开发行并在北交所上市，应当在董事会决议中向投资者作出提示，明确挂牌公司股票于上市当日即在全国中小企业股份转让系统终止挂牌。

监事会应当对董事会编制的公开发行股票并上市的具体方案进行审核并提出书面审核意见。

独立董事应当就挂牌公司发行上市事项发表独立意见。

挂牌公司股东大会就发行上市事项作出决议，必须经出席股东大会的股东所持表决权的 2/3 以上通过，并于股东大会审议后两个交易日内披露股东大会决议等临时报告。

挂牌公司召开股东大会审议公开发行并在北交所上市事项，应当通过网络投票等方式为股东参加股东大会提供便利，并聘请律师对股东大会的召集、召开程序、出席会议人员的资格、召集人资格、表决程序和结果等会议情况出具法律意见书。

挂牌公司召开股东大会审议公开发行并在北交所上市事项，应当对出席会议的持股比例在5%以下的中小股东表决情况单独计票并予以披露。

挂牌公司决定终止发行上市的，应当再次召开董事会、股东大会审议终止发行上市事宜，并及时披露临时报告说明终止原因。

挂牌公司决定撤回发行上市申请的，应当召开董事会审议撤回发行上市申请事宜，并及时披露临时报告说明撤回原因。

三、其他事项

挂牌公司控股股东、实际控制人、董事、监事、高级管理人员应当严格遵守敏感期交易规定，在《全国中小企业股份转让系统挂牌公司治理规则》（以下简称《公司治理规则》）第76条第3项规定的期限内不得买卖公司股票。

挂牌公司申请公开发行并在北交所上市的，公司控股股东、实际控制人及其亲属，上市前直接持有10%以上股份的股东或虽未直接持有但可实际支配10%以上股份表决权的相关主体，董事、监事、高级管理人员以及其他自愿限售主体，应当在审议公开发行并在北交所上市的股东大会股权登记日的次两个交易日内，通过挂牌公司披露自愿限售公告并于公告披露当日办理股份限售。自愿限售应当按照《全国中小企业股份转让系统挂牌公司股票限售及解除限售业务指南》的相关规定办理。

"亲属"是指挂牌公司控股股东、实际控制人的配偶、子女及其配偶、父母及配偶的父母、兄弟姐妹及其配偶、配偶的兄弟姐妹、子女配偶的父母以及其他关系密切的家庭成员。

挂牌公司向中国证监会或境内证券交易所申请发行上市的，应当申请股票于收到中国证监会申报材料接收凭证或向证券交易所提交申报材料的次一交易日停牌。

挂牌公司应当在收到中国证监会不予受理通知书、终止审查通知书、不予核准决定、不予注册决定，或境内证券交易所不予受理决定、终止上市审核决定、不同意上市决定等文书后，申请股票于收到上述文件的次两个交易日复牌。

挂牌公司在中国证监会或境内证券交易所作出受理或不予受理的决定前撤回申请的，应当申请股票于撤回的次两个交易日复牌。在收到中国证监会核准或注册文件后，挂牌公司发生终止发行或者核准、注册文件到期等情形的，应当申请股票于披露终止发行公告或者核准、注册文件到期后的次两个交易日复牌。

第三节　包容精准发行上市审核程序、时限

各市场板块发行上市审核流程及审核时限如表 1－1 所示。

表 1－1　审核流程及审核时限

市场板块	审核流程及审核时限
北交所	保荐机构报送材料→5 个工作日内受理→审核问询→上市委审议→证监会注册 审核时限 2 个月，发行人及保荐机构回复时间为 3 个月，证监会 20 个工作日内作出予以注册或不予注册决定
科创板	保荐机构报送材料→5 个工作日内受理→审核问询→上市委审议→证监会注册 审核时限 3 个月，发行人及保荐机构回复时间为 3 个月，证监会 20 个工作日内作出予以注册或不予注册决定
创业板	保荐机构报送材料→5 个工作日内受理→审核问询→上市委审议→证监会注册 审核时限 3 个月，发行人及保荐机构回复时间为 3 个月，证监会 20 个工作日内作出予以注册或不予注册决定
转板上市	保荐机构报送材料→5 个工作日内受理→审核问询→上市委审议 审核时限 2 个月，转板公司及中介机构回复时间为 3 个月，无须证监会注册

1. 延长财务报告有效期。招股说明书中引用的财务报表有效期为 6 个月不变，但特别情况下可申请延长的期限从 1 个月调整为 3 个月，即将财务报告有效期由“6＋1”延长至“6＋3”。

2. 北交所明确交易所审核与证监会注册的衔接分工。明确了注册制下交易所的审核职能，北交所受理申请文件并审核通过后，报中国证监会履行注册程序即可，无须中国证监会重复受理，实现“一次申报、一次受理”。

第四节 灵活多元的持续融资制度

各市场板块持续融资制度如表 1－2 所示。

表 1－2 各市场板块融资制度比较

类别	北交所	科创板	创业板
发行对象	向不特定对象发行； 向特定对象发行	向不特定对象发行； 向特定对象发行(35 人)	向不特定对象发行； 向特定对象发行(35 人)
授权发行	授权董事会决定向特定对象发行融资总额低于 1 亿元且低于公司最近一年末净资产 20% 的股票	授权董事会决定向特定对象发行融资总额不超过人民币 3 亿元且不超过最近一年末净资产 20% 的股票	
自办发行	向前 10 名股东、实际控制人、董事、监事、高级管理人员及核心员工发行股票，连续 12 个月内发行的股份未超过公司总股份 10% 且融资总额不超过 2000 万元的，无须保荐人出具保荐文件及律师法律意见书	无	无
储架发行	申请向特定对象发行，可申请一次注册，分期发行； 3 个月内首期发行，剩余数量在 12 个月内发行完毕； 首期发行数量不少于总发行数量的 50%，剩余各期发行数量自行确定	无	无
限售—一般股东	锁定 6 个月； 做市商 6 个月内不得申请退出做市	锁定 6 个月	锁定 6 个月
限售—获得控制权	锁定 12 个月	锁定 18 个月	锁定 18 个月

第五节　宽严相济的持续监管

持续监管如图 1－3 所示。

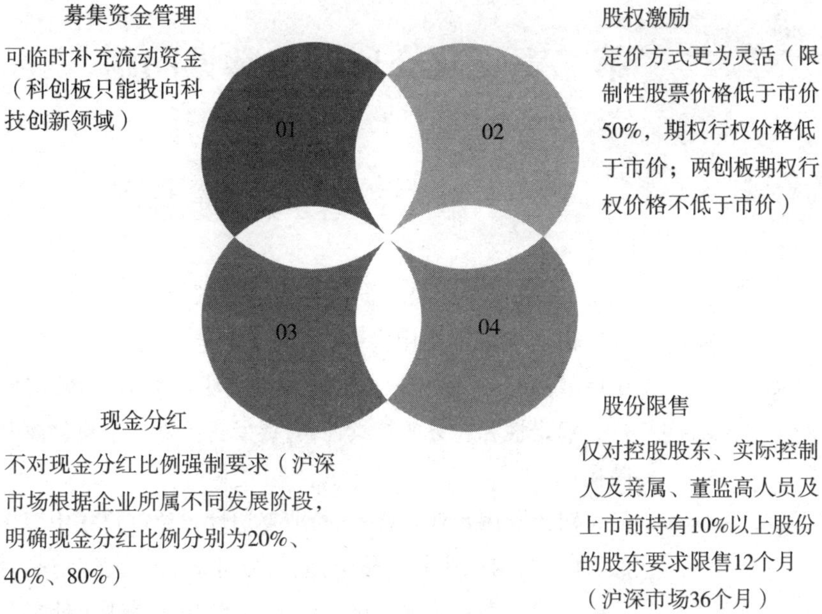

图 1－3　持续监管

第二章　北交所审核常见问题

第一节　客户集中度较高

《北京证券交易所向不特定合格投资者公开发行股票并上市业务规则适用指引第1号》规定，发行人存在客户集中度较高情形的，保荐机构应重点关注该情形的合理性、客户的稳定性和业务的持续性，督促发行人做好信息披露和风险揭示。

对于非因行业特殊性、行业普遍性导致客户集中度偏高的，保荐机构在执业过程中，应充分考虑相关大客户是否为关联方或者存在重大不确定性客户；该集中是否可能导致发行人未来持续经营能力存在重大不确定性。

对于发行人由于下游客户的行业分布集中而导致的客户集中具备合理性的特殊行业，保荐机构应当综合分析考量以下因素的影响：一是发行人客户集中的原因，与行业经营特点是否一致，是否存在下游行业较为分散而发行人自身客户较为集中的情况及其合理性；二是发行人客户在其行业中的地位、透明度与经营状况，是否存在重大不确定性风险；三是发行人与客户合作的历史、业务稳定性及可持续性，相关交易的定价原则及公允性；四是发行人与重大客户是否存在关联关系，发行人的业务获取方式是否影响独立性，发行人是否具备独立面向市场获取业务的能力。

重点核查：

（1）集中度高的原因，与行业经营特点是否一致。

(2)客户在其行业中的地位、透明度与经营状况,是否存在重大不确定性风险。

(3)与客户合作的历史、业务稳定性及可持续性,相关交易的定价原则及公允性。

(4)是否存在关联关系,业务获取方式是否影响独立性,是否具备独立面向市场获取业务的能力。

典型案例2-1　龙竹科技

报告期内,公司前五大客户占比超过90%,其中第一大客户IKEA占比80%以上。

参考核查程序

1. 获取并查阅发行人的销售清单,查阅主要客户的销售合同,了解发行人的目前在手订单情况;查阅主要客户公开披露的相关信息,了解第一大客户同类产品供应商认证家数及基本情况,分析发行人在第一大客户供应商的地位;分析发行人的销售收入增长与第一大客户业务变化趋势是否一致;了解公司与第一大客户的协议或订单的签订方式,了解协议设置的限制性条款情况。

2. 通过走访或者查阅公开信息资料,了解第一大客户选取供应商的标准、资质要求;与客户合作以来的履约和纠纷情况;了解主要客户及其关联方与发行人是否存在关联关系、其他利益安排。

3. 访谈公司销售负责人,查阅下游行业公开信息,了解下游行业变化;访谈公司主要客户的相关人员,了解客户的需求变化情况。

4. 访谈公司相关人员,了解发行人为减少客户集中度较高的风险所采取的措施及实施效果;分析发行人客户集中度较高的原因及合理性,是否符合行业惯例。

5. 访谈发行人高管,了解其工作经历及变动原因,分析发行人与第一大客户合作中相关交易定价是否公允、第一大客户订单的获取是否合法合规、是否存在商业贿赂或不正当竞争情形。

6. 获取并查阅发行人及其董监高、实际控制人和财务人员的个人银行流水。

7. 补充说明与主要客户的主要合同条款、信用政策、结算及收款方式,相关交易的定价原则及公允性。与其他客户相比是否存在差异,双方合作以来履约情况,发生纠纷的情况,发行人是否采用公开、公平的方式独立合法获取业务。

参考回复思路

一、发行人占宜家(IKEA)同类产品的采购比例及变动情况,结合报告期内公司与宜家签订的合同、在宜家供应商的地位(包括宜家同类产品供应商认证家数及基本情况)、目前在手订单情况等,说明与其合作关系不存在不确定性、被取代的风险

报告期内,发行人对宜家销售额占宜家竹家居用品采购比例及变动如表2-1所示:

表2-1 采购比例情况

项目	2019年度	2018年度	2017年度
宜家竹产品采购金额/万元	85,000	83,000	62,000
龙泰对宜家销售金额/万元	21,709.75	17,748.55	12,282.01
龙泰占宜家竹产品采购比例/%	25.54	21.38	19.81

注:宜家财年为每年9月1日至次年8月31日,为保持数据的可比性,发行人对宜家的销售金额采用与宜家年报一致的口径。如表中2019年度数据为2018年9月1日至2019年8月31日的数据。

报告期内,发行人对宜家销售金额占宜家同类产品的采购比例从2017年至2019年分别为19.81%、21.38%和25.54%,比例持续上升,主要原因如下:

其一,竹家居用品获得消费者青睐,行业快速发展。

随着人们对生活品质追求的不断提高,“绿色、自然、生态”消费理念逐渐被广大消费者接受。相比木材,竹材可再生性更强、竹纹清晰、板面美观、色泽自然、竹香怡人、质感更显高雅,更为符合现代经济中的绿色低碳理念,竹家居用品也以其自然、健康的特性逐渐成为家居产品的新宠。社会公众环保意识及低能耗消费理念的增强促进了竹家居用品行业快速发展。

其二,竹家居用品符合宜家“全力打造一个更可持续的未来”的经营理念。

据美国统计和研究机构太平洋标准统计,2013年宜家相关木材产品消耗了1%的世界商业木材供应量。当前,宜家正在全力打造一个更可持续的未来,希望对人类和地球产生积极的影响。竹材具有成材周期短、培育成本低的优势,近年来宜家加强了对竹家居用品的采购,2017年至2019年宜家竹家居用品采购金额年均增长率为17.09%。宜家竹家居用品采购金额的增长为发行人提供了快速增长的市场空间。

其三，发行人提升研发设计能力与提升产能，主动把握行业合作机遇。

报告期内，发行人不断加大研发设计投入，积极扩充产能以满足竹家居行业日渐增长的市场需求。随着发行人持续加强研发和改进生产工艺、提高生产效率、降低成本，“以竹胜木”的理念具备经济上可行性。随着宜家对竹家居用品的采购量增长，发行人对宜家的销售收入亦快速增长。

1. 公司与宜家签订的合同情况

发行人自2012年即与宜家建立合作关系，公司与宜家的交易协议主要由《通用采购条款》及承诺书、采购框架协议和采购订单组成。

《通用采购条款》及承诺书，就产品、交付、售后及社会责任等通用条款内容进行约定和规范；采购框架协议，主要约定产品名称、型号、数量和单价等采购条款；采购订单是宜家按照采购框架协议的约定，定期向公司发送的具体采购订单，明确各种产品型号的具体采购数量和交货日期。

2. 公司在宜家供应商中的地位

（1）宜家供应商认证情况与发行人的地位

①发行人在宜家供应商中被划分为潜在战略供应商

宜家把供应商分为战略供应商、潜在战略供应商、普通供应商和特殊供应商。宜家四类供应商的认定标准和认定依据由宜家总部决定和划分，相关标准无公开披露信息。

发行人凭借优质的产品质量、先进的技术水平、优秀的体系管理能力得到了宜家的充分认可，当前，发行人在宜家的供应商体系中被划分为潜在战略供应商。

②宜家对供应商有较高认证准入要求

宜家系全球知名家居零售企业，重视供应商体系管理，对供应商从产品质量、加工能力、原材料来源、环保、社会责任等方面具有较高的要求，具体标准包括《宜家家居产品采购方式》（IWAY）、竹材的FSC认证和供应商质量符合性标准等，较高的标准要求使宜家更换并培育一个供应商需要较长时间成本。

发行人自成立以来一直严格遵守国家法律法规、积极承担社会责任、坚持可持续发展的理念和严格把控产品质量，持续满足宜家不断提高的供应商要求。

（2）宜家认证的竹产品供应商基本情况

截至本问询函回复之日，宜家认证的竹产品供应商共计5家（含发行人），具体情况如表2-2所示：

表2-2 竹产品供应商

序号	名称	成立时间	注册资本/万元	营业范围	股权结构	是否与发行人或与其他供应商存在关联关系	宜家的供应商类别
1	福建龙泰竹家居股份有限公司	2010/4/8	9449.08	竹家具、竹家居产品、竹建筑装饰材料的设计、开发、加工及销售;网上经营竹产品(依法须经批准的项目,经相关部门批准后方可开展经营活动)	实际控制人为:连健昌、吴贵鹰夫妇,持股41.65%;苏州长祥二期股权投资合伙企业(有限合伙)持股6.22%;其余股东共持股52.13%	发行人	潜在战略供应商
2	杭州庄宜家具有限公司	2014/12/16	1000	竹木制品、家具、文化创意产品的研发及技术许可、成果转让;生产竹家具板材、竹木复合地板、家具、竹木制品;销售家具、竹木制品、陶瓷制品、文体用品、日用百货、装饰装潢材料;货物及技术的进出口业务(分支机构设于萧山区临浦镇苎东村汀头沈689号)(依法须经批准的项目,经相关部门批准后方可开展经营活动)	沈海鹰持股95%;徐江持股5%	否	潜在战略供应商
3	福建双羿竹木发展有限公司	2010/6/1	2300	竹制品、竹木复合板、竹木工艺品、竹胶板、竹地板、竹家具、装饰材料、进口木材、杉木家具加工及销售;竹木购销;毛竹、林木种植;货物或技术的进出口业务(国家禁止或限制进出口的货物、技术除外)(依法须经批准的项目,经相关部门批准后方可开展经营活动)	黎志生持股70%;江发富持股30%	否	普通供应商
4	宁波竹韵家居用品有限公司	2012/4/19	5000	竹家具、竹餐具、竹日用品、五金配件的制造、加工;自营和代理各类商品和技术的进出口业务,但国家限定公司经营或禁止进出口的商品和技术除外	王剑勤持股40%;王洪涛持股20%;王骁晴持股20%;王亚珍持股20%	否	潜在战略供应商

续表

序号	名称	成立时间	注册资本/万元	营业范围	股权结构	是否与发行人或与其他供应商存在关联关系	宜家的供应商类别
5	福建锦尊竹业有限公司	2017/3/28	1500	竹板、竹木制品、竹木家具加工及销售;毛竹种植;竹木采伐服务;造林服务;网上经营竹木制品、竹木家具;货物和技术进出口(国家法律法规禁止的除外)。(依法须经批准的项目,经相关部门批准后方可开展经营活动)	福建杜氏木业有限公司持股100%	否	普通供应商

3.目前在手宜家订单情况

2020 年 1～5 月,发行人对宜家的销售情况如表 2－3 所示:

表 2－3　发行人对宜家的销售情况

类别	2020 年 1～5 月	2019 年 1～5 月
对宜家的销售收入/万元	8015.22	8534.68
变动比率/%	－6.09	

发行人 2020 年 1～5 月对宜家的销售收入为 8015.22 万元,较 2019 年同期变动－6.09%,公司 2020 年 1～5 月的销售业绩受疫情影响较小。截至本问询函回复之日,发行人在手宜家 6 月订单约为 2986.00 万元,随着国内疫情的好转,公司已全面复工,疫情对公司的影响进一步降低。

综上所述,宜家对供应商具有较高的认证要求,发行人在宜家的供应商体系中被划分为潜在战略供应商,与宜家保持长期、稳定的合作关系,报告期内发行人占宜家竹产品采购比例持续上升,发行人与宜家的合作不存在不确定性或被取代的风险。

二、对宜家的销售收入增长较快的原因及合理性与宜家业务变化趋势是否一致,宜家对发行人的影响,以及如何应对来自宜家业务变动的影响

(一)对宜家的销售收入增长较快的原因及合理性与宜家业务变化趋势是否一致

报告期内,公司对宜家的销售收入增长较快的原因及合理性分析如下:

1. 竹产业扶持政策的出台和旺盛的市场需求促进竹家居行业快速发展

自2016年以来，国家开始对天然林全面禁伐。竹材成材周期一般为4～5年，远小于木材20～40年的成材周期。国家及竹林产区纷纷出台支持竹产业发展的有关政策，持续推进竹产业发展。

在“绿色、自然、生态”的消费背景下，人们更加追求绿色、低碳生活。竹家居用品以其优异的特性越来越受到消费者的关注和认可。近年来，随着技术进步，竹产品具有更高的性价比。社会公众环保意识及低能耗消费理念的增强促进了竹家居用品行业快速发展。

2. 竹家居用品应用领域的扩展创造新的收入增长点

随着竹家居工艺技术的发展，竹材突破了传统工艺范畴，竹家居用品品种及品质得到丰富和改善，竹家居用品最早应用于厨房领域，近年来已逐渐延伸至其他领域，如收纳用品、园艺用品和家具用品等领域。竹家居用品防腐、防霉技术的突破及应用，有效地解决了竹产品耐用性不高、寿命短的缺陷，提升市场消费者对竹家居用品的接受程度。另外，竹木弯曲技术的开发突破，提升了家居用品的线条美感，丰富了家居用品的设计方式，结合我国源远流长的竹文化传统，竹家居用品的艺术设计附加值得到了进一步提升。

未来随着竹家居用品制造技术的升级，自动化、智能化技术的应用，竹家居行业将延伸至中大型家具领域，从而进一步提升整体产业规模。

3. 加大技术研发力度为收入增长提供品质保障

发行人在报告期内的研发投入持续增长，从2017年的745.95万元增长至2019年的984.75万元。随着发行人的研发投入不断加大，发行人的生产工艺水平逐渐提高，产品附加值得到不断提升，产品品质更加受到客户及其最终消费者的认可。报告期内，公司对宜家销售收入中自主设计并制造（ODM）模式和代工生产（OEM）模式销售情况如表2－4所示：

表2－4　两种模式销售情况

项目	2019年度		2018年度		2017年度	
	金额/万元	占比/%	金额/万元	占比/%	金额/万元	占比/%
OEM	14,214.65	57.85	11,268.95	57.73	7791.70	59.19
ODM	10,357.14	42.15	8250.00	42.27	5372.98	40.81
合计	24,571.79	100.00	19,518.95	100.00	13,164.68	100.00

如表 2－4 所示，随着研发设计能力的提升，公司自主设计的产品增多，ODM 产品销售金额快速上升，销售占比亦略有上升。

公司作为竹家居行业内的国家级高新技术企业，具备较强的研发设计能力。公司专注于研发投入和技术创新，具有独立的研发车间和实验室，拥有高效稳定的技术团队和经验丰富的管理团队。公司研发团队通过开发创新技术去解决现有技术中存在的问题，同时注重先导性基础研究，开发出具有自主知识产权的科技成果，并不断将产品推向市场、推向新的应用领域。

4. 产能提升为收入快速增长奠定基础

报告期内，发行人通过建设新生产线，产能从 2017 年的 969.25 万件（套）提升至 2019 年的 1959.82 万件（套），产能年均增长率为 42.20%，产能的不断提升，为收入的快速增长奠定了坚实的基础。

公司注重经验积累和技术创新，不断进行机器设备自主改造升级，持续引入自动化设备，不断提升生产智能化管理水平。公司不断进行生产工艺流程的分析和优化，推进单元化精益生产方式，结合智能化设备，提升生产效率，降低生产成本，从而达到提高经济效益的目的。

（二）宜家对发行人的影响，以及如何应对来自宜家业务变动的影响

1. 宜家对发行人的影响

（1）宜家为发行人提供了稳定、可持续的订单和现金流

宜家系全球知名家居零售企业，具备较完善的全球化销售网络。发行人通过 OEM 模式和 ODM 模式为宜家供货，能够使产品得到大量终端消费者的认可。宜家盈利能力和资金实力均较强，结算政策稳定，行业信誉高，与宜家的合作为公司带来稳定的订单和现金流，稳定的订单和现金流推动了公司发展壮大。

（2）宜家向发行人传播了先进理念

在与宜家的合作过程中，宜家向发行人传播了可持续发展理念、设计开发理念、精益生产管理理念和风险管控理念等先进理念。

发行人不断加大研发投入，推行精益化管理方式，提升工艺技术水平，实现了更可持续发展。同时，发行人积极履行社会责任，强化风险管控，使企业能够稳健发展。

（3）与宜家合作增强了发行人的行业信誉、丰富了发行人的技术积累

发行人与宜家长期稳定的合作关系为发行人积累了行业信誉。同时，在与宜家合作过程中，发行人不断提升设计能力，积累了丰富的生产经验，提高了生产工艺水平，为发行人扩展市场、获取新订单打下了基础。

2. 发行人应对来自宜家的业务变动影响的方式

（1）维护、巩固、发展与宜家的供应商合作关系

经过多年合作，发行人与宜家形成了长期、稳定的供应商合作关系。发行人持续满足宜家的IWAY、FSC认证、质量符合性标准，且通过精益生产管理的方式提高生产效率，实现更可持续发展，报告期内与宜家的业务规模逐年增长。

同时，发行人积极主动与宜家沟通、了解客户需求，不断研发新工艺、新技术，提升生产能力与设计能力，丰富产品种类，主动为宜家采购竹家居用品提供更多选择。

综上所述，发行人采取了积极有效的措施，维护、巩固、发展与宜家的供应商合作关系。

（2）提升自主研发能力、丰富产品品类，增强核心竞争力

报告期内发行人研发投入持续增长，从2017年的745.95万元增长至2019年的984.75万元，提升了发行人的自主研发能力、产品特色。发行人从最初与宜家以OEM为主的方式合作，到现在能以OEM和ODM并行的方式向宜家供货。

报告期内发行人不断增强研发设计能力，提升生产工艺水平与原材料使用性能，发行人竹家居用品应用领域由传统厨房领域拓展至收纳置物、园艺、家具等领域，竹家居产品品种及品质得到丰富和改善。

（3）提升产能，进一步优化客户结构

随着发行人推行精益化管理，挖掘生产潜力，发行人的产能将逐步提升，公司将积极扩大对其他客户的销售，进一步优化公司客户结构。

发行人利用与宜家合作所形成和积累的行业信誉、产品质量优势、生产工艺优势、设计研发优势，积极在各类平台推介新开发的产品，如发行人通过参与广交会、德国法兰克福展、芝加哥家具展会等平台，获得了H & MHome等新客户的订单。

三、宜家是否对发行人设置了限制性条款，包括但不限于不得将产品（产成品、半成品等）销售给其他客户或用于经营自有品牌以及其他类似约定

公司与宜家签订的《通用采购条款》包括了限制性条款，主要包括限制合同转让、知识产权维护、仿制宜家产品、材料专用限制、争议解决方式等，不存在不得将产品（产成品、半成品等）销售给其他客户或用于经营自有品牌以及其他类似约定。报告期内，发行人不存在违反宜家限制性条款规定的情况。（见表2－5）

表 2－5　限制性条款相关规定

序号	限制事项	具体限制条款	发行人是否持续符合
1	限制合同转让	如果没有获得宜家的书面许可，供应商不得将其在采购合同和/或订单中的权利和义务转让给第三方。宜家应有权在没有事先获得供应商许可的情况下将其任何权利或义务转让给宜家的任何分公司	是
2	知识产权维护	对于提供给供应商的所有样品、图纸、规格或其他与宜家产品或生产相关的文件，宜家保留 IOS 独家所有权；上述材料只能用于生产宜家产品，不得用于其他用途，如果没有宜家的许可，不得复制或复印，如果宜家要求归还，应立即将上述文件归还给宜家（包括所有复印件）	是
3	供应商不能仿制宜家产品	供应商不可直接或间接生产、展示、销售或供应宜家产品的任何仿品。其中，宜家产品的仿品是指根据合理判断，在设计、材料、生产工艺等方面与宜家产品相同或相似的产品	是
4	宜家材料专用限制	如果宜家公司向供应商提供了原材料、搬运辅助材料和/或设备（统称为“物料”），所有物料只能用于为宜家生产和/或运送产品。如果供应商未对物料付清款项，则宜家对提供的所有物料保留所有权。如果宜家要求，供应商应立即归还未使用的物料。供应商应对物料妥善标记和仓储，以确保属于宜家公司的物料不会和供应商的物料混淆。供应商在收到物料后应立即验收，以确保物料达到商定的数量，并且没有质量问题。如果物料存在数量不足或质量问题，供应商应立即书面通知宜家公司。在收到物料后，与物料相关的风险应由供应商承担	是
5	争议解决方式限制	应根据国际商会仲裁调解与仲裁规则解决与条款执行相关的争议或产生的法律问题，根据上述规则指定一名或多名仲裁员进行仲裁。仲裁员的判决为最终判决，对双方都有约束力。应在巴黎用英文完成仲裁程序	未发生，不适用

报告期内，发行人持续遵守上述规定，不存在违反宜家限制性条款规定的情况，主要条款的执行情况如下：

1. 限制合同转让

报告期内，在得到宜家书面同意之前，发行人未将与宜家的合同中的任何供应商的权利与义务转让给第三方。

2. 知识产权维护

报告期内，在未获得宜家同意之前，发行人不存在用宜家提供的样品、设计图纸、技术图纸和其他相关文件生产非宜家产品的情形。

截至本问询函回复出具日，发行人拥有101项专利，其中发明专利6项，具有行业领先的研发技术水平，发行人将其拥有的自有专利技术和非专利技术应用于宜家产品的产品设计、生产工艺等。

3.供应商不能仿制宜家产品

报告期内，发行人不存在直接或间接制造、展示、销售和供应任何宜家产品的仿制品的情形。

4.宜家材料专用限制

报告期内，宜家不存在向发行人提供专用的原材料、搬运材料和设备等情形。发行人按照产品设计、生产流程等自主选择供应商，购买原材料进行生产，并提供给宜家。

四、宜家选取供应商的标准[如宜家家居用品采购标准(IWAY)等]、资质要求，发行人是否符合相关要求，是否存在无法满足宜家相关要求的风险以及对发行人订单获取的影响

(一)宜家选取供应商的标准[如宜家家居用品采购标准(IWAY)等]、资质要求

宜家选取供应商的标准主要包括宜家家居用品采购标准(IWAY)、FSC认证、供应商质量符合性标准等，具体情况如下：

1.宜家家居用品采购标准(IWAY)

宜家在宜家家居产品采购标准(IWAY)这一行为准则中规定了宜家给予供应商的权益及对供应商的要求。IWAY于2000年开始采用，该准则涵盖了工作条件、防止使用童工、环境、负责任森林管理等方面的内容。

2.宜家选取供应商的资质要求

宜家计划到2020年使木材料(含竹材)来源都满足可回收或FSC(森林管理委员会)的认证标准，FSC认证即要求原材料来源于良好规划的、可持续使用的林场，这样的林场经过定期砍伐可达到土壤和植被的平衡，不会出现由于过度开采而导致的生态问题。

3.宜家供应商质量符合性标准(宜家质量GO/NOGO标准)

宜家对供应商质量及控制体系有严格的要求，供应商需按照宜家要求达到质量符合性标准(宜家质量GO/NOGO标准)以及建立检查机制，在产品文件、产品信息上传系统(Connect系统)、特殊工艺管控、最终检验和不良品管控这五个方面持续符合宜家要求。

（二）发行人符合相关要求，不存在无法满足宜家相关要求的风险，不会因不满足宜家的供应商标准而影响订单

宜家对供应商的相关要求建立在当地法律法规和可持续发展理念的基础上。发行人自成立以来一直严格遵守国家法律法规、积极承担社会责任、坚持可持续发展的理念和严格把控产品质量，发行人不存在无法满足宜家相关要求的风险。

自与宜家合作伊始，发行人严格遵守宜家家居用品采购标准（IWAY）及FSC认证的要求、宜家质量符合性标准（宜家质量GO/NOGO标准）。发行人不断进行改善与优化，不存在未通过宜家家居用品采购标准（IWAY）、宜家质量符合性标准（宜家质量GO/NOGO标准）审核的情形。

综上所述，发行人符合宜家选取供应商的标准、资质要求，不存在无法满足宜家相关要求的风险，不会因不满足宜家的供应商标准而影响订单。

五、发行人主要客户的市场需求是否稳定、持续，开拓其他客户是否存在困难

发行人的主要客户为宜家、BRAND LOYALTY等国际知名企业，市场需求稳定、持续；开拓其他客户不存在困难。

（一）发行人主要客户的市场需求稳定、持续

1. 绿色、生态、环保、健康理念促进竹家居行业发展

自2016年以来，国家开始对天然林全面禁伐。竹材成材时间一般为4～5年，远小于木材20～40年的成材周期。国家及竹林产区纷纷出台支持竹产业发展的有关政策，持续推进竹产业发展，推动竹家居产业的发展。

在“绿色、自然、生态”的消费背景下，人们更加追求生活品质。竹家居用品以其优异的特性越来越受到消费者的关注和认可。近年来，随着技术进步，竹制品加工逐渐具有更高的经济效益。社会公众环保意识的增强及低耗消费理念的转变促进了竹家居用品行业快速发展。

竹家居用品的应用场景主要为居民日常生活使用，属于日用消耗品，有较快的使用更新周期。最终消费者对竹家居用品理念的认同以及竹家居产品较快的使用更新周期使竹家居产品的终端客户市场需求稳定、持续。

2. 家居市场需求旺盛

根据MRFR、GlobeNewswire、Statista等研究机构发布的行业规模综合测算得出，2019年全球家居行业市场规模为5598.60亿美元，并将在2020年至2025年以2.64%的年复合增长率持续增长。2025年，全球家居市场规模将达到6546.00亿美元。（见图2－1）

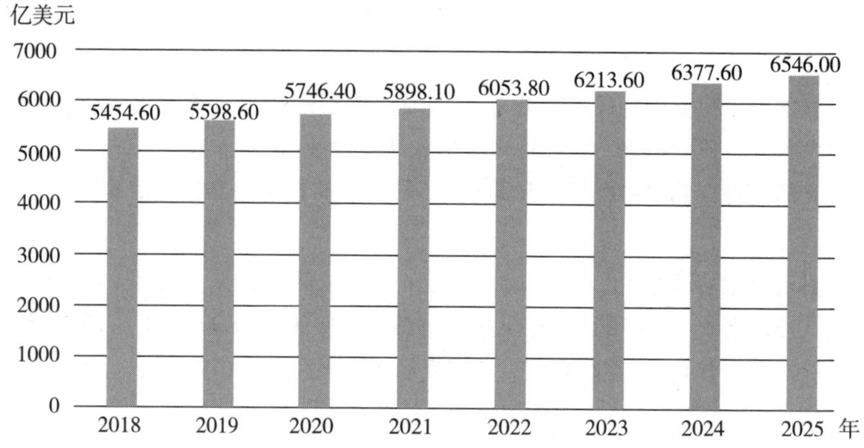

图 2－1　全球家居行业市场规模

数据来源：MRFR，GlobeNewswire，Statista。

其中，在大部分细分家居用品领域，中国已拥有除美国外最大的家居行业市场。家居市场总体规模的增长将使发行人主要客户有稳定、持续的市场需求。

3. 宜家下游市场扩张加快，带动消费需求增加

宜家系全球知名零售家居企业，其客户及市场需求主要为居民百姓的日常家居用品需求。报告期内宜家相关经营数据如表 2－6 所示：

表 2－6　宜家 2017～2019 年经营数据

项目	2019 年		2018 年		2017 年
	数值	增长率	数值	增长率	数值
宜家销售收入/亿欧元	413	6.44%	388	1.31%	383
全球门店数量/家	434	2.84%	422	4.71%	403
宜家全球到店访问量/亿人次	10	4.49%	9.57	2.24%	9.36
互联网访问量/亿人次	28	12.00%	25	8.70%	23

注：宜家财年为每年 9 月 1 日至次年 8 月 31 日，如表中 2019 年宜家销售收入为 2018 年 9 月 1 日至 2019 年 8 月 31 日的宜家销售收入。

2017 年至 2019 年，宜家的销售收入、全球范围内新增门店数量和到店顾客访问量持续增长；同时，宜家不断推动互联网销售，宜家互联网的顾客访问量快速增长，由 2017 年的 23 亿人次增长至 2019 年的 28 亿人次，年均增长率为 10.35%，宜家对互联网线上销售的重视，推动了其市场半径的大幅扩张，使宜家不仅覆盖大城市市场，同时通过线上销售和快递物流覆盖至中小城市。

综上所述，伴随市场需求和宜家市场规模的持续增加，主要客户的市场需求稳定、持续。

（二）开拓其他客户不存在困难

在竹家居市场需求旺盛的背景下，发行人制定了切实可行的措施开拓其他客户，市场开拓不存在困难，具体措施如下：

1. 巩固现有客户，积极拓展新客户

发行人将继续发挥研发设计优势，巩固、加强和稳步发展现有业务体系，并积极开拓下游应用市场。在现有客户方面，提高产品质量，加大目前产品线市场占有率，同时积极地向其他产品线拓展，运用发行人现有营销网络，积极向其他国家和地区进行推广。同时，发行人积极拓展竹家居用品的新功能、新用途、新领域，以扩展产品品类，吸引更多的客户。

发行人在竹制品行业积累了丰富的生产经验与技术、有较强的研发和设计实力，并且与宜家长期合作过程中形成了良好的品牌信誉，因此发行人有较强的客户开拓能力。近年来，发行人积极参与广交会、德国法兰克福展、芝加哥家具展会推介新产品，提升在国内与国际市场的曝光度与知名度。在报告期内新增了 H & MHome 等国际知名客户。另外，发行人不断根据 ARC FRANCE、BRANDLOYALTY 等客户的需求，对产品进行升级。随着本次募集资金到位，发行人生产能力提升，发行人将会积极增加非宜家客户的销售规模。

2. 加强营销网络建设，夯实市场开拓能力

发行人根据竹家居用品产业和国内竹家居用品市场的特点，积极壮大国内营销团队，从而提升国内市场辐射和服务能力。公司亦在积极拓展国外销售市场，凭借产品在国外的认可程度，将加大营销宣传投入，同时构建对外营销队伍，加大市场开发力度。

3. 加大研发投入，进一步提升产品开发、设计能力，提升产品核心竞争力

发行人按照“以竹为基础，多种材料混搭”的产品开发理念，通过与南京林业大学等国内重点高校合作、主动了解客户需求、与客户展开合作等方式，建设设计创意研发中心、产品制造技术研发中心和竹材料应用实验室。研发中心和实验室将被打造成一个软硬件设施先进，设计实力、管理能力达到国内先进水平的专业研发设计机构。

一方面，相关核心技术的研发投入为公司产品的行业需求提供基础技术保障，形成从核心基础技术到产品行业应用技术相结合的研究开发体系；另一方面，竹材料应用实验室搭建有利于提供更安全可靠、性价比更高的竹制品。从而

进一步提高技术创新能力和产品设计开发能力。发行人对研发的持续投入将会提升产品的核心竞争力，为发行人开发其他客户提供了坚实基础。

4. 提升产能，增强其他客户供货能力

因产能受限，发行人以持续稳定产能满足其他客户的订单的快速增长的能力有限。随着发行人实力的不断积累壮大、推行精益化管理挖掘生产潜力，以及本次募集资金到位新生产线投产，生产能力不断提升，将有更多稳定、持续产能供发行人把握其他客户订单机会。

综上所述，主要因为宜家订单充足，占用发行人绝大部分现有产能，限制了发行人开拓其他客户。随着募集资金到位，产能提升，发行人将会加强营销能力培育，利用生产技术、研发设计能力和品牌优势开拓更多新的客户。

六、报告期与主要客户的主要合同条款、信用政策、结算及收款方式，相关交易的定价原则及公允性，与其他客户相比是否存在差异、双方合作以来的履约和纠纷情况，是否采用公开、公平的方式独立合法获取业务

报告期内，发行人与宜家及其他客户的主要合同内容、信用政策、结算及收付款方式不存在重大差异，定价公允，具体比较如表2－7所示：

表2－7　合同条款对比

客户名称	主要合同内容	信用政策	结算及收付款方式	交易定价原则
IKEA	竹家居用品	工厂交货，且发票（形式发票）提交给宜家后30天	电汇	根据市场行情，双方商务谈判确定
BRAND LOYALTY	竹餐具	货物装船后45天（船期后45天）	电汇	根据市场行情，双方商务谈判确定
BED SHELFIE LLC	竹收纳系列产品	30%定金，70%尾款在船期后7～15天支付	电汇	根据市场行情，双方商务谈判确定
ARC FRANCE	竹收纳系列	30%定金，70%尾款在客户收到发运资料后支付	电汇	根据市场行情，双方商务谈判确定
KUAN CHIA INTERNATIONAL CORP.	竹家居用品	30%定金，70%尾款在客户收到发运资料后支付	电汇	根据市场行情，双方商务谈判确定

报告期内，发行人与宜家及其他主要客户根据市场行情，通过商务谈判确认交易价格等交易条款，发行人与主要客户宜家的主要交易条款与发行人对其他客户的交易条款相比不存在重大差异，相关条款符合行业惯例与商业逻辑，定价公允。报告期内，发行人与主要客户宜家和其他客户均保持良好的合作关系，不

存在重大纠纷及潜在纠纷。

发行人建立健全的内控制度得到有效执行，采用公开、公平的方式独立合法获取业务，不存在商业贿赂或不正当竞争情形。

七、发行人为减少客户集中度较高的风险所采取的措施及实施效果

（一）发行人为减少客户集中度较高的风险所采取的措施

为减少客户集中度较高的风险，发行人采取的措施如下：

1. 提升产能，满足其他优质客户的订单需求

随着发行人实力的不断积累壮大、推行精益化管理挖掘生产潜力，发行人的产能自2017年的969.25万件（套）提升至2019年的1959.82万件（套），使发行人有更多稳定、持续的产能，以满足其他优质客户的订单需求。待产能“瓶颈”解决后，公司将积极扩大对其他优质客户的销售额，进一步优化公司客户结构。

2. 积极利用各类平台与展会推介，积极开拓其他客户合作

发行人利用与宜家合作所形成和积累的品牌优势、产品质量优势、生产工艺优势、设计研发优势积累，积极在各类平台推介自身品牌与产品，如发行人通过参与广交会、德国法兰克福展、芝加哥家具展会等平台，获得了BEDSHELFIE LLC、H & MHennes & MauritzAB等新客户的订单。

3. 持续增强研发投入，提升产品核心竞争力

报告期内，发行人不断加大研发投入，已经拥有101项专利，其中发明专利6项。同时，随着自主研发设计能力的提升，发行人与宜家的合作模式由最初的OEM模式转为ODM和OEM并行的模式，提升了产品竞争力。自主研发设计能力、产品差异性和产品附加值提升获得了其他国际知名客户的认可，采购金额呈上升趋势，有助于发行人开拓新客户的能力提升。

（二）采取的相关措施的实施效果

通过执行以上措施，发行人的客户数量持续增长、自有品牌的销售收入也不断提高，相关措施的实施效果较好，具体如下：

1. 客户数量持续增长

报告期内，发行人的客户数量从2017年度的46家增长至2019年度的51家，随着公司产能产量的提升，公司客户的数量增长。

因产能受限，公司将有限的产能优先供应优质客户，故无多余产能满足其他客户的订单。随着公司实力的壮大，通过建设新生产线，扩充产能，积极进行新客户拓展，增加非宜家客户，优化客户结构。公司已经与BRAND LOYALTY、ARC FRANCE、KUAN CHIA INTERN ATIONAL CORP. 等非宜家客户建立多年

合作关系。

2. 自有品牌的销售收入不断提高

报告期内，发行人自有品牌的销售收入从2017年的42.44万元增长至2019年的86.72万元，复合增长率为104.34%，随着公司产能的提升，公司自有品牌的销售收入快速增长。

综上所述，发行人不断提升产能，满足其他优质客户的订单需求；积极利用各类平台与展会推介，积极开拓其他客户合作；持续增强研发投入，提升产品核心竞争力等。通过以上措施，发行人的客户数量持续增长、自有品牌的销售收入也不断提高，相关措施的实施效果较好。

八、客户集中度较高的原因及合理性，是否符合行业惯例

其合理性具体分析如下：

1. 竹家居产业属于新兴产业，宜家是竹家居用品行业的先行者

近年来，耐用性高、绿色环保的现代竹家居用品逐步兴起。宜家为了减少木材使用量，践行"打造一个更可持续的未来"的发展理念，较早开始关注和进入对环境更为友好的竹家居用品产业，成为竹家居用品行业的先行者。

发展初期，发行人凭借优质的产品品质、较强的研发设计能力和稳定的生产能力，进入宜家供应商系统，快速将产品通过宜家全球化零售网络实现销售，符合行业惯例。

2. 产品品质得到客户认可，形成稳定的合作关系

宜家作为全球知名的家居零售企业，在竹家居行业走在前列，拥有广阔的销售渠道与客户群体，能为发行人提供稳定、充足的订单。公司2012年开始与宜家进行业务往来，凭借较强的开发设计能力和优秀的产品质量，逐步得到宜家的认可，公司对宜家的销售占比较高。同时，公司对宜家的竹家居销售占宜家竹产品采购比例亦逐年上升，双方是相互共赢的合作关系，符合行业惯例。

3. 公司产能受限，客户集中度较高

宜家为发行人提供了稳定、充足的订单，公司将有限的产能资源优先满足宜家的需求，系发行人市场化选择，既符合公司利益与商业逻辑，也符合行业惯例。

报告期内，发行人累计新增固定资产和无形资产1.02亿元用以提高生产效率、扩充产能，宜家对公司的竹家居产品订单持续快速增长，发行人各类生产线的产能利用率一直维持在92%以上，剔除设备检修维护保养和法定节假日的因素后，发行人实际上自2017年起一直满负荷运行。待产能进一步提升后，公司

将积极扩大对其他优质客户的销售额，进一步优化公司客户结构。

鉴于宜家稳定增长的订单需求、良好的付款能力，在产能满负荷的情况下，发行人优先满足宜家的订单需求符合行业市场化经营惯例。竹家居行业下游主要是批发零售行业，下游客户主要是家居销售公司、大型卖场、百货，行业集中度较高，导致竹家居行业企业普遍存在客户集中度较高的特点。

4. 客户集中度高符合行业特点

报告期内，同行业可比公司均存在不同程度的客户集中度，九川竹木、永裕家居等前五大客户销售占比超过50%，主要原因系下游客户主要为家居销售公司、卖场、商超等，均为销售规模较大的连锁品牌，销售渠道稳定，与上游供应商合作关系稳固。发行人客户集中度较高，主要原因在于公司下游客户宜家系全球知名家居零售企业，销售网络遍布全球，且发行人产能有限，无法满足其他客户的采购需求。

综上所述，发行人客户集中度较高符合竹家居行业的特点，具有合理性。竹家居产品的最终客户为普通居民家庭，普通居民消费者对大型的家居销售公司、卖场、商超等认可度较高。家居销售公司、卖场等普遍规模较大，在竹家居销售市场上具有一定的统治地位，一般来说，一个竹家居企业如能够得到几个大型家居销售公司或卖场的订单就可实现较高的销售收入。竹家居下游行业集中度较高，主流品牌占据市场主要份额，导致上游供应商的客户集中度高。

九、发行人副董事长冯磊曾就职于宜家贸易服务（中国）有限公司，说明发行人与宜家合作中相关交易定价是否公允、宜家订单的获取是否合法合规、是否存在商业贿赂或不正当竞争情形

发行人与宜家合作中相关交易定价公允，宜家订单的获取合法合规，不存在商业贿赂或不正当竞争情形。

发行人副董事长冯磊曾就职于宜家贸易服务（中国）有限公司，主要从事质量技术工程相关工作，曾短暂从事木制品采购相关工作，与发行人竹家居产品不同。

发行人副董事长冯磊在宜家工作履历情况如表2-8所示：

表2-8　冯磊在宜家工作履历

任职时间	任职部门	职务	工作内容
2006年1月~2012年6月	宜家贸易服务(中国)有限公司青岛分公司	质量技术工程师	宜家下级供应商的产品生产工艺和质量体系的管控;新产品的开发和改进; 生产工艺和效率的提升和质量的持续改进
2012年7月~2013年6月	宜家贸易服务(中国)有限公司青岛分公司	商务拓展员	与供应商进行协调沟通、商务谈判; 监督供应商社会责任有效实施
2013年7月~2014年8月	宜家贸易服务(中国)有限公司上海分公司	质量技术工程师(劳动合同关系在青岛分公司)	宜家下级供应商的产品生产工艺和质量体系的管控;新产品的开发和改进; 生产工艺和效率的提升和质量的持续改进

宜家已经建立健全了供应商选择标准和反商业贿赂制度,并严格执行供应商选择标准。发行人亦建立健全了内控制度并有效执行,发行人对宜家订单的获取合法合规、不存在商业贿赂或不正当竞争的情形。

十、主要客户及其关联方与发行人是否存在关联关系、其他利益安排

报告期内,发行人的主要客户多数为国际知名企业,发行人前5大客户及其关联方(占各年销售收入的85%以上)与发行人的关联情况如表2-9所示:

表2-9　与发行人的关联情况

序号	主要客户名称	与发行人是否存在关联关系或其他利益安排
1	IKEA及其关联方	否
2	BRAND LOYALTY及其关联方	否
3	BED SHELFIE LLC及其关联方	否
4	ARC FRANCE及其关联方	否
5	KUAN CHIA INTERNATIONAL CORP.及其关联方	否
6	HONEY-CAN-DOINTERNATIONAL,LLC及其关联方	否
7	TUNIONCOMPANYLIMITED及其关联方	否

综上所述,发行人主要客户主要为国际知名企业,主要客户及其关联方与发行人不存在关联关系或其他利益安排。

第二节　研发费用资本化

审核关注点：

主要关注研发费用资本化是否符合《企业会计准则第 6 号——无形资产》应用指南要求：

(1)完成该无形资产以使其能够使用或出售在技术上具有可行性。

(2)具有完成该无形资产并使用或出售的意图。

(3)能够为企业带来经济利益。

(4)有足够的技术、财务资源和其他资源支持，以完成该无形资产的开发，并有能力使用或出售该无形资产。

(5)归属于该无形资产开发阶段的支出能够可靠地计量。

典型案例 2-2　创远信科

公司主要从事研发、生产并销售信号模拟与信号发生系列、信号分析与频谱分析系列、矢量网络分析系列、无线网络测试与信道模拟系列、无线电监测与北斗导航测试等产品。报告期各期研发资本化金额分别为 4135.94 万元、5638.92 万元、10,772.18 万元，占研发投入比例分别为 58.37%、68.12%、75.51%。公司资本化项目均为工信部等政府类项目，项目立项时已由工信部等组织专家评审。

参考核查程序

1. 抽查报告期内发行人研发采购相应凭证，核查研发项目的费用归集是否与原始单据保持一致。

2. 查阅可比公司披露的定期报告，并计算研发相关的关键性指标。

3. 对发行人研发投入与可比公司进行实质性分析，了解双方研发模式的差异；核查报告期内发行人的采购申请单，检查是否明确采购所对应课题任务。

4. 查阅公司研发相关内控制度，并对内控制度关键节点进行穿行测试，核查内控制度是否得到有效执行；查阅发行人的各项内控制度，了解各项内控制度关键控制点，并针对关键控制点进行穿行测试。

5. 查阅财务凭证，检查相关成本费用是否计入了正确的类别和项目。

6. 核查报告期内发行人课题任务验收的文件，核查是否存在无法通过验收的情况。

7. 核查发行人的科研课题的任务书预算，将实际的费用发生情况与最初预算作比较。

8. 查阅各个科研项目的课题任务书以及立项批复，了解各个项目的技术路线及课题预算。

9. 查阅项目验收相关的文件，检查是否通过归口单位的验收，相应指标是否达到课题目标。

10. 抽查发行人采购申请单以及各个课题项目的采购申请单，检查相应的审批程序，与发行人记录的采购台账进行核对。

11. 查阅了公司立项前的各项预研的报告和支出。

12. 核查发行人报告期内的研发人员月度工时统计汇总表。

13. 对部分在研项目进行现场查看，对采购的原材料抽查使用情况。

14. 对固定资产进行盘点，并现场查看各项资产是否处于可使用状态。

15. 查阅公司课题任务书，核查各个课题任务的人员职责分工。

16. 核查各个研发项目的任务书及预算情况。

17. 核查采购申请的审批情况。

18. 抽查财务凭证，检查相关采购项目是否与财务凭证相匹配。

19. 查阅上市公司对于同类业务的会计处理及财务报表列报，并与发行人会计处理进行比较。

20. 将发行人的会计政策与可比公司进行比较。

21. 对发行人报告期内的无形资产摊销、递延收益等科目进行重新计算。

22. 检查各个研发项目的立项文件，查阅相关人员安排、费用预算等情况。

23. 根据模拟后的报表计算发行人关键财务指标，并分析对发行人持续经营能力的影响。

24. 对课题任务、自研项目进行实质性分析，了解和分析其在研发阶段、研发目标等方面的共同与差异。

25. 逐项比较发行人承担课题任务在开发阶段所发生的费用是否符合资本化条件。

26. 核查发行人报告期内的研发人员月度工时统计汇总表。

27. 检查各个研发项目的立项文件，查阅相关人员安排、费用预算等情况。

28. 检查材料费用的领用、归集、结转、形成的最终产品与发行人研发相关。

参考回复思路

报告期内，公司牵头承担国家“新一代宽带无线移动通信网”国家科技重大专项课题开发任务，上海市软件和集成电路产业发展专项、新一代信息基础设施建设信息化发展专项、上海市产业转型升级发展专项（工业强基）、战略性新兴产业发展专项、科技创新行动等科研任务，公司在课题研发过程中积累了行业和技术经验，提升了产品的技术水平。

在公司目前的可比公司中，是德科技和日本安立均存在研发费用资本化的情况，根据是德科技年报披露，公司其他无形资产主要包括自研技术、专有技术等，并包括在进行中的研究与开发（in - process research and development, IPR &D）。2019 年 10 月末自研技术原值 8.76 亿美元，净值 2.98 亿美元，同时年报中有在项目成功完成后将在进行中的研究与开发支出结转至自研技术的明确表述。可比公司是德科技存在研发费用资本化的情况，但是年报中未具体披露各年度资本化的金额。根据日本安立所披露的年报，其无形资产中也存在研发费用资本化的情况，但未具体披露每年资本化的金额。从公司产品、客户结构以及业务模式等角度，国内可比上市公司主要为东方中科（002819. SZ）、华兴源创（688001. SH）、华峰测控（688200. SH）等。根据公开资料显示，东方中科是电子测试测量领域领先的综合服务商，专注于为客户提供包括仪器销售、租赁、系统集成，以及保理和招标业务在内的一站式综合服务，东方中科正式代理的仪器品牌近 20 个，业务涉及的仪器品牌超过 200 个，东方中科的研发投入主要集中于各种测试应用系统等公司产品。华兴源创是国内领先的检测设备与整线检测系统解决方案提供商，主要从事平板显示及集成电路的检测设备研发、生产和销售，华兴源创研发主要通过需求响应和主动储备相结合的方式进行，需求响应是指公司通过与客户的持续沟通，通过新项目研发匹配客户需求，主动储备主要是公司针对原有项目的二次开发，针对潜在目标市场提前进行技术储备。华峰测控主营业务为半导体自动化测试系统的研发、生产和销售，产品主要用于模拟及混合信号类集成电路的测试，华峰测控的研发投入主要基于核心产品的测试模块与测试系统的更新、升级和换代，主要为内部需求研发。综上所述，上述可比公司的研发项目和研发投入主要基于其主营产品的客户需求以及技术更新，与公司研发项目主要源于政府科研项目存在较大差异，政府科研课题任务的任务目标通常以国家战略发展方向为指引制定。

从研发模式的角度，公司的研发投入主要基于国家科技重大专项等课题任务，北方华创(002371. SZ)、川大智胜(002253. SZ)以及亿华通(科创板上市委会议已审议通过)等公司的研发模式与公司具有较强的可比性。公开资料显示，北方华创承担着多项国家科技重大专项子课题的研发任务，先后完成了12吋90－28nm制程刻蚀机、PVD、CVD、氧化炉、清洗机等设备的技术攻关工作；川大智胜承担国家重大科学仪器开发专项项目"高速高精度结构光三维测量仪器开发与应用"、国家863计划课题"大型全景互动系统及其应用示范"等科研项目；亿华通先后承担多项国家高技术研究发展计划(863计划)项目、科技部国家重点研发计划项目以及北京市科委、上海市科委项目等燃料电池领域重大专项课题。综上所述，上述可比公司均承担了较多国家及地方科研项目，公开资料显示，上述可比公司报告期内资本化的研发投入和研发投入总额情况如表2－10所示：

表2－10　研发投入数据

公司	项目	2019年	2018年	2017年
北方华创	资本化的研发投入/元	706,237,972.19	522,129,288.97	379,588,075.13
	费用化的研发投入/元	431,202,095.37	351,241,389.57	356,794,231.48
	研发投入合计/元	1,137,440,067.56	873,370,678.54	736,382,306.61
	研发投入资本化比例/%	62.09	59.78	51.55
川大智胜	资本化的研发投入/元	64,220,514.50	58,815,546.26	49,520,503.64
	费用化的研发投入/元	16,220,374.35	11,097,061.20	6,367,596.59
	研发投入合计/元	80,440,888.85	69,912,607.46	55,888,100.23
	研发投入资本化比例/%	79.84	84.13	88.61
亿华通	资本化的研发投入/元	45,334,712.57	4,281,108.72	—
	费用化的研发投入/元	83,901,867.09	45,086,893.40	25,037,580.31
	研发投入合计/元	129,236,579.66	49,368,002.12	25,037,580.31
	研发投入资本化比例/%	35.08	8.67	0.00
创远信科	资本化的研发投入/元	107,721,781.97	56,389,246.87	41,359,410.23
	费用化的研发投入/元	34,942,842.04	26,395,753.06	29,497,671.97
	研发投入合计/元	142,664,624.01	82,784,999.93	70,857,082.20
	研发投入资本化比例/%	75.51	68.12	58.37

由于公司承担了较多的国家科技重大专项以及上海市的科研课题任务，与

同样承担国家及地方政府科研课题任务的上市公司相比，公司资本化的会计处理与资本化的比例不存在较大差异，符合会计处理的惯例。

上述可比公司资本化的具体时点如表2-11所示：

表2-11　资本化时点

公司	资本化时点
北方华创	收到款项后，在研发周期内，该研发资金的支出进行资本化处理
川大智胜	公司开发支出资本化开始时点为完成经评审同意的项目建议书或经签署的研发项目任务书并取得立项审批表时
亿华通	以课题任务书签署作为资本化时点
创远信科	公司在通过立项评审或签署任务书后对科研项目进行实质性的开发工作，对项目进行实质性执行，此阶段发生的相关研发投入公司进行资本化处理

公司将科研项目区分为研究阶段和开发阶段，其中研究阶段主要从事项目的预研、可行性研究以及项目技术路线、技术方案和人员的计划安排，在项目完成前期技术研究后进行公司内部立项，通过公司内部立项后向归口单位申请相关科研项目。项目归口单位对公司的申请书等相关文件进行评审，专家组对项目的可行性研究及技术路线等方面进行评审，评审通过后给予立项批复或签署项目任务书。公司在通过立项评审或签署任务书后对科研项目进行实质性的开发工作，对项目进行实质性执行，此阶段发生的相关研发投入公司进行资本化处理。公司的会计处理与同样承担政府科研课题任务的上市公司相比不存在较大差异。

根据全国股转公司发布的《全国中小企业股份转让系统分层管理办法》，公司选择第三套进入精选层的标准："市值不低于8亿元，最近一年营业收入不低于2亿元，最近两年研发投入合计占最近两年营业收入合计比例不低于8%。"公司2019年度营业收入2.20亿元，2018~2019年研发投入合计占2018~2019年营业收入合计比例的51.79%。根据《全国中小企业股份转让系统精选层挂牌审查问答（一）》的说明"本期研发投入为本期费用化的研发费用与本期资本化的开发支出之和"，公司科研项目资本化的会计处理不会对本次发行及进层条件构成障碍。

一、补充说明报告期内对于自研项目与承接外部科研项目在研究方向、研究阶段之间的差异和衔接，报告期两类项目人员、研发材料、专用设备和无形资产摊销等支出的区分方式，是否存在将自研项目支出计入专项项目进行资本化处理的情况，相关内控是否健全有效及得到有效执行，结合两类研发项目在研发流程、关键节点、技术及应用方面的差异情况，进而说明自研项目对应支出采用费用化处理，承接外部科研项目资本化处理的合理性

报告期内，公司承接外部科研项目主要为国家科技重大专项项目及地方专项项目，上述项目系工信部或地方科委基于行业发展当下的技术需求并结合行业技术发展趋势及下一步发展目标而提出，对未来重点发展领域进行的技术攻关或技术储备。上述国家科技重大专项项目及地方专项项目系应用开发项目，公司通过研制能够通过技术验证的产品样机来完成课题目标，课题任务的成果主要是课题攻关过程中所形成的专利权和非专利技术，并将这些技术运用于自身产品从而提升公司产品的性能，实现产品利润增长。公司自研项目系发行人自主进行的，偏向公司所处行业产品技术探索性、基础性的研究，均处于项目的研究阶段。自研项目着重于基础技术的积累，但通过自研项目的技术积累，加上对外承接项目的技术研发，有利于公司整体研发实力的提升。公司自主研发与承接外部科研项目存在一定的因果关系，有了丰富的基础技术的积累，有利于公司承担国家科技重大专项项目及地方科研专项项目。自研项目与承接外部科研项目的研究比较情况如表 2－12 所示：

表 2－12　自研项目与承接外部科研项目

类别	承接科研课题项目	自研项目
研究方向	相关技术已经具备基础，技术路线和技术方案已经确定，研究方向主要是按照设定的技术路线将相应技术运用到样机中，通过不断测试和调整，使样机能够符合课题目标中的技术指标，在大规模生产前，完成相关原型机或原理样机的试制	偏向射频微波测试领域内的基础性的技术研究，这些技术能够提升公司产品的某些性能或满足某些技术指标，相关技术尚未在产品中得到运用
研究阶段	相应技术路线和技术方案已确定或已成型，主要任务是按照原定技术路线不断调试和验证生产出原理样机或原型机	前期研发新的电路设计、算法以及其他射频微波测试领域内的技术，为后期产业化试制提供技术储备和前期预研

续表

项目	承担科研课题项目	自研项目
衔接	自研项目所积累的技术经验是承担课题任务的技术基础，没有前期的积累，无法设计出能够符合课题目标的技术路线，同时部分自研项目中所积累的经验是课题任务的预研，通过自研项目的研究，能够设计出符合公司技术条件的技术路线	—

目前，公司对于承担国家及上海市的科研课题任务所发生的开发阶段研发支出进行资本化处理，自研项目在研发支出发生当期计入研发费用。对于上述不同类型的研发投入公司差异化会计处理主要是依据企业会计准则中对于研发支出资本化的相关要求，对于不符合资本化条件的研发支出在费用发生当期计入研发费用，具体比较情况如表 2－13 所示：

表 2－13　不同类型研发项目对比

企业会计准则规定	政府科研课题任务	公司内部研发项目	主要差异
完成该无形资产以使其能够使用或出售在技术上具有可行性	公司资本化项目均为国家科技重大专项以及上海市的科研项目，公司在取得立项批复或任务书前已完成项目的预研以及可行性的报告，对于可行性研究已经进行充分的论证，公司自 2005 年开始从事射频领域的技术研发工作，在射频领域积累了较多的项目经验，对于研发项目产业化具有宝贵的经验。政府科研课题立项均需要归口单位专家库内专家审核，行业专家对公司提出的技术路线和实施方案等相关内容进行审核，相关内容通过评审后归口单位出具立项批复或签署课题任务书	公司内部研发项目在实施前进行公司内部立项，针对研发项目所需要达到的目标和技术指标以及技术路线进行评估，并对预计发生的费用进行预算，公司内部评估研发的经济效益后同意立项	政府科研课题任务在立项时由外部专家对相应技术路线等方面进行评审，公司内部研发项目主要由公司内部的研发负责人评审

续表

企业会计准则规定	政府科研课题任务	公司内部研发项目	主要差异
具有完成该无形资产并使用或出售的意图	公司在承担科研课题任务前会评估课题任务与公司主营业务的契合度，公司承担的课题任务均与主营业务射频微波测试相关，并且公司在课题任务可行性研究时对于相关课题任务的市场化、产业化的经济效益进行了充分论证。公司承担的国家科技重大专项系事关国家战略需求和长远发展的重大科研项目，符合国家发展战略方向，公司承担的上海市科研课题任务也符合《国家中长期科学和技术发展规划纲要》的发展方向，相关研发成果能够运用到公司的各类产品中，同时公司的课题任务书中也详细论证了预期的市场化价值并通过行业内专家的评审	公司自研项目主要偏向射频微波测试领域内的基础性的技术研究，形成专利权较少	公司承担的政府课题任务符合国家以及政府的战略发展方向，公司自研项目主要针对基础技术研究，并且自研项目一般不形成专利权
无形资产产生经济利益的方式，包括能够证明运用该无形资产生产的产品存在市场或无形资产自身存在市场；无形资产将在内部使用的，应当证明其有用性	科研项目的研发成果与发行人射频微波领域的技术关联度较高，研发成果通常会提升公司测试仪器的性能，应用于发行人的各个产品，从而可以在市场上与国外厂家的产品进行竞争，最终通过产品对外销售的方式为发行人带来经济利益，2017～2019 年度，公司非贸易业务收入分别为 1.12 亿元、1.34 亿元和 1.95 亿元，非贸易业务收入逐年上升。国内已经启动 5G 大规模商业化进程，并且根据中华人民共和国科学技术部发布的资料显示，我国已经发布 5G 技术研发试验第三阶段测试结果，2019 年度已启动 5G 增强及毫米波技术研发试验等工作	公司内部研发主要集中于射频微波领域内的基础性研究，研发过程中所积累的技术经验和项目经验可以作为未来设备性能提升的基础	政府课题任务将已掌握的经验技术运用在样机中并通过验证，内部研发集中于基础性的技术研究，未来使用具有不确定性

续表

企业会计准则规定	政府科研课题任务	公司内部研发项目	主要差异
有足够的技术、财务资源和其他资源支持，以完成该无形资产的开发，并有能力使用或出售该无形资产	截至2019年年末，公司研发人员超过100人，并且公司从2005年便开始从事射频领域的技术研发工作，2016年12月获得国家科学技术进步奖特等奖，公司在射频微波领域具备了丰富的研发经验。从发行人历年承担国家科技重大专项验收情况判断，公司不存在从事科研项目无法通过验收的情况，并且公司在申请科研课题时，归口单位立项评审对于公司的技术路线以及人员配置以及其他所需要的资源进行了前置审核，确保公司能够有足够资源和能力完成课题任务。综上所述，公司具备完成科研课题所需的技术、财务资源以及其他资源以确保能够完成该无形资产的开发	公司目前研发人员超过100人，具备目前研发规模所需要的技术人员配置，公司内部研发项目资金来自公司自有资金，没有专项资金支持，相对研发预算较低	政府科研课题任务有专项资金扶持，内部自研项目完全依赖公司自有资金，相对财务资源薄弱
归属于该无形资产开发阶段的支出能够可靠地计量	公司科研项目目前实行预算制度，公司根据《企业会计准则》要求，对各个科研经费设置辅助科目核算，科研项目的采购由各个科研项目组在预算内提出申请，财务部门对各个科研项目的采购单独核算，能够对各个研发项目单独核算。国家科技重大专项以及上海市部分科研项目在验收时，需要聘请备案的会计师事务所对项目的研发支出进行专项审计，对专项资金是否单独核算、专款专用进行全面的核查，截至本问询函回复出具之日，公司不存在科研项目无法通过验收的情况	公司目前财务按照研发项目单独核算，由于自研项目不具备资本化的条件，未单独核算开发阶段的研发支出	各个项目单独核算所发生的研发支出，政府课题任务单独核算研究阶段和开发阶段支出，自研项目未单独核算研究阶段和开发阶段的研发支出

综上所述，公司政府课题任务与自研项目主要区别在于：(1)在研发阶段，政府科研课题任务具备课题目标，在确定技术路线后将技术运用到具体设备中并通过验证，自研项目主要聚焦于射频微波领域内的基础性技术研究，尚未将相关技术植入具体产品中；(2)政府课题任务资金来源主要是政府专项资金补助以及公司自有资金配套，自研项目资金来源为公司自有资金，相应的财务资源存在较大差异；(3)政府科研课题任务在项目立项时，由相关课题归口单位外部专家对公司研发项目的技术路线、预算以及可行性研究进行评审，公司自研项目主要依赖于公司内部研发负责人凭借自身经验对自研项目的相关技术路线及预算进行评估；(4)财务核算方面，对于政府课题任务研究阶段和开发阶段的支出单

独核算,能够明确区分,自研项目由于不符合资本化条件,公司未单独核算研发阶段和开发阶段支出。由于公司政府课题任务和自研项目在研发方向、资金预算以及财务核算方面的差异,公司对于政府课题任务在开发阶段的支出做资本化处理,自研项目所发生的费用在报告期内全部费用化,不存在资本化的情况。

公司针对外部承接研发项目及自研项目制定了内控管理制度,各自形成了一整套完整的项目实施管理规定和流程安排。公司依据国家政策性的文件已经制定《专项会计核算办法》:项目(课题)发生的开发支出在“开发支出——项目支出”明细科目核算,下设“国拨”“地配”“自筹”明细科目,在其下再行设立“材料费”“差旅费”“会议费”“国际合作与交流费”“劳务费”“专家咨询费”三级明细科目,按不同费用科目、不同资金来源分别核算。公司自研项目发生的支出在“研发支出——费用化支出”明细科目核算,在其下设立“研发物料费”“差旅费”“会议费”三级明细科目,按不同费用科目来分别核算。

公司研发项目在立项过程中对于项目的预算、人员的安排和具体分工以及研发周期作了预计,立项通过后按照原定的研发方向进行相关项目的执行工作。公司财务部分对于每个研发项目在财务核算时会建立子科目(辅助核算科目),每个研发项目单独命名,防止混同。对于研发过程中发生的直接采购项目,如材料、技术服务以及差旅费用等,由研发项目组提出申请,项目负责人审核后进行采购,采购审批单中注明具体采购内容以及对应的研发项目,产品和服务完成采购后直接交付对应的项目组,由研发项目组负责人进行接收,财务部门将相关支出直接计入该项目;对于项目研发过程中发生的员工薪酬费用,公司目前设立了各个部门并且对各个部门的职责进行了明确规定,其中研发部门负责公司所承担的课题任务以及自研项目的研究开发,公司在项目立项时,确定研发项目组的人员配置及具体分工,研发人员按月度填列当月所从事的研发项目,对于同时承担多个项目的研发人员,根据当月从事各个项目占比时间分开填列,各个研发项目组负责人审核后汇总交由财务部在各个项目中进行分配;对于折旧和摊销,由于公司用于研发的固定资产和无形资产具有较强的通用性,各个项目中均会使用到各项资产,公司未单独核算每个研发设备用于每个研发项目的具体时间,故为了保证开发支出资本化金额的谨慎性,公司对于研发设备折旧和专利权的摊销全部计入当期的研发费用,未计入开发支出进行资本化。

公司从事的科研课题任务在立项时,对于课题任务的各项支出需要作出明确预算,并且相关预算由归口单位评审专家审核,项目验收时对于项目所发生的研发支出进行审核,核查是否存在将与课题任务不相关的支出计入课题任务。

报告期内，公司不存在承担课题任务无法通过验收的情况。

综上所述，公司已建立相应的内控制度和财务核算制度区分核算内部研发项目以及政府课题任务的人员、材料以及摊销等费用，相应内控制度完善且得到有效执行，不存在将自研项目支出计入专项项目资本化处理的情况；自研项目由于不符合资本化条件，所以对于自研项目所发生的研发支出在发生当期确认为研发费用。

二、说明已经形成开发支出的研发项目是否存在因终止、评估研发成功率较低等不能满足资本化条件的依据，是否存在其他研发项目成功率低而转为当期损益的可能性，以及对公司的经营业绩产生的影响；并补充说明公司产品由研发立项至生产的全过程，相关行业政策要求、成功概率、经历时间等，是否有客户指定的研发项目

公司从2012年起先后牵头承担了国家“新一代宽带无线移动通信网”科技重大专项课题开发任务、上海市软件和集成电路产业发展专项、新一代信息基础设施建设信息化发展专项、上海市产业转型升级发展专项（工业强基）、战略性新兴产业发展专项、科技创新行动等科研任务，多年来承担各种国家及上海市的科研项目积累了丰富的项目研发经验以及行业内的技术储备。

国家科技重大专项是为了实现国家目标，通过核心技术突破和资源集成，在一定时限内完成的重大战略产品、关键共性技术和重大工程。《国家中长期科学和技术发展规划纲要（2006～2020年）》确定了新一代宽带无线移动通信网等16个重大专项。公司作为课题承担单位共牵头负责8个国家科技重大专项课题任务，具体情况如表2－14所示：

表2－14　国家科技重大专项课题任务情况

序号	课题名称	目前状态
1	LTE/TD－SCDMA/WCDMA/GSM终端综合测试仪开发	已经验收
2	LTE－AdvancedMIMO矢量信号分析仪	已经验收
3	LTE及LTE－Advanced信号源及无线信号分析仪开发	已经验收
4	TD－LTE－AdvancedTTCN终端协议仿真测试仪开发	已经验收
5	TD－LTE－Advanced终端综合测试仪表开发	已经验收
6	多天线无线信道模拟器开发	已经验收
7	5G大规模天线信道模拟器研发与验证	执行中
8	毫米波5G分析仪开发	执行中

根据任务书及相关资料，5G 大规模天线信道模拟器研发与验证和毫米波 5G 分析仪开发两个国家科技重大专项预计完成时间为 2020 年 12 月，目前正在按照项目的计划执行过程中。截至本回复出具之日，公司不存在承担政府科研项目无法通过验收的情况。

公司资本化的研发项目均为工信部、国家科委等政府部门的科研项目，公司申请相关外部科研课题前，会对相关科研项目研发目标和公司的业务方向与技术储备的契合度进行考量，并且对于相关科研项目的技术要求、风险进行充分的评估，针对科研项目需要达到的技术指标和任务要求进行预研，对于项目所需要的人力资源、技术资源等编制可行性报告，公司内部对项目的可行性报告进行评审通过后向相关科研单位提出课题申请，对应归口单位的专家对公司的可行性报告及立项申请等文件审核通过后与公司签署科研项目任务书或发出同意立项的文件。由于公司承担政府科研课题任务在实际研究开发前已进行了充分的可行性研究和论证，相关课题任务在实际执行过程中终止或失败的可能性较低。截至本回复出具之日，公司不存在科研项目因研发失败或成功率较低无法通过验收的情况。

公司承担政府科研课题任务通常的研发周期为 2 ~ 3 年，公司产品由研发立项至生产的具体过程如下：

1. 可行性研究

公司在申请相关课题任务前，对于课题任务所需要达到的技术要求、研发风险以及资源配置进行充分的评估，评估通过后向课题任务的归口单位提出申请。

2. 课题任务立项

课题任务归口单位对公司的可行性报告进行评估，对相应的技术路线、研发周期、资金预算及人员配置进行审核，审核通过后与公司签署任务书或下发立项批复。

3. 课题任务实施

公司按照课题既定的课题预算书以及《课题进度表》，按流程、分阶段完成课题计划及目标。

4. 课题任务完成

课题研究任务完成并达到要求后，由课题负责人组织撰写课题评价报告完成课题的结题工作并向归口单位提交验收申请。

5. 课题任务验收

归口单位的专家评审对于公司研发成果进行验收，评估是否达到相应任务目标。

6. 产业化应用

公司研发人员将课题研发过程中所形成的专利和非专利技术应用到公司的主营业务相关产品中，提高公司产品的性能以及技术指标，完成产品更新换代。

公司内部的自研项目主要是根据市场需求以及公司自研产品性能提升的研究，研发部门经过技术论证和可行性研究后提出产品研发目标，确定相关研发项目的功能要求、性能指标、资源需求以及进度安排，通过公司内部立项后进行相关产品和技术的研发工作，相应技术参数和指标通过验证后完成项目研发工作。公司自研项目主要为满足市场对于公司产品的需求所进行的技术改进和一些前瞻性的研究，不存在客户委托公司进行研发的情况。

三、对于国家科技重大专项和地方性科研项目，请逐条论述说明研发立项即计入开发阶段进行资本化是否符合《企业会计准则》的规定，科研项目立项通知书与相关研究开发能够存在市场、可以使用、有用性之间的关系，相关处理与行业一般做法是否一致，是否有充分依据

公司自研项目不存在资本化的情况，在研发支出发生当期全额计入当期的研发费用。对于国家科技重大专项和地方性科研项目，公司将整个研发过程分为研究阶段和开发阶段，公司在进行前期项目预研和可行性研究后，申请承担或参研各个科研项目，项目归口单位评审通过后下发立项通知或签署科研项目任务书，在取得专项批文或签署任务书之前，公司所发生的研究阶段的费用均在当期确认损益；在取得专项批文后对科研项目进入实质执行阶段，此后所有发生的费用均在开发支出中归集。

公司在国家科技重大专项和地方性科研项目通过立项前，对于相关课题任务已完成了前期充分的预研，公司在科研项目立项前会结合自身技术储备以及市场化应用方向评估课题任务的可行性，立项前主要工作如下：

1. 确定课题任务目标

在申请课题任务前，公司对于课题任务需要达到的技术指标以及研发形成的样机所需要达到的技术参数进行评估，对于公司目前的技术储备是否能够达到相应的课题目标进行评估。

2. 确定课题任务的技术路线

对于不同的课题任务的目标，公司会通过前期预研确定相关课题任务的实施方法和技术路线，分析课题的科学价值及市场化、产业化的经济效益，对课题任务需要解决的重大问题提出解决方案。

3. 确定课题执行计划

公司按阶段制订完成课题的计划进度，将课题的考核指标及成果实现分解落实到年度计划中，作为课题承担单位，公司将进行总体方案设计并将子任务分解至各个参研单位。

4. 确定课题任务参与人员

公司政府科研项目均设立了课题负责人或课题组长，同时在立项前确定课题组成员，并明确各个成员主要负责的研发领域，确保分工明确。

5. 编制经费预算

公司结合课题任务需要达到的目标以及公司自身的经济实力，对科研项目编制相应的预算。

公司在通过立项评审或签署任务书后的开发工作计入开发阶段进行资本化符合《企业会计准则》的具体情况如下：

1. 完成该无形资产以使其能够使用或出售在技术上具有可行性

公司资本化项目均为国家科技重大专项以及上海市的科研项目，公司在取得立项批复或任务书前已完成项目的预研以及可行性的报告，对于可行性研究已经进行充分的论证。公司自2005年开始从事射频领域的技术研发工作，在射频领域积累了较多的项目经验，对于研发项目产业化具有宝贵的经验。政府科研课题立项均需要归口单位专家库内专家审核，行业专家对公司提出的技术路线和实施方案等相关内容进行审核，相关内容通过评审后归口单位出具立项批复或签署课题任务书。

公司所从事的课题任务均与公司的主营业务相关，公司通过承担课题任务能够掌握领域内的各项技术并运用在公司的各项产品中，增加公司产品的性能及技术指标，增强产品的市场竞争力。公司运用课题任务中所积累的技术开发完成5G扫频仪、发射机、信道模拟器、矢量信号发生器、矢量信号分析仪等满足5G测试要求的仪器仪表产品，上述产品的研制成功说明公司从事科研课题任务所积累的专利和非专利技术具有可用性。

根据《企业会计准则——应用指南》（以下简称《指南》）规定：“判断无形资产的开发在技术上是否具有可行性，应当以目前阶段的成果为基础，并提供相关证据和材料，证明企业进行开发所需的技术条件等已经具备，不存在技术上的障碍或其他不确定性。比如，企业已经完成了全部计划、设计和测试活动，这些活动是使资产能够达到设计规划书中的功能、特征和技术所必需的活动，或经过专家鉴定等。”公司在通过课题任务立项或签署课题任务书之前，已运用现有技术对相关课题任务进行了预研和技术方案设计，并且公司在立项通过前，已对项目预算、人员配置及岗位安排、技术路线和技术方案、技术难点攻克方案进行了论证，并且该论证得到了归口单位外部专家的认可，符合《指南》的相关规定。

2. 具有完成该无形资产并使用或出售的意图

公司在承担科研课题任务前会评估课题任务与公司主营业务的契合度，公司承担的课题任务均与主营业务相关，并且公司在课题任务可行性研究时对于相关课题任务的市场化、产业化的经济效益进行了充分的分析。公司承担的国家科技重大专项系事关国家战略需求和长远发展的重大科研项目，符合国家发展战略方向，公司承担的上海市科研课题任务也符合《国家中长期科学和技术发展规划纲要（2006～2020年）》的发展方向，相关研发成果能够运用到公司的各类产品中，同时公司的课题任务书中也详细论证了预期的市场化价值并通过行业内专家的评审。

公司所从事的课题任务均与公司主营业务相关，并且报告期内公司自研产品收入逐年提高，从2017年度的1.12亿元上升至2019年度的1.95亿元。公司将科研项目过程中所积累的各种技术运用在公司的在研产品中，使其功能和性能得到提升后实现收入增长。

根据《指南》的规定，"企业能够说明其开发无形资产的目的"，公司目前从事的课题任务均与公司的主营业务密切相关，公司从事课题任务所形成无形资产的目的是能够运用于公司的自研产品中，提升自研产品的性能和各项技术指标，使其能够以较强的市场竞争力实现业务收入的增长。

3. 无形资产产生未来经济利益的方式，包括能够证明运用该无形资产生产的产品存在市场或无形资产自身存在市场，如果无形资产将在内部使用，应当证明其有用性

科研项目的研发成果与公司射频微波领域的技术关联度较高，研发成果通常会提升公司测试仪器的性能，应用于公司的各个产品，从而可以在市场上与国外厂家的产品进行竞争，最终通过产品对外销售的方式为公司带来经济利益。2017～2019年度，公司非贸易业务收入分别为1.12亿元、1.34亿元和1.95亿元，非贸易业务收入逐年上升。目前，国内已经启动5G大规模商业化进程，并且根据科技部发布的资料显示，我国已经发布5G技术研发试验第三阶段测试结果，2019年度已启动5G增强及毫米波技术研发试验等工作。

公司所从事的课题专项为新一代宽带无线移动通信，是我国《国家中长期科学和技术发展规划纲要（2006～2020年）》所明确的重大战略发展方向，公司

所从事的领域目前正处于一个高速发展的阶段,2019 年度华为大规模采购公司的射频测试仪器,中标中国移动 5G 扫频仪等案例都可以佐证公司所研发的产品具有较好的市场,并且得到行业内知名企业的认可。

公司目前基本不直接对外出售各项专利权和非专利技术,对于科研项目研发所形成的各项专利技术公司均运用于自身产品中,公司的自研产品所形成的收入在报告期内呈现出较为快速的增长,并且 2019 年为 5G 大规模商业化的元年,预计未来 5G 产业仍将呈现出一个快速的增长,公司科研项目所形成的无形资产经济利益流入方式系通过提升产品性能和技术指标的方式来提高公司产品的市场竞争力从而实现收入和利润增长。

根据《指南》的规定:"无形资产是否能够为企业带来经济利益,应当对运用该无形资产生产产品的市场情况进行可靠预计,以证明所生产的产品存在市场并能够带来经济利益,或能够证明市场上存在对该无形资产的需求。"公司目前的专利全部运用于自研产品中,报告期内公司自研产品的收入也快速增长,为企业带来了经济利益流入,根据灼识咨询报告,全球无线通信与射频微波测试仪器市场持续稳定增长,市场规模从 2015 年的 488.80 亿元增长至 2019 年的 661.86 亿元,预计到 2024 年,市场规模将达到 884.64 亿元,2019 年至 2024 年复合增长率为 5.97%。目前我国已开启 5G 大规模商业化,并且相关产业保持着快速的增长,5G 技术的应用领域也在不断延伸,公司的客户主要是行业内知名通信器材生产厂家、运营商等,华为、中国移动等行业龙头企业均为公司的客户,公司的各项专利权运用在公司的自研产品中得到了行业内龙头企业的认可,公司运用无形资产所生产的产品能够为公司带来经济利益流入。

4. 有足够的技术、财务资源和其他资源支持,以完成该无形资产的开发,并有能力使用或出售该无形资产

公司在承担科研课题任务前,会对课题任务进行预研,对课题任务目标进行技术路线设计以及项目预研,确保有足够的技术实力完成相关课题任务。截至 2019 年年末,公司研发人员超过 100 人,并且公司从 2005 年开始便从事射频领域的技术研发工作,2016 年 12 月获得国家科学技术进步奖特等奖,公司在射频微波领域具备了丰富的研发经验。从公司历年承担国家科技重大专项验收情况来看,公司不存在从事科研项目无法通过验收的情况,并且公司在申请科研课题时,归口单位立项评审对于公司的技术路线以及人员配置及其他所需要的资源进行了前置审核,确保公司能够有足够资源和能力完成课题任务。综上所述,公司具备完成科研课题所需的技术、财务资源以及其他资源以确保能够完成该无

形资产的开发。

根据《指南》的规定:“企业能够证明可以取得无形资产开发所需的技术、财务和其他资源,以及获得这些资源的相关计划。企业自有资金不足以提供支持的,应能够证明存在外部其他方面的资金支持,如银行等金融机构声明愿意为该无形资产的开发提供所需资金等。”公司所承担的课题任务均由政府拨款,并且课题任务有明确的预算,能够确保有足够的资源完成相关课题任务。

5. 归属于无形资产开发阶段的支出能够可靠计量

公司科研项目目前实行预算制度,公司根据《企业会计准则》的要求,对各个科研经费设置辅助科目核算,科研项目的采购由各个科研项目组在预算内提出申请,财务部门对各个科研项目的采购单独核算,能够对各个研发项目单独核算。国家科技重大专项以及上海市部分科研项目在验收时,需要聘请备案的会计师事务所对项目的研发支出进行专项审计,对专项资金是否单独核算、专款专用进行全面的核查,截至本回复出具之日,公司不存在科研项目无法通过验收的情况。

发行人对于立项通过或签署任务书前所发生的课题任务预研的费用,全部计入了当期损益,未进行资本化,对于各个课题任务开发阶段的支出,从采购申请、实物管理到人员归集都进行了单独核算,课题任务的核算要求要远高于《企业会计准则》的要求。发行人对于各个课题任务中的各项费用都需要划分清晰,并且课题任务实行预算管理,预算经归口单位专家评审审核通过,并且在项目验收时,如果核算混乱将无法通过验收,公司多年来承担各个课题任务已积累了丰富的财务核算经验,对于各项费用分类以及各项费用发生的额度也有明确的内控制度规定及审核流程,能够可靠计量无形资产开发阶段的各项支出。

综上所述,公司在科研课题任务立项前已经完成了相关项目的研究工作,对科研课题任务的技术路线、资源配置以及未来产业化进行了充分的研究与论证,归口单位的立项批复或相关课题任务书的签署标志着公司相关研究工作通过了项目归口单位专家的评审,符合《企业会计准则》关于研发支出资本化的规定。公司将从事政府课题任务所发生的开发支出资本化,与北方华创、川大智胜、亿华通等公司的会计处理一致。

四、研发投入率(研发费用与当期开发支出合计)与国内外同行业可比公司的差异分析,是否显著偏高及合理性

报告期内,公司与国内外同行业可比公司研发投入率相比较高,具体情况如表2－15所示:

表 2－15　2017～2019 年国内外同行业研发投入率对比

单位：%

公司	2019 年度	2018 年度	2017 年度
日本安立	12.12	11.76	11.81
是德科技	15.99	16.09	15.90
东方中科	2.52	2.44	2.45
华兴源创	15.34	13.78	6.83
华峰测控	12.83	11.15	12.04
平均数	11.76	11.04	9.81
创远信科	64.83	38.45	32.28

公司研发投入率较高主要由两方面原因造成，一方面，公司目前收入规模较小，基数较小使研发投入占比高；另一方面，主要是由于公司多年来承担国家科技重大专项以及上海市的课题任务，通过参与政府的科研项目不断增加自身的技术水平，报告期内，公司研发投入中承担科研项目的比例如表 2－16 所示：

表 2－16　科研项目比例

项目	2019 年度	2018 年度	2017 年度	合计
科研课题资本化研发投入/万元	10,772.18	5638.92	4135.94	20,547.04
研发投入总额/万元	14,266.46	8278.50	7085.71	29,630.67
科研课题研发投入比例/%	75.51	68.12	58.37	69.34
营业收入/万元	22,007.28	21,528.40	21,947.97	65,483.65
剔除研发课题资本化研发投入后的研发投入比例/%	15.88	12.26	13.44	13.87

报告期内公司的研发投入主要用于科研课题任务，与射频微波测试仪器行业的特点相关。目前在高端测试仪器领域，国内公司难以进入，国产化率较低，国内企业要在产品性能、置信度以及可靠性方面追赶国外厂家需要增加研发投入、提高研发效率，以公司目前的资金规模难以自主承担研发所需的成本费用，公司通过承担科研课题任务不仅能够解决研发所需的资金，而且能够通过课题任务及时掌握国家战略需求和长远发展目标，公司的研发模式与途径差异使公司研发投入比例与可比公司相比较高，剔除课题任务的研发投入后，公司研发投入占收入的比例为 13.87%，与可比公司相匹配。

第三节　股权激励

报告期内涉及股权激励的，应判断是否涉及股份支付，股权激励的相关对象、和发行人的关系，是否以换取服务为目的，服务对价的确认依据，以及上述股份支付事项的会计处理。如涉及股份支付，则需确认股份支付的授予日、公允价格的确定方式及依据、员工的实际出资情况、相关个税缴纳情况。

关注股权激励授予名单和股份数量及目前持股平台的合伙人名单和股份数量的变化情况、离职人员是否按照激励计划的约定进行退还，公司实际控制人在持股平台持有的股份是否计提股份支付费用，若无计提，则说明相关会计处理的依据及是否符合《企业会计准则》的相关规定。

典型案例 2－3　创远信科

2018 年公司对 36 名对象进行了股权激励，本计划拟授予 1,717,000 股股票价格为每股人民币 5.31 元，并约定自激励对象持有持股平台财产份额之日起的 36 个月内，激励对象每 12 个月可按 30%、30% 及 40% 的比例解锁其所持有的持股平台财产份额，离职则需将股份转让给普通合伙人。

参考核查程序

1. 核查工商登记材料、合伙协议；核查各合伙人的构成，获取各合伙人与任职单位签署的《劳动合同》、工资表、社保缴纳记录等；核查各合伙人的任职情况。

2. 核查合伙企业合伙人出资份额转让款支付进账单、员工股权激励计划管理办法等资料；核查合伙企业出资份额转让的真实性、合理性。

3. 获取了股权授予日前后二级市场的成交价格，评估授予日权益工具公允价值的确定依据及合理性。

4. 复核发行人股份支付费用计算的准确性，检查发行人股权激励涉及股份支付的会计处理是否符合《企业会计准则》等相关规定的要求。

参考回复思路

一、补充披露股份支付的具体事项、股份支付费用的确定依据，股权激励的相关对象、和发行人的关系，是否以换取服务为目的，服务对价的确认依据，以及上述股份支付事项的会计处理

公司于2018年10月8日召开的2018年第六次临时股东大会审议通过了《关于实施股权激励方案》，设立诸暨卓众股权投资合伙企业（有限合伙）（以下简称诸暨卓众）作为实施本计划项下员工股权激励的平台，诸暨卓众将直接持有公司的股份，激励对象通过持有诸暨卓众的份额而间接持有公司的股份。本计划项下授予的股票合计1,717,000股，自激励对象持有持股平台财产份额之日起的36个月内，激励对象每12个月可按30%、30%及40%的比例解锁其所持有的持股平台财产份额。若激励对象所持财产份额尚未解锁完毕提前解除劳动合同的，应将其持有的尚未解锁的持股平台财产份额一次性转让给公司普通合伙人，届时书面指定相关人士。

上述股权激励计划拟授予的1,717,000股股票价格为每股人民币5.31元，股份支付的授予日为2018年12月20日，由于公司为全国中小企业股份转让系统做市转让的企业，二级市场的成交价格能够充分反映投资者对公司的价值判断，公司以12月20日的交易价格6.35元作为授予日的公允价值。公司按照公允价值与每股股票授予价格差额确认股份支付费用。

由于服务期限为36个月，并且员工每12个月可按30%、30%及40%的比例解锁其所持有的持股平台财产份额，因此公司按照服务期限分期确认股份支付费用。

在授予日，公司不做任何会计处理；股权激励方案约定，若激励对象所持财产份额尚未解锁完毕提前解除劳动合同的，应将其持有的尚未解锁的持股平台财产份额一次性转让给公司普通合伙人，届时书面指定相关人士。按照上述约定，激励对象需要在公司服务满一定年限才能享受相应的股权激励。在服务期内的每个资产负债表日，公司以公允价值与股票授予价格的差额按照服务期限分摊确认管理费用－股份支付费用，同时计入资本公积－其他资本公积。

2018年会计处理如下：

借方：管理费用－股份支付86,803.89元

贷方：资本公积－其他资本公积86,803.89元

2019年会计处理如下：

借方：管理费用－股份支付886,998.67元

贷方：资本公积－其他资本公积886,998.67元

二、补充说明股份支付的授予日、公允价格的确定方式及依据、员工的实际出资情况、相关个税缴纳情况

股份支付的授予日为2018年12月20日，由于公司为全国中小企业股份转让系统做市转让的企业，二级市场的成交价格能够充分反映投资者对公司的价值判断，公司以12月20日的交易价格6.35元作为授予日的公允价值。

持股平台中的员工均以货币出资缴纳合伙企业中的权益份额。

截至本回复出具之日，持股平台尚未转让其所持有的公司股份，员工均未缴纳个税，待股份转让行权产生收益时，根据股份转让所得缴纳个人所得税。

三、说明最初股权激励授予名单和股份数量及目前持股平台的合伙人名单和股份数量的变化情况、离职人员是否按照激励计划的约定进行退还，公司实际控制人冯跃军目前在持股平台持有14.21%的股份是否计提股份支付费用，若无计提，则说明相关会计处理的依据及是否符合《企业会计准则》的相关规定

截至本回复出具之日，最初股权激励授予名单和股份数量及目前持股平台的合伙人名单和股份数量的变化情况如表2－17所示：

表2－17　合伙人名单和股份数量变化情况

单位：股

合伙人	最初持有股份数量	目前持有股份数量	变动数量
冯跃军	2000	244,000	242,000
陶华	70,000	—	－70,000
刘明辉	142,000	—	－142,000
蒋政波	30,000	—	－30,000

持股平台中原权益人陶华因病去世，原高管刘明辉离职，蒋政波辞去监事职务，股权激励计划约定：若激励对象所持财产份额尚未解锁完毕提前解除劳动合同的，应将其持有的尚未解锁的持股平台财产份额一次性转让给公司普通合伙人，届时书面指定相关人士。上述人员均已按照股权激励计划的约定将持有的股份数量退还。

按照《企业会计准则》的规定，股份支付分为以权益结算的股份支付和以现金结算的股份支付。其中以权益结算的股份支付，是指企业为获取服务以股份

或其他权益工具作为对价进行结算的交易。以权益结算的股份支付换取职工提供服务的，应当以授予职工权益工具的公允价值计量。授予后立即可行权的换取职工服务的以权益结算的股份支付，应当在授予日按照权益工具的公允价值计入相关成本或费用，相应增加资本公积。

公司实际控制人冯跃军持股的14.21%是根据股权激励的约定进行回购的，这部分回购的股份后续仍将用于公司员工的股权激励，因此在后续实际授予公司员工时确认股份支付费用，公司对于实际控制人冯跃军持有的股份未确认股份支付费用符合《企业会计准则》的相关规定。

第四节　创新特征

以投资者需求为导向，发行人应该结合所属行业的特点和发展趋势充分披露自身的创新特征，确保所披露信息真实、准确、完整、简明清晰、通俗易懂。

实践中，发行人围绕上述要求，通常从创新投入、创新成果、市场地位等角度进行论证。例如，创新投入方面，主要通过披露前期持续研发投入情况、当前的创新基础（如研发人员数量及背景、设备先进性、科研机构建设或共建情况等）、技术路线或工艺的比较优势等方面，论证企业具备创新意愿及良好的创新基础。

创新成果方面，主要通过披露知识产权取得情况（如各类专利、软件著作权等），产品或服务的主要技术及性能指标的横向比较优势、进口替代情况，模式创新形成的核心竞争力，以及前述创新特征转化为盈利能力的具体表现等，论证公司已形成创新成果并具备持续的创新成果转化能力。

市场地位方面，主要通过披露公司主要产品市场占有率、品牌（或产品）知名度、主导或参与制定国家或行业标准，获得行业或权威机构、知名投资机构认可，与国际、国内知名企业保持长期稳定合作关系等，论证公司创新能力已得到投资人认可或经过市场检验。

对于传统行业企业，可以通过分析前述方面的比较优势，体现创新能力。创新特征披露中，应当避免论据不足、重复冗长、大量摘抄公司产品或服务部分的表述、结论缺乏证据支持、例证不匹配等问题。

典型案例2-4 国航远洋

发行人所处行业为“G55 水上运输业”，属于国家统计局印发的《生产性服务业统计分类(2019)》确定的生产性服务业范围。不同于先进制造业企业以新技术、新产品或新工艺为主的创新方式，发行人主要结合行业特点和发展趋势、自身经营特点与竞争优势，以及通过新技术与传统航运要素融合的方式进行模式创新。发行人的创新性特征体现在运力整合优化模式、绿色节能发展模式和数字化管理模式的创新。

参考核查程序

1. 查阅同行业公司官网、年度报告、日常公告、招股说明书等及行业相关研究文献或报告，了解同行业公司和行业主流的经营模式，分析同行业公司的经营模式，与发行人经营模式进行对比。

2. 获取发行人具体创新性措施效果相关依据性材料，并分析测算相关措施对利润的影响。

3. 获取发行人董事会、总裁办公会议相关决议文件，了解发行人创新性投入规划。

4. 查阅发行人创新性投入、创新性成果和行业权威机构认定的相关依据性材料。

参考回复思路

一、运力整合优化模式创新特征的具体体现和优势

干散货产销地集中的特点决定了干散货运点对点的运输方式，加之市场需求波动较大，容易出现运力过剩或运力不足的局面，且干散货运的运力、货源和航线分散，因此，运力资源的整合优化能力是干散货航运企业核心竞争力之一。

发行人干散货运输业务的业务模式、自营运力来源、船型结构及内外贸兼营特点与同行业可比公司对比如表2-18所示：

表 2-18　与同行业相关情况对比

公司	业务模式	自营运力来源	船型结构及内外贸兼营特点
招商轮船	自营船舶运输为主、外租船舶运输为辅	2021 年年末共 102 艘,均为自有船舶	超大型矿砂船 34 艘、好望角型 16 艘、巴拿马型 10 艘、灵便型 42 艘,前两者合计载重吨占比 83.55%
宁波海运	自营船舶运输为主、外租船舶运输为辅	2021 年年末共 30 艘,其中自有 29 艘、光租 1 艘	灵便型 25 艘(平均 4.2 万吨)、巴拿马型散货船 4 艘(平均 7.4 万吨)、海岬型(好望角型)1 艘(17.6 万吨);其中,自有船舶 2019～2021 年外贸收入仅占自有船舶运输收入的 3.45%
长航凤凰	沿海运输(内贸)采用自营船舶运输,远洋运输(外贸)采用"船货代"	2021 年年末共 10 艘,均为自有船舶	均为灵便型,平均 3.6 万吨。远洋运输无自有运力,即全部自有船舶均只用于内贸
海通发展	自营船舶运输为主、外租船舶运输为辅	2021 年年末共 23 艘,其中自有 21 艘、光租 2 艘	均为超灵便型,主要为 5.1 万吨和 5.7 万吨;其中 13 艘境外航区、8 艘境内航区、2 艘境内外航区兼营
发行人	自营船舶运输为主、外租船舶运输为辅	2021 年年末共 18 艘,其中自有 8 艘、光租 10 艘	其中 13 艘巴拿马型(3 艘 8.6 万吨、10 艘 7.6 万吨)、5 艘灵便型(平均 4.5 万吨);其中 4 艘内贸、14 艘内外兼营

注:信息源于可比公司年报或招股说明书(申报稿)、相关资产购置公告。

发行人及同行业可比公司均采用自营船舶运输为主、外租船舶运输为辅的业务模式,有利于提升运力的可控性和灵活性,满足大型货主客户的保供需求和防范运力过剩或不足的风险。

发行人自营运力采取自有船舶与光租船舶相结合的模式进行整合,同行业可比公司的自营运力主要源于自有船舶。干散货运行业周期波动大,而船舶是航运企业前置资本开支的最大项目。采取自有船舶和光租船舶相结合的模式,灵活把控运力开建、光租与运力投入运营的节奏,有利于发行人应对行业周期波动风险,减轻发行人购买船舶所带来的前置资本开支压力。此外,发行人光租船舶采用较低的保底租金 + 市场挂钩租金的定价模式,有利于减轻运价波动对发行人经营业绩稳定性的影响。

灵便型和巴拿马型干散货船舶能停靠全球绝大部分港口以及运输多种类型的干散货物,具有内外贸运输兼营的优势,既能满足不同客户的运输需求,又能发挥经营与载货的灵活性。在自营船舶的内外贸兼营特点方面,发行人 18 艘自营船舶中有 14 艘内外贸兼营,海通发展 23 艘自营船舶中仅有 2 艘内外贸兼营,宁波海运自营船舶运力绝大部分只用于内贸运输,长航凤凰 10 艘自有船舶只用于内贸运输,相比较而言,发行人自营船舶的经营灵活性较高;在自营船舶的船型方面,发行人拥有多种类型的巴拿马型和灵便型干散货船舶,宁波海运以灵便型为主,海通发展、长航凤凰均为灵便型,发行人自营船舶载货品种灵活性更高,可根据内外贸市场行情的差异,灵活选择效益最佳的货品。

针对干散货运输通常存在运输时间不固定、运输船队不确定、供需不匹配等痛点,发行人早在 2005 年便在干散货运输行业内采用“准班轮”航线运输模式。该模式是借鉴集装箱班轮运输对干散货运输模式的一种创新,与传统运输模式相比,该种运输模式将港、航、物、路等运输环节进行有效的衔接,并与大型货主锁定航期,有利于降低经营风险,且享有优先靠泊权,降低了在港时间。2022 年 8 月,中国船东协会出具了《关于对福建国航远洋创新性评审结果的函》[中船协函(2022)163 号],“专家组认为,国航远洋是最早在干散货运输行业内引入准班轮航线运输模式的航运企业之一,具备较强模式创新性和行业示范效应”。

干散货运输具有单向运输的特点,即单个航次卸货完成后,往往是空船返程执行下一个航次,因此单个航次载货运输里程占总航行里程的比例一般为 50%。发行人结合现有客户资源和内外贸兼营的经营策略,利用船舶内外贸兼营的特性,通过及时组织货源并调度船舶,早在 2012 年开始便采用内外贸兼营的“三角航线”运输模式。运用“三角航线”运输模式的前提是船舶具备内外贸兼营的属性,从同行业可比公司的船型结构和内外贸兼营的特点看,发行人该模式具有一定的创新性。根据中国船东协会出具的《关于对福建国航远洋创新性评审结果的函》[中船协函(2022)163 号],“专家组认为,国航远洋内外贸兼营的‘三角航线’运输模式,一定程度上降低了船舶空驶率,契合自身经营特点,具备较强的独特性和创新性”。以发行人自营船舶“国远 10”为例,执行“1908 ~ 1911”四个连续内贸程租航次的载货运输里程占总航行里程的比例为 50.55%,而采用“三角航线”模式执行“1913 ~ 1916”连续四个内外贸兼营程租航次,载货运输里程占总航行里程的比例提升至 65.96%。

发行人通过上述运力整合优化模式的创新,实现了自营运力高效利用、外租运力灵活运用、战略客户运力保供有效满足以及运力波动风险有效控制的目的,形成了较强的运力资源整合竞争优势。报告期内,发行人自营船舶除计划内的修船时间外,不存在船舶空置情况,自营运力得到充分利用,根据上海国际航运研究中心发布的《中国沿海主要干散货运输市场2021年回顾与2022年展望》，针对2021年中国沿海干散货运力规模前20位船东进行船舶营运效率计算评价，发行人2021年营运效率得分排名第2。报告期内，发行人外租船舶运输收入占比分别为17.60%、14.17%、16.64%和5.11%，有效利用了外租运力应对运力供应紧张的问题。2020年8月、2021年6月和2021年7月发行人分别投产自有船舶运力8.6万载重吨（DWT），顺应了行业周期波动。

综上所述，发行人采取的上述运力整合优化措施，虽然部分也是行业主流企业采用的，如以自营船舶为主、外租船舶为辅的业务模式和"准班轮"运输模式，但发行人综合采用了多种运力整合优化措施，整体上构成了运力整合优化模式的创新，契合了行业特点和自身经营特点，获得了权威机构的评价认可，实现了良好的创新效果。

二、绿色节能发展模式创新特征的具体体现和优势

交通运输业是达成"双碳"目标的关键领域之一，作为交通运输行业的重要组成部分，航运业亟须向绿色低碳发展方向转型。坚持绿色节能发展模式，既是发行人紧跟航运业绿色发展趋势，提升行业地位与竞争能力的重要路径，也是发行人节约燃油成本和应对燃油价格上涨风险的重要措施。

（一）发行人绿色节能发展模式创新的具体体现

早在2011年，发行人便开始实施并逐步完成所有自营船舶的加热系统"油改电"改造，以节约能耗、减少有害气体和污染物排放；发行人已在所有船舶燃油中使用燃油添加剂，以改善燃油品质、减少有害物质排放、提高设备使用寿命；而且，发行人积极改装船舶照明系统、安装船舶靠港岸电接入系统、加装压载水处理装置、淘汰老旧高能耗船舶，2017~2021年陆续淘汰了部分老旧船舶，大幅节约了能耗，改善了运力结构。

此外，发行人积极优化船龄结构，2017~2021年陆续淘汰了5艘高能耗老旧船舶，报告期内新增3艘新型8.6万载重吨散货船投入运营。该等新型船舶配置了燃油优化节能系统，主要功能包括设定油耗或者航速后，能在各种海况下自适应性地自动优化推进功率，从而起到降低油耗的功能；具有自动收集各种数据并发送操作数据、船舶倾斜角度等状态信息、能耗和能效分析、排放、航行分析和建议报告给船舶管理者的功能；能够采集和分析船舶MRV（指船舶二氧化碳排放监测、报告及核查）数据，并按照MRV验证程序生成分析报告。该等新型船舶配置了综合节能系统，能够根据环境条件及实际负荷的变化，通过变频控制系统，自动调节冷却海水泵、风机等大功率设备的运转，实现综合节能。该等新型船舶与行业内载重吨相近的可比船舶相比，在载重吨达4000余吨、航速高0.5节的情况下，空船油耗降低2.5吨/天、满载油耗降低0.5吨/天。（见表2－19）

表2－19 行业内船的油耗对比

船舶	载重吨	空船标准油耗	满载标准油耗
国远82	86,433	航速13.0节情况下，油耗20.5吨/天	航速12.0节情况下，油耗21.5吨/天
国远86	86,374		
国远88	86,417		
可比船舶	82,250	航速12.5节情况下，油耗23.0吨/天	航速11.5节情况下，油耗22.0吨/天

注：可比船舶油耗数据源于BalticExchange（波罗的海交易所）；“国远82”轮、“国远86”轮和“国远88”轮油耗数据，源于发行人与客户期租合同约定的经济航速与油耗条款。

（二）发行人绿色节能发展具体措施的投入、效果和规划

报告期内，发行人绿色节能发展具体措施支出的费用情况如表2－20所示：

表2－20 支出费用情况

单位：万元

环保措施	2022年1～6月	2021年	2020年	2019年
燃油添加剂	40.41	61.07	43.07	40.33
“油改电”加热系统	—	—	—	66.04
船舶节能照明系统	—	8.71	0.82	—
船舶靠港岸电接入系统	—	464.18	64.00	—
压载水处理装置	736.28	920.35	—	—
新型船舶燃油优化节能系统	—	215.97	110.93	—
新型船舶综合节能系统	—	63.52	32.63	—
合计	776.69	1733.80	251.45	106.37

发行人已采取各项节能环保措施，每年可以节约重油、轻油估算如表2－21所示：

表2－21 可节约用油情况

单位：吨/年

节能环保措施	重油节省	轻油节省
使用燃油添加剂[1]	1366.59	0.00
船舶靠港岸电接入系统[2]	1170.00	122.00

续表

节能环保措施	重油节省	轻油节省
“油改电”加热系统[3]	595.00	35.00
新型船舶燃油优化节能系统[4]	703.44	16.56
合计	3835.03	173.56

注:1. 节油率根据《创新认可(针对产品和解决方案)》(编号22VT01693)取2.7%;轻油不使用燃油添加剂,期租燃油费由承租人承担,故以2021年发行人自营船舶程租重油实际耗用量49,247.99吨进行估算:

重油节省(吨/年)=2.7%×49,247.99/(1-2.7%),轻油节省(吨/年)=0。

2. 船舶靠港作业期间,为了维持生产生活需要,需要开动辅机发电以提供必要的动力;发行人“国远6”轮、“国远7”轮、“国远9”轮、“国远20”轮、“国远22”轮、“国远26”轮、“国电7”轮、“国电36”轮共8艘自营船舶加装了船舶靠港岸电接入系统,其中“国电7”轮靠港作业期辅机使用轻油,日耗轻油约1.2吨,其余7艘船舶靠港作业期均使用重油,日耗重油合计11.7吨;靠港作业期取每年100天;根据上述进行估算,重油节省(吨/年)=11.7×100,轻油节省(吨/年)=1.2×100(未考虑港口无岸基充电设施或设施空位不足时无法实现岸电接入的情况下)。

3. 船舶安装电加热系统,可以在船舶靠港作业期间,利用航行期间辅机发电的剩余功率,通过电加热器加温燃油和冷却水,以减少锅炉使用,达到节油目的;发行人18艘自营船舶均改装了电加热系统;除“国电7”轮靠港作业期辅机使用轻油外,其余17艘船舶均使用重油;单船锅炉日耗油平均约为0.35吨,靠港作业期取每年100天;根据上述进行估算,重油节省(吨/年)=0.35×17×100,轻油节省(吨/年)=0.35×1×100。

4. 发行人新型船舶“国远82”轮、“国远86”轮、“国远88”轮配置了燃油优化节能系统,根据《智能节油系统船队管理分析和节油对比方法——国远82》,“智能节油系统FuelOpt在Guoyuan82船上节油效果相当显著,根据海况变化,节油效果在6%~9%。按照主机每天平均油耗20吨,一年航行200天,油价为4000元/吨,节油效果按最低6%来计算,一年可以节省约14.8万美元”;船舶燃油使用重油占绝大比例,如发行人2021年程租航次重油耗用合计49,247.99吨、轻油耗用合计1157.79吨,重油耗用占比为97.70%;根据上述进行估算,重油节省(吨/年)=3×200×20×97.70%×6%,轻油节省(吨/年)=3×200×20×2.30%×6%。船舶节能照明系统由辅机发电提供动力,节油效果已含在前述辅机节油中;压载水处理装置系为防止有害水生物和病原体的传播,与节省油耗无关。

根据发行人的董事会议决议,在绿色节能发展模式创新方面,发行人将主要从以下细分领域进行持续创新:(1)本次募集资金项目将计划投资约12.1亿元购置3艘6.7万吨级和2艘8.6万吨级新造干散货运输船舶,新型船舶的节能化和智能化水平将优于现有船舶;(2)发行人将与宁德时代、中国船级社、上海佳豪设计院共同签署四方战略合作协议,联合研发船舶电站,并由发行人主导研发船舶电站使用新型储能电力供电系统;(3)发行人将与上海海事大学等单位共同发起“船舶碳捕集与利用技术项目研发计划”;(4)船舶能效管理平台项目,该项目为和闽江学院联合开发研制项目,目前已在“国远8”“国远28”上安装轮机监控平台。

（三）对比同行业可比公司绿色节能发展措施

同行业可比公司2019～2021年年度报告或招股说明书（申报稿）中绿色节能发展具体措施的相关信息披露如表2－22所示：

表2－22　绿色节能发展措施相关信息披露

公司	绿色节能发展措施相关信息披露
招商轮船	1. 2019年12月3日在上海签署《船舶订造协议》，订造4艘30.7万载重吨的新一代节能环保型VLCC原油船。2020年订造2艘30.7万载重吨的新一代节能环保型VLCC原油船 2. 2021年，公司淘汰19艘高能耗老旧船舶，新接收6艘高效环保船；为船舶安装主机透平切除装置，节约燃油最高达20%；加装导流罩，进一步提高螺旋桨效率；采用新型高性能节能环保油硅胶漆，有效减少船体阻力；“因船制宜”，采取安装消涡鳍和整流鳍板、安装高效桨、加装燃油均质机、升级主机电子注油器等措施，取得较好节能效果。公司牵头成立了“绿色船舶技术创新联合体” 3. 2021年年末，公司自有干散货船中88艘拥有或加装了压载水处理系统 4. 公司将继续在散货新造船安装中压岸电系统，对滚装船队进行岸电系统改造
宁波海运	1. 2019～2021年处置8艘老旧船舶，新建3艘5万吨级散货船的项目有序推进中 2. 2021年公司5艘船舶新增了船舶岸电设施系统
长航凤凰	1. 2019～2021年处置了2艘已到强制报废期的干散货船 2. 截至2021年年末，4艘干散货船舶已完成岸电改造
海通发展	未见相关信息披露

注：同行业可比公司均无关于绿色发展措施投入金额和效果的相关信息披露。

招商轮船作为全球领先的油运、干散货运航运企业，其绿色节能发展领先行业，显著领先于宁波海运、长航凤凰、海通发展和发行人。

船龄是影响船舶能耗的重要因素，发行人船舶的平均船龄与海通发展接近，与长航凤凰和宁波海运相比船龄较新。

新造船舶执行船舶设计最新标准，能够满足更严苛的节能减碳排要求。2019～2021年，发行人新增3艘新造船舶投入运营，并均配置了燃油优化节能系统和综合节能系统；宁波海运新增3艘、长航凤凰新增3艘、海通发展新增12艘自营船舶投入运营，均为二手船舶，均无新造船舶投入运营。

报告期内，发行人采取多种节能减排措施，宁波海运、长航凤凰、海通发展2019～2021年年报或招股说明书（申报稿）中，除加装船舶岸电设施系统和淘汰旧船舶外，未见实施其他绿色节能发展措施相关的信息披露。

发行人3艘新型船舶已获得中国船级社绿色船舶的船级符号，而且发行人获得了中国船级社颁发的“绿色船舶示范单位”称号。中国船东协会对发行人的创新性进行了评审，“专家组认为，国航远洋积极践行了绿色发展理念，国航远洋的节能减排措施具备一定的创新性和行业示范效应”。

综上所述，发行人在行业内较早实施了一系列绿色节能措施，在绿色节能发展方面进行持续投入，取得了良好的创新效果，获得了行业权威机构的评价认可，符合行业发展趋势，具有一定创新性和行业示范性。

三、数字化管理模式创新特征的具体体现和优势

航运企业传统的管理模式依赖内外部制度规范、人员管理与作业经验和人工处理以进行经营与日常运营管理，信息交互主要通过短信、邮件与文书等进行，难以满足日益严格的行业规范、多变的市场环境和广泛协作的要求；部分管理环节或作业流程应用了信息化管理系统，但系统间孤立、缺乏信息互联机制，如船岸分离，即岸基的管理系统与船端的管理系统未实现体系集成和船岸数据通信交互协作，导致船岸之间的信息传递存在时差和误差；此外，传统的老旧船舶的各项硬件设施智能水平较为落后，难以满足数字化数据获取、传输和分析的要求。

航运企业实施数字化管理模式的转型，相比于传统的管理模式，有利于降低管船成本、强化风险管理、提升运营效率，有助于实现船岸一体化管理、依靠大数据决策支持替代经验决策，也是有效融入行业数字化生态的基础。

（一）发行人数字化管理模式创新的具体体现

发行人2011年前采取的是传统的管理模式，2011年后引入专业项目管理系统（PMS系统），但是该系统无法满足发行人日益发展的需求。为建设信息驱动下的精细化数字管理模式，实现各个业务体系集成和船岸数据通信交互协作，发行人依托自身较强的专业化船舶管理能力和丰富的船舶管理经验，于2021年1月委托航运管理软件开发商定制开发国航远洋信息化系统（MOS系统），并组织公司技术人员进行业务指导、需求反馈、测试与验收等。发行人MOS系统初期规划功能模式包括分析展示平台、岸基端管理系统、船端管理系统、统一对外服务平台和岸船数据同步管理系统。相较传统的PMS系统，MOS系统覆盖企业经营管理各个环节，能够实现对企业生产、经营、管理各个环节的精细化管理。

发行人MOS系统第一期第一阶段已于2021年12月21日启动岸基部分功能和试点船舶试运行，并于2022年1月26日初验合格；第一期第二阶段已于

2022年6月10日上线试运行(包括岸基端全功能和船舶端系统实施)。截至2022年7月,发行人已完成岸基端、船舶端上线,并启动外部接口开发,其中船舶端已完成5艘自营船舶的MOS系统实施,包括船端服务器部署、船端客户端部署、船端系统培训、系统运行监测与系统更新。

(二)发行人数字化管理模式创新的投入和规划

报告期内,发行人实施数字化管理转型,购买使用软件及维护费用合计126.39万元,具体如表2-23所示:

表2-23　费用情况

日期	软件及维护项目	会计科目	金额/万元
2021年11月	完成MOS系统PC端开发和运行验收	无形资产	79.21
2022年1月	支付MOS系统岸基端全功能开发和试运行初验进度款	其他非流动资产	31.68
2022年6月	支付MOS系统船舶端实施费(包括安装、船上操作人员培训、调试、数据初始等)	其他非流动资产	12.50
2022年6月	支付中国船级社对MOS系统PMS模块的认证费	其他非流动资产	3.00
合计			126.39

发行人计划于2022年年底前合计完成15艘船舶MOS系统实施和MOS系统移动端上线,实现MOS系统常态化运行;受疫情影响,其余3艘船舶MOS系统实施预计于2023年3月前完成。

2023~2025年,发行人MOS系统预算投入1200万元左右。2023年启动航运数字平台搭建,完成数据看板和对外展示看板开发,完成细化功能(包括人资管理、财务管理、船舶管理体系、公司内控管理制度)调研并启动开发建设,将信息化迭代延伸至更细化的方向;2024年启动船员管理系统、船舶管理及物资供应等相关系统的整合,完成各个新老系统的整合和细化功能上线发布;2025年通过与上下游等相关单位合作,持续投入智慧航运研究,基于过去运行数据基础,建设航运大数据平台,提高公司经营管理水平,提升船舶管理智能化,同时衍生服务于上下游相关单位,探索新的信息数据互动模式,最终致力于实现覆盖上下游产业链的整体数字化。

同时,为满足数字化管理模式下的数据获取、传输和分析,发行人积极推动船舶在态势感知和检测方面的智能化。发行人研发了"一种船舶航行态势感知与事件预警系统"和"一种船舶航行碳排放检测报告系统",前者已获得实用新型专利(授权公告号:CN217333393U),该实用新型专利可用以解决现有技术中存在的设备配置多、人力成本高、信息聚合差、访问形式单一等缺陷,保障船舶营运和船员的安全;后者已取得实用新型专利申请回执,该研发项目可用以解决现有技术中存在的船舶无法生成 MRV 报告、船员无法如期计算出碳排放量、报告访问入口单一、岸基无法及时获取报告等缺陷。此外,经发行人总裁办公会议审议通过,发行人拟在船舶智能技术方面开展以下研发项目:(1)提出面向船东、船厂、设备商、系统服务商的船用配套设备产业的基于数据应用的增值模式;在散货船上加载增强视觉辅助航行功能;在散货船上加载 3D 影像智能辅助靠泊功能;在散货船上实现锚机的远程操控,具备一键备锚、一键抛锚和一键收锚功能;实现远程监测、远程运维和远程管控三个维度的船岸交互。(2)客户自助追溯物流服务,客户可在 PC 或手机端通过订单号实时查看货物和船舶信息,让客户主动参与和追溯货物运输的全过程和相关单证的线上流转,包括船舶动态、船舶内部情况、货物在舱内情况、在港口装卸货情况等。(3)船舶值班 AI 识别与监控系统,上船船员通过刷脸录入船舶云盘系统,可与海事系统自动同步船员上下船信息;运用 AI 人脸识别功能对违规行为进行自动识别记录并发出警报,对船员安全值班情况更好地进行监督监控。

(三)对比同行业可比公司和行业主流企业的管理模式

航运业数字化转型,包括航运企业内部管理的数字化、航运业相关市场与监管主体之间的数字化协同和航运交易与服务电子商务平台。国内外大型航运企业一般采用自主研发或委托定制的方式实施企业内部管理数字化转型,超大型航运企业还以联盟或自建的方式实施数字化协同,中小型航运企业则由于资本实力弱和船舶管理经验缺乏,无力自主研发或定制开发数字化管理系统,大多数仍处于使用传统管理模式的现状,部分通过使用外部产品化系统和航运交易与服务平台的方式实施或融入数字化转型。因此,航运业数字化转型,整体上仍处于探索和试点实践阶段,正在探索实践的主要是大型航运企业,行业内主流的模式仍然是传统的管理模式。

根据同行业公司的官网、历年年报、招股说明书(申报稿)、公告等公开渠道披露的信息,同行业公司内部管理的数字化转型的相关信息披露如表 2－24 所示:

表 2-24　内部管理的数字化转型的相关信息披露

公司	数字化管理转型相关信息披露
招商轮船	1. 招商轮船于 2021 年 7 月正式上线新一代船舶管理数字化云平台 V1.0（简称 IMP 云平台），该平台"是业界首个以'船岸一体、云边融合、规则驱动、移动交互、生态联动'为设计理念打造的一体化管理平台，以规则驱动、数据融通为核心实现船岸双边实时联动、精细管理、精确管控、紧密耦合的高质量全周期运营管理，满足油、散、集、滚四大业务板块全场景船舶管理需要，支持数字船舶数据接入、智能化应用嫁接、可伸缩弹性服务、上下游生态互联等功能，实现招商轮船船舶管理向一体化、数字化、智能化、开放化的转变" 2. 招商轮船于 2021 年年底正式上线"船奇小智"智慧经营平台 1.0 版本，该平台"是招商轮船基于航运大数据和智能化算法研发的智慧航运经营平台，它融合宏观经济、航运供需、卫星定位、市场信息等数据，集成运用大数据 &AI 智能算法，助推大型船队经营决策逐步走向全局化、数字化、智能化。针对好望角型船市场的大幅波动特点，香港明华提出一套基于船舶供需大数据分析模型，并开发干散货智慧经营系统。系统可对运价异常波动提出预警；选择有利的锁定时机或航线交易选择，实现套利或规避风险；科学选择进入船坞保养、验船、修船的时机；为经营人员提供数据跟踪和信息交流平台，用以辅助业务决策"
中远海散	中远海散以委托开发的方式，于 2020 年 12 月 31 日正式上线全新 BMS 系统，该系统"采用了全新的技术架构，进行了业务流程优化，可视化和智能化得到提升，是公司实施数字化转型发展的重要系统之一。系统通过客户供应商视角和船舶视角的多维设计、多经营公司管理和经营的无缝转换、航次及时快速测算等功能的设计和提升，为公司精准高效管理和量化可视化管控提供有力的信息化支持；系统还通过个性化定制、便捷的操作方式为用户使用提供更好的平台"
洲际船务	洲际船务在业务经营过程中，使用了第三方服务供应商运作设计及维持的各类系统及软件，包括"（i）PMS 船舶管理系统，用以管理我们船舶的维修保养、备件及物料采购、认证管理、系统管理及船员管理；（ii）Hifleet 船位及气象海图系统，用于跟踪船舶位置并向我们提供实时气象信息；（iii）LMS 在线员工培训系统，用于向岸基人员及船员（于其登船前）提供培训；（iv）海卫通视频监控系统，用于监控我们的船舶及船员安全的情况"
宁波海运	宁波海运于 2020 年年报首提"开展航运管理信息化平台项目建设工作，打造数字智慧的科技海运"，并于 2021 年年报提出"不断完善 2021 年公司正式上线的航运管理信息化平台，从应用、数据层面对不同业务系统和业务数据进行整合，船岸协同，实现不同业务系统与管理信息的优化配置"
长航凤凰	长航凤凰于 2021 年年报提出"加快业财一体化建设步伐。组建专班，仔细评估各类需求，按照急用现行的原则，从统一业务流程、统一数据维度，明确核算关系三方面入手，列出时间表和路线图，分步实施，年内完成管理系统的定型工作，通过有效信息化管理，实现业务流程、财务会计流程、管理流程的有机融合，大幅提升企业的风险控制水平，有效增强企业的核心竞争力"

续表

公司	数字化管理转型相关信息披露
海通发展	海通发展于2022年6月披露《首次公开发行股票招股说明书(申报稿)》,其首发募集资金拟投资2176.57万元用于"信息化系统建设与升级项目","本项目将公司业务、财务管理模块全面数字化和智能化作为重要建设内容,通过建立财务和人力共享服务中心,打造建立客户关系管理应用,完善人力资源全业务管理模式;升级船舶管理系统,实现数据智能分析,开发手机移动端口应用,全面提升公司的数字化和智能化管理水平"

在航运企业内部管理数字化转型方面,同行业公司招商轮船和中远海散起步早、投入大、创新成果多,领先于海通发展、宁波海运、长航凤凰、洲际船务和发行人。

洲际船务通过使用外部产品化的系统融入数字化转型,其他可比公司未披露数字化或信息化管理系统相关信息,发行人无法与其进行比较,但从其公开披露的信息可知,发行人是行业内较早实施数字化管理转型的大型航运企业之一。发行人具备较强船舶专业化管理能力,积累了丰富的船舶管理经验,也为发行人数字化管理转型的落地实施和有效运行奠定了良好的基础。发行人MOS系统采取定制开发方式,从前期需求调研、原型设计阶段,就结合了发行人自身经营模式、业务体系和实际需求进行设计,相比于使用市场上的产品化系统,更能有效满足自身实际和个性化需求,且发行人拥有开放源代码,更有利于后续升级、改造。发行人MOS系统相比市面上产品,功能模块较为全面、设计配置也较好,具体对比如表2-25所示:

表2-25 产品对比

对比系统	模块/功能										
	PMS模块	船员模块	航运模块	业财一体	CCS钢规	UI友好度	数据通信	断点续传	架构模式	云服务器	数据初始化
MOS系统	○	○	○	○	○	○	○	○	B/S	可选	可选
对比系统1	○	○	△	○	○	○	○	○	B/S	可选	可选
对比系统2	△	△	×	×	×	△	△	-	B/S	强制采用乙方服务器	不提供
对比系统3	○	○	○	○	○	○	△	×	B/S	可选	可选
对比系统4	○	○	△	○	○	△	○	○	B/S	可选	强制
对比系统5	○	○	△	○	○	△	○	○	B/S	可选	可选

注:标"○"的指符合要求,标"×"的指不符合要求,标"△"的指部分符合但待提升。

资料来源:发行人2019年11月形成的关于主流航运系统的相关调研报告。

综上所述,数字化管理模式是大型航运企业正在探索实践的管理模式,不是行业通用的管理模式,发行人是行业内较早实施数字化管理转型的大型航运企业之一;发行人 MOS 系统基于自身需求定制开发,更能有效地满足自身实际和个性化需求,相比市面上的产品,MOS 系统功能模块较为全面、设计配置也较好,具有一定创新性,属于模式创新。

第五节 会计差错更正

报告期内发行人如出现会计差错更正事项,保荐机构及申报会计师应重点核查以下方面并发表明确意见:

1. 会计差错更正的时间和范围,是否反映发行人存在故意遗漏或虚构交易、事项或者其他重要信息,滥用会计政策或者会计估计,操纵、伪造或篡改编制财务报表所依据的会计记录等情形;差错更正对发行人的影响程度,是否符合《企业会计准则第 28 号——会计政策、会计估计变更和差错更正》的规定。

2. 发行人是否存在会计基础工作薄弱和内控缺失,是否按照《公开发行证券的公司信息披露编报规则第 19 号——财务信息的更正及相关披露》及相关日常监管要求进行了信息披露。

3. 申报前后,发行人因会计基础薄弱、内控不完善、未及时进行审计调整的重大会计核算疏漏、滥用会计政策或者会计估计以及恶意隐瞒或舞弊行为,导致重大会计差错更正的,将依据相关制度采取自律管理措施或纪律处分;涉及财务会计文件虚假记载的,将依法移送中国证监会查处。

典型案例 2-5 鹿得医疗

根据公开发行说明书及公司公告,报告期各期发行人存在较多会计差错更正。其中,2017 年会计差错更正调减净资产 1.77%、调减净利润 3.01%,2018 年会计差错更正调减净资产 1.85%、调减净利润 1.32%。

参考核查程序

1. 核查发行人的销售合同。

2. 核查发行人关于产品质量投诉邮件及有质量问题的产品清单。

3. 核查发行人召回有质量问题的报关单证。

4. 核查发行人退回货物的后续处理情况。

5. 核查发行人应收票据台账，复核收到及对外背书转让的银行承兑汇票金额。

6. 核查发行人关于会计差错更正及公告情况。

参考回复思路

一、补充披露百略医学2016年销售退回及银行承兑汇票支付货款的会计差错发生背景及更正过程，说明对财务报表相关科目或项目的影响

1. 关于百略医学2016年销售退回的会计差错发生背景及更正过程

(1)会计差错发生的背景

2015年11月至2016年11月公司陆续接到客户投诉，称公司部分血压计产品臂带及内袋存在漏气、破损等质量问题。经双方排查，涉及质量问题的血压计数量62,636只、臂带45,845根，金额总计275,315.64美元，按2016年12月31日汇率折合人民币1,909,864.59元。

由于百略医学无法提供由国外公证行出具的产品质量问题文件(该文件为海关退关所需)，公司无法通过退关方式运回该产品。为妥善解决该质量问题，发行人于2017年12月将62,636只血压计通过进口方式收回进行维修。发行人按采购业务进行账户处理，并暂估应付账款1,241,451.78元。2019年6月以同样方式将45,845根臂带收回，对应成本324,527.59元。

公司将上述收回的血压计计入了公司存货，后续进行了拆解，重新组装成合格产品后，已再次对外实现销售。

(2)更正过程及对财务报表相关科目的影响

鉴于上述质量问题发生的时间为2015~2016年，发行人在2019年年报中，对上述涉及质量问题的血压计、臂带比照销售退回进行了追溯调整，更正了2017年年初、2017年年度、2018年年度财务报表；后任会计师立信会计师事务所(特殊普通合伙)于2020年4月24日出具了《关于江苏鹿得医疗电子股份有限公司会计政策变更、前期会计差错更正的专项说明审核报告》(信会师报字[2020]第ZH10080号)。

①对2017年年初财务报表相关科目的影响(见表2-26)。

表 2－26　对 2017 年年初财务报表相关科目的影响

单位:万元

会计科目	二级科目	借方金额	贷方金额
应收账款	百略医学	－190.99	—
期初未分配利润	—	—	－190.99
存货	—	156.60	—

②对 2017 年年末财务报表相关科目的影响(见表 2－27)。

表 2－27　对 2017 年年末财务报表相关科目的影响

单位:万元

会计科目	二级科目	借方金额	贷方金额
应收账款	百略医学	－179.90	—
财务费用	汇兑损益	－11.09	—
期初未分配利润	—	—	－34.39
存货	—	32.45	—
应付账款	—	—	－124.15

③对 2018 年年末财务报表相关科目的影响(见表 2－28)。

表 2－28　对 2018 年年末财务报表相关科目的影响

单位:万元

会计科目	二级科目	借方金额	贷方金额
应收账款	百略医学	－188.95	—
财务费用	汇兑损益	9.06	—
期初未分配利润	—	—	－23.30
存货	—	32.45	—
应付账款	暂估	—	－124.15

2. 银行承兑汇票支付货款的会计差错

发行人在销售业务过程中,客户会使用银行承兑汇票支付货款,同时公司亦会将收到的银行承兑汇票用于支付材料采购款。发行人在编制 2017 年度、2018 年度现金流量表时,将“银行承兑汇票”等同于“现金及现金等价物”,将当年度因销售商品收到的“银行承兑汇票”计入“销售商品、提供劳务收到的现金”;同理,将收到的“银行承兑汇票”用于支付材料采购款时,计入“购买商品接受劳务支付的现金”。

根据《企业会计准则第 31 号——现金流量表》的规定,现金是指企业库存现金以及可以随时用于支付的存款。现金等价物,是指企业持有的期限短、流动性强、易于转换为已知金额现金、价值变动风险很小的投资。“银行承兑汇票”不符合“现金及现金等价物”概念。

发行人对由于上述理解错误形成的 2017 年度、2018 年度现金流量表差错进行了更正,当年度因销售商品收到的“银行承兑汇票”不再计入“销售商品、提供劳务收到的现金”;同理,将收到的“银行承兑汇票”用于支付材料采购款时,不再计入“购买商品接受劳务支付的现金”。

3. 银行承兑汇票支付货款的会计差错对财务报表相关科目的影响

因“银行承兑汇票”理解错误对 2017 年度、2018 年度现金流量表的影响情况如表 2 – 29 所示:

表 2 – 29　对现金流量的影响情况

单位:万元

项目	2017 年度	2018 年度
销售商品、提供劳务收到的现金	-587.57	-868.67
购买商品接受劳务支付的现金	-587.57	-868.67

二、说明相关会计差错更正会计处理是否符合企业会计准则规定

发行人对前期会计报表进行更正的主要内容包括:

公司出口销售原以报关单出口日期作为收入确认时点,现更正为:报关出口后,以提单日期作为收入确认时点;原其他应收款中有预付类款项,现重分类到预付账款;原其他应收款中列示预付固定资产、在建工程等长期资产款项,现重分类到其他非流动资产;原报表中同一客户在应付账款、预付账款同时挂账,予以更正;对存货重新进行跌价准备测试,补提了部分存货跌价准备;公司原 2011 ~ 2013 年专利申请费用,计入无形资产并按 10 年摊销,因其不符合公司规定的资本化条件,予以当期费用化;百略医学 2016 年销售退回及银行承兑汇票支付货款的会计差错等。

上述会计差错的形成主要属于计算错误、应用会计政策错误、疏忽等,相关会计差错更正处理符合《企业会计准则第 28 号——会计政策、会计估计变更和差错更正》规定。

三、说明会计差错更正是否反映发行人存在会计基础工作薄弱、内控缺失、审计疏漏、滥用会计政策或者会计估计以及恶意隐瞒或舞弊行为，是否构成重大会计差错更正

上述会计差错的形成主要属于计算错误、应用会计政策错误、疏忽等原因形成，不存在滥用会计政策或者会计估计以及恶意隐瞒或舞弊行为，亦不存在会计基础工作薄弱、内控缺失、审计疏漏等情形。公司已制定了各项财务方面的内控制度并得到有效运行，能够保证公司财务核算、账务处理的规范性并能准确地反映各项经营成果，更好地服务于公司经营管理。公司对 2017 年、2018 年涉及资产、负债、损益等部分科目进行了前期会计差错更正，但更正金额对净资产、净利润影响均较小，不构成重大会计差错更正。

四、说明是否按照《公开发行证券的公司信息披露编报规则第 19 号——财务信息的更正及相关披露》及全国股转公司相关日常监管要求进行了信息披露，更正事项披露是否全面

发行人存在会计差错与会计政策变更的情形，申报会计师已出具《关于江苏鹿得医疗电子股份有限公司会计政策变更、前期会计差错更正的专项说明审核报告》（信会师报字［2020］第 ZH10080 号），发行人据此对 2017 年度报告和 2018 年度报告进行了更正，并已作出公开披露。

第六节　同 业 竞 争

发行人与控股股东、实际控制人及其控制的其他企业间如存在同业竞争情形，认定同业竞争是否对发行人构成重大不利影响时，保荐机构及发行人律师应结合竞争方与发行人的经营地域、产品或服务的定位，同业竞争是否会导致发行人与竞争方之间的非公平竞争、是否会导致发行人与竞争方之间存在利益输送、是否会导致发行人与竞争方之间相互或者单方让渡商业机会情形，对未来发展的潜在影响等方面，核查并出具明确意见。

发行人应在招股说明书中，披露保荐机构及发行人律师针对同业竞争是否对发行人构成重大不利影响的核查意见和认定依据。

典型案例 2-6 大唐药业

董事朱贺年投资 9 家公司具体见表 2-30。

参考核查程序

查阅了发行人与控股股东、实际控制人及其控制的其他企业的书面说明、取得朱贺年出具的《避免同业竞争承诺函》、通过公开网络查询朱贺年投资的企业相关信息等。

参考回复思路

董事朱贺年投资的多家公司及其主营业务情况如表 2-30 所示：

表 2-30 朱贺年投资的多家公司业务情况

序号	关联方名称	与发行人的关系	关联方主营业务
1	北京千年本草健康科技有限公司	董事朱贺年持股 27% 并担任该公司执行董事	食品、保健食品研发
2	广州本草保健食品实业有限公司	北京千年本草健康科技有限公司持股 51%，董事朱贺年担任该公司董事、总经理	食品、保健食品研发、销售
3	北京宜生堂医药科技研究有限公司	董事朱贺年持股 25% 并担任该公司执行董事、经理	新药研发（研发品种为圣济黄白片、羌防抗感软胶囊）
4	北京国卿健康管理有限公司	董事朱贺年持股 40% 并担任该公司执行董事	化妆品研发
5	包头市千年健医药科技有限公司	北京千年本草健康科技有限公司持股 51%，董事朱贺年持股 19% 并担任该公司执行董事	新药研发（研发品种为香朴正气软胶囊）；保健食品研发
6	鄂尔多斯市京顺大药房连锁有限公司	董事朱贺年持股 25%	药品零售
7	内蒙古千年健农林科技有限责任公司	董事朱贺年持有公司 32.5% 的股权	农林技术研发；造林
8	邯郸康源晨光电子商务有限公司	董事朱贺年持股 7.5% 并担任该公司监事	食品、保健食品销售；软件开发
9	河北晨光神农医药科技有限公司	董事朱贺年持股 5% 并担任该公司监事	新药 CRO；食品、保健食品研发

朱贺年投资的上述公司主营业务与发行人的业务均不相同。因此,朱贺年投资的上述公司与发行人不存在同业竞争。

为避免今后出现同业竞争情形,保障发行人及其他股东的利益,保证发行人的长期稳定发展,董事朱贺年出具《避免同业竞争承诺函》,作出以下承诺:

(1)本人目前不存在自营、与他人共同经营或为他人经营与公司相同、相似业务的情形;在担任公司董事期间内,本人将不会采取控股等方式直接或间接从事与公司现在和将来业务范围相同、相似或构成实质竞争的业务,也不会协助、促使或代表任何第三方以任何方式直接或间接从事与公司现在和将来业务范围相同、相似或构成实质竞争的业务;并将促使本人控制的其他企业(如有)比照前述规定履行不竞争的义务。

(2)如因国家政策调整等不可抗力原因导致本人或本人控制的其他企业(如有)将来从事的业务与公司之间的同业竞争可能构成或不可避免时,则本人将在公司提出异议后及时转让或终止上述业务或促使本人控制的其他企业及时转让或终止上述业务或由本人辞去公司董事职务。

(3)如本人违反上述承诺,公司及公司股东有权根据本承诺函依法申请强制本人履行上述承诺,并赔偿公司及公司其他股东因此遭受的全部损失;同时本人因违反上述承诺所取得的利益归公司所有。

第七节　关 联 交 易

发行人应严格按照《企业会计准则第 36 号——关联方披露》《上市规则》以及相关业务规则中的有关规定,完整、准确地披露关联方关系及其交易。发行人的控股股东、实际控制人应协助发行人完整、准确地披露关联方关系及其交易。发行人与控股股东、实际控制人及其关联方之间的关联交易应根据业务模式控制在合理范围内。

保荐机构、申报会计师及发行人律师应重点关注:关联方的财务状况和经营情况;发行人报告期内关联方注销及非关联化的情况,非关联化后发行人与上述原关联方的后续交易情况;关联交易产生的收入、利润总额合理性,关联交易是否影响发行人的经营独立性、是否构成对控股股东或实际控制人的依赖,是否存在通过关联交易调节发行人收入利润或成本费用、对发行人利益输送的情形;发行人披露的未来减少关联交易的具体措施是否切实可行。

保荐机构、申报会计师及发行人律师在核查发行人与其客户、供应商之间是否存在关联方关系时，不应仅限于查阅书面资料，应采取实地走访，核对工商、税务、银行等部门提供的资料，甄别客户和供应商的实际控制人及关键经办人员与发行人是否存在关联方关系。

保荐机构、申报会计师及发行人律师应对发行人的关联方认定，关联交易信息披露的完整性，关联交易的必要性、合理性和公允性，关联交易是否影响发行人的独立性、是否可能对发行人产生重大不利影响，以及是否已履行关联交易决策程序等进行充分核查并发表意见。

典型案例 2－7 锦好医疗

根据申报材料，2018 年 3 月 30 日，Beurer GmbH 的全资控股孙公司博尔乐远东有限公司通过增资取得发行人 10.00% 股份，成为公司关联股东。报告期各期，发行人向 Beurer GmbH 销售的金额分别为 746.59 万元、1054.50 万元、845.00 万元、1647.55 万元，占营业收入比例分别为 12.70%、9.92%、5.67%、7.79%。

(1)主要客户 Beurer GmbH 持有发行人 10.00% 股权。根据申报材料，2018 年 3 月，Beurer GmbH 控股孙公司博尔乐以 1 亿元人民币的估值，投资 1000 万元取得发行人 10.00% 的股份。

(2)2020 年向关联方 Beurer GmbH 销售金额变动的合理性。根据申报材料，2020 年公司向 Beurer GmbH 销售金额同比增长 94.98%，其中上半年为 211.36 万元，下半年为 1436.19 万元。

参考核查程序

保荐机构和申报会计师就发行人上述事项，履行了以下核查程序：

1. 获取并查阅 Beurer GmbH、Hans Dinslage GmbH 及博尔乐的公司注册资料、商业主体证书、股东证明资料等信息，并通过访谈相关人员了解上述主体的股东情况和实际控制人的背景，取得上述主体关于与发行人实际控制人、董监高以及除发行人以外的其他关联方、发行人主要供应商和其他客户间不存在关联关系、不存在资金和业务往来、不存在利益输送或特殊利益安排的确认函。

2. 获取发行人的股东名册，并通过国家企业信用信息公示系统、企查查等网络检索发行人境内客户、供应商的股东信息，核查发行人主要境内客户、供应商及其实际控制人、控股股东等是否持有发行人股权的情况；同时，访谈发行人主要客户、供应商，了解发行人客户、供应商及其实际控制人、控股股东、亲属等关联方是否存在持有发行人股权的情况；获取发行人主要客户、供应商及其相关关联方不存在持有发行人股权的相关声明函。

3. 访谈发行人销售、研发等相关人员，了解发行人 ODM 模式是否涉及与客户共同研发或受托研发等情况；了解发行人销售给 Beurer GmbH 及博尔乐的产品定位、定价方式及依据、相关产品的技术水平情况；了解发行人报告期内对 Beurer GmbH 的销售金额变化趋势的原因等。

4. 检查发行人销售明细表，分析发行人销售给 Beurer GmbH 的主要产品售价、成本及毛利率与其他第三方客户是否存在重大差异，分析销售价格是否公允。

5. 对 Beurer GmbH 相关人员进行视频访谈，了解其与发行人合作的交易背景、合作时间、定价方式、销售情况和预计未来合作情况，了解发行人向其销售同类的产品是否存在其他供应商及向发行人的采购占比情况。

6. 获取 Beurer GmbH 及博尔乐的进销存数据，与发行人销售数据进行匹配，关注是否存在异常销售，核查发行人是否存在通过 Beurer GmbH 进行压货、突击进货以及为满足业绩对赌而虚增利润的情况。同时，结合发行人季度订单签署情况、订单执行周期情况、同行业可比公司季度收入占比情况等，分析发行人是否存在集中销售的行为。

参考回复思路

一、补充披露 Beurer GmbH 及博尔乐的股权结构、主要股东和实际控制人的背景及原因，说明上述主体与发行人的实际控制人、董监高等关联方以及主要供应商和客户是否存在关联关系，是否存在资金和业务往来，是否存在利益输送或特殊利益安排

（一）补充披露 Beurer GmbH 及博尔乐的股权结构、主要股东和实际控制人的背景及原因

1. 博尔乐的股权结构情况

截至本公开发行说明书签署日，博尔乐的股权结构情况如表 2－31 所示：

表 2-31 博尔乐的股权结构

股东名称	注册资本/港元	实缴出资/港元	持股比例/%
Hans Dinslage GmbH	200,000	160,000	100.00

博尔乐成立于 1997 年 4 月 9 日,是 Beurer GmbH 的全资孙公司以及 Beurer GmbH 在亚太地区的主要经营主体,主要从事贸易业务。

2. Hans Dinslage GmbH 的股权结构情况(见表 2-32)

表 2-32 Hans Dinslage GmbH 的股权结构情况

股东名称	注册资本/万欧元	持股比例/%
Beurer GmbH	30	100.00

3. Beurer GmbH 的股权结构情况(见表 2-33)

表 2-33 Beurer GmbH 的股权结构情况

序号	股东姓名	持股比例/%
1	Marco Ronald Buhler	30.97000
2	Carola Sigrun Buhler	15.00125
3	Beurer - Stiftung	15.00000
4	Eva - Anja Schlogel	13.00125
5	Moritz Schlogel	12.00000
6	Luis Robin Buhler	7.00000
7	Elena Maria Buhler	7.00000
8	Georg Walkenbach	0.02500
9	Beurer Beteiligungs - geschaft	0.00250
小计		100.00000

Beurer GmbH 成立于 1919 年,是一家总部位于德国专业从事家庭健康医疗电子产品研发、生产、销售的跨国集团公司,其经营产品类型覆盖健康美容、医疗、家庭健康、运动消费类、婴儿护理类等,所提供的产品类型超过 500 种。

Beurer GmbH 公司的主要股东和高管是 Marco Ronald Buhler, Marco Ronald Buhler 持有 Beurer GmbH 30.97% 的股权,为 Beurer GmbH 的实际控制人。Marco Ronald Buhler 出生于 1969 年,德国国籍,担任 Beurer GmbH 的 CEO,全面负责 Beurer GmbH 的日常经营管理。

4. 博尔乐入股发行人的原因及协议条款相关约定

博尔乐作为专业从事家庭健康医疗电子产品研发、生产、销售的跨国集团公司，其看好助听器行业及发行人的发展前景，同时发行人计划增资扩股并加强与博尔乐的战略合作关系，因此，双方达成一致，发行人以增资的形式引入博尔乐作为公司股东。

根据博尔乐与公司及其他股东签署的《增资协议》，博尔乐出资 1000 万元，占本次增资完成后发行人股份比例 10.00%，本次增资协议的条款属于正常增资约定相关内容，不存在特殊条款约定。

（二）说明上述主体与发行人的实际控制人、董监高等关联方以及主要供应商和客户是否存在关联关系，是否存在资金和业务往来，是否存在利益输送或特殊利益安排

根据 Beurer GmbH、Hans Dinslage GmbH、博尔乐及博尔乐实际控制人 Marco Ronald Buhler 出具的相关声明函，Beurer GmbH、Hans Dinslage GmbH、博尔乐及博尔乐实际控制人 Marco Ronald Buhler 与发行人的实际控制人、董监高等关联方及主要供应商和客户（博尔乐、Beurer GmbH 自身除外）之间不存在关联关系，不存在资金和业务往来，亦不存在利益输送或其他特殊利益安排情形。

二、除上述情况外，报告期内发行人客户、供应商及其实际控制人、控股股东、亲属等关联方是否还存在持有公司股权的情况，如有，请逐一披露并说明合理性

经核查，除博尔乐持有发行人 9.70% 的股权、Beurer GmbH 全资控制博尔乐外，报告期内发行人其他主要客户、供应商及其实际控制人、控股股东、亲属等关联方持有发行人股权情况如表 2－34 所示：

表 2－34　关联方持有发行人股权情况

股东名称	持股数量/股	与发行人供应商的关系	持股原因
朱壮明	1000	发行人前十大供应商深圳市新东明电子有限公司的实际控制人	二级市场交易

朱壮明作为发行人前十大供应商深圳市新东明电子有限公司的实际控制人，通过二级市场交易仅持有发行人股票 1000 股，属于正常的股票交易行为，不存在异常情况，具有合理性。

除上述情况外，发行人其他主要客户、供应商及其实际控制人、控股股东、亲属等关联方不存在持有发行人股权的情况。

三、补充披露报告期各期 Beurer GmbH 及博尔乐向发行人采购的主要产品类型、金额及占比、毛利、期后回款及期后退货情况，说明上述主要产品在技术水平、定价方式、成本、价格、毛利率等方面与销售给其他客户是否存在较大差异，以及发行人在产品设计、研发、生产、采购和销售等方面是否对 Beurer GmbH 存在依赖

（一）补充披露报告期各期 Beurer GmbH 及博尔乐向发行人采购的主要产品类型、金额及占比、毛利、期后回款及期后退货情况

公司已在公开发行说明书“第六节　公司治理”之“七、关联交易”之“（二）关联交易”之“1. 报告期内经常性关联交易”之“（2）销售商品、提供劳务的关联交易”中补充披露如下：

1. 公司对 Beurer GmbH 及博尔乐销售产品的具体情况

报告期内，公司向 Beurer GmbH 及博尔乐销售的产品均为助听器，按助听器产品型号列示的销售情况如表 2－35 所示：

表 2－35　销售数据

项目	2020 年			2019 年			2018 年		
	金额/万元	占比/%	毛利率/%	金额/万元	占比/%	毛利率/%	金额/万元	占比/%	毛利率/%
型号 3	789.11	47.90	45.07	—	—	—	—	—	—
型号 6	372.92	22.63	35.04	707.92	83.78	35.66	955.78	90.64	37.64
型号 16	129.21	7.84	21.70	—	—	—	—	—	—
型号 17	128.96	7.83	56.24	132.95	15.73	55.86	91.86	8.71	59.13
型号 18	104.74	6.36	58.58	—	—	—	—	—	—
型号 19	99.25	6.02	51.13	—	—	—	—	—	—
型号 20	20.18	1.22	27.44	—	—	—	—	—	—
其他备品	3.19	0.19	39.89	4.12	0.49	49.14	6.86	0.65	46.34
小计	1647.56	99.99	42.84	844.99	100	38.91	1054.50	100	39.56

2. 公司对 Beurer GmbH 及博尔乐销售的期后回款和期后退货情况（见表 2－36）

表 2－36　期后回款和期后退货数据

客户名称	项目	2020 年	2019 年	2018 年
Beurer GmbH	应收账款期末余额/万元	53.44	—	27.73
	期后回款金额/万元	53.44	—	27.73
	期后回款比例/%	100	—	100
	期后退货数量/万元	0	0	0
博尔乐	应收账款期末余额/万元	150.36	—	11.52
	期后回款金额/万元	150.36	—	11.52
	期后回款比例/%	100	—	100
	期后退货数量/万元	0	0	0

注：2019 年发行人对 Beurer GmbH 及博尔乐销售不存在应收账款的情形，均在发货前已收到相关货款。

报告期各期末，发行人对 Beurer GmbH 及博尔乐销售形成的应收账款余额较小，各期末应收账款余额均在期后已收回，发行人在对 Beurer GmbH 及博尔乐销售过程中不存在期后退货的情形。

（二）说明上述主要产品在技术水平、定价方式、成本、价格、毛利率等方面与销售给其他客户是否存在较大差异，以及发行人在产品设计、研发、生产、采购和销售等方面是否对 Beurer GmbH 存在依赖

1. 在技术水平方面与销售给其他客户的对比情况

报告期内，发行人向 Beurer GmbH 及博尔乐销售的主要产品技术参数情况如表 2－37 所示：

表 2－37　主要产品技术参数

型号规格	最大 OSPLw	满挡声最大增益	等效输入噪声级	总谐波失真	频率响应范围（不窄于）/Hz	额定电源电流消耗/mA	工作电压/V
JH－115	<133dB＋3dB	<37dB＋3dB	<33＋3dB	<7%＋3%	320～3200	<4.5	1.45
JH－125	<133dB＋3dB	<45dB＋3dB	<45dB	—	950～3500	<6	1.45
JH－HA70	<122dB＋3dB	<45dB＋3dB	<32dB＋3dB	<5%	320～5000	<5	3.70
JH－D26－OOF	<119dB＋3dB	<45dB＋3dB	<30dB＋3dB	<3%＋3%	300～4000	<2	1.20

续表

型号规格	最大 OSPLw	满挡声最大增益	等效输入噪声级	总谐波失真	频率响应范围(不窄于)/Hz	额定电源电流消耗/mA	工作电压/V
JH - HA60	<110dB +3dB	—	<30dB +3dB	<5%	250 ~ 3400	<3	1.45
JH - HA75	<117dB +3dB	<40 +3dB	<29dB +3dB	<2% +3%	320 ~ 5500	<5	3.70
JH - 339 (Wal - Mart)	<128dB +3dB	<50dB +3dB	<29dB +3dB	<10%	500 ~ 3200	<5	1.20V

发行人向 Beurer GmbH、博尔乐销售的助听器产品均采用公司标准技术参数生产,与发行人销售给其他客户的产品在技术水平层面不存在较大差异。

2. 在定价方式、成本、价格、毛利率等方面与销售给其他客户的对比情况

发行人销售给 Beurer GmbH 及博尔乐的主要产品定价方法执行以成本为基础、考虑预期利润率,同时参考同类产品市场价格进行综合定价,与销售给其他客户的同类产品在定价方式上不存在较大差异。不同客户间的平均售价可能存在一定的差异,主要系考虑当地市场竞争情况、客户采购规模、商务谈判等因素的影响。不同客户间的平均成本因客户对包装、适配器、单双机装等要求不同,同一型号产品不同客户的平均成本也可能存在一定的差异。

发行人销售给 Beurer GmbH 及博尔乐的主要产品在售价、成本、毛利率等方面与销售给其他客户的比较情况如下:

(1)产品型号 3 的比较(见表 2 - 38)

表 2 - 38　产品型号 3 的对比

客户名称	2020 年			2019 年			2018 年		
	售价/(元/个)	成本/(元/个)	毛利率/%	售价/(元/个)	成本/(元/个)	毛利率/%	售价/(元/个)	成本/(元/个)	毛利率/%
Beurer GmbH	93.48	51.35	45.07	—	—	—	—	—	—
REBLYBSSINC	94.32	49.84	47.16	—	—	—	—	—	—
Pearl. GmbH	84.39	37.89	55.10	—	—	—	—	—	—

(2)产品型号6的比较(见表2-39)

表2-39　产品型号6的对比

客户名称	2020年			2019年			2018年		
	售价/(元/个)	成本/(元/个)	毛利率/%	售价/(元/个)	成本/(元/个)	毛利率/%	售价/(元/个)	成本/(元/个)	毛利率/%
Beurer GmbH	20.81	13.52	35.04	22.11	14.23	35.66	19.78	12.33	37.64
KANNUIMPEX (INDIA)PVT.LTD.	20.73	14.44	30.34	21.54	13.76	36.15	20.93	12.69	39.35
Swami Ortho Aids	22.06	13.52	38.70	20.83	13.89	33.34	20.63	11.21	45.66

(3)产品型号17的比较(见表2-40)

表2-40　产品型号17的对比

客户名称	2020年			2019年			2018年		
	售价/(元/个)	成本/(元/个)	毛利率/%	售价/(元/个)	成本/(元/个)	毛利率/%	售价/(元/个)	成本/(元/个)	毛利率/%
Beurer GmbH	37.52	16.42	56.24	38.00	16.87	55.60	37.96	15.71	58.62
GOODWILLBRAND SEDYTAPIECH	37.51	17.86	52.37	36.42	14.57	60.00	35.70	16.94	52.56
PT. CITRAPRATA MAMEDIKARYA	40.41	16.45	59.29	39.95	16.27	59.28	38.32	14.37	62.49

(4)产品型号18和型号16

发行人产品型号18和型号16是为Beurer GmbH进行的定制化开发产品,截至本问询函回复日,上述2款产品只存在向Beurer GmbH销售的情形,暂未向其他第三方客户进行销售,因而平均售价、成本无法与其他第三方客户进行对比。

发行人向Beurer GmbH及博尔乐销售的主要产品的平均售价、平均成本、毛利率与同类型产品的平均售价、平均成本、毛利率不存在重大差异。由于不同客户对产品的外包装、适配器等要求不同,故销售单价和成本存在一定程度的差异,具有合理性。

综上所述,发行人向Beurer GmbH和博尔乐销售的主要产品在技术水平、定价方式、成本、价格、毛利率等方面与销售给其他客户不存在较大差异。

3. 发行人在产品设计、研发、生产、采购和销售等方面是否对 Beurer GmbH 存在依赖

发行人主要产品中应用的核心技术均源于发行人自身，Beurer GmbH 只是公司 ODM 销售模式下的品牌商客户，并未参与发行人产品的相关设计、研发、生产、采购和销售过程。因此，发行人在产品设计、研发、生产、采购和销售等方面对 Beurer GmbH 不存在依赖。

四、请结合市场需求、主要产品性能差异、Beurer GmbH 及博尔乐终端客户销售模式、2020 年海外疫情影响等因素，详细说明报告期各期对 Beurer GmbH 及博尔乐销售金额的变动原因及合理性，并结合主要产品备货、生产、销售及运输周期，按季度分析说明报告期各期发行人是否存在集中销售的情况

（一）请结合市场需求、主要产品性能差异、Beurer GmbH 及博尔乐终端客户销售模式、2020 年海外疫情影响等因素，详细说明报告期各期对 Beurer GmbH 及博尔乐销售金额的变动原因及合理性

报告期内，发行人对 Beurer GmbH 及博尔乐的具体销售金额情况如表 2－41 所示：

表 2－41　销售金额数据

客户名称	2020 年		2019 年		2018 年
	销售金额/万元	变动比例/%	销售金额/万元	变动比例/%	销售金额/万元
Beurer GmbH	843.85	0.70	838.02	－19.33	1038.81
博尔乐	803.70	11,430.85	6.97	－55.58	15.69
小计	1647.55	94.98	844.99	－19.87	1054.50

报告期内，发行人对 Beurer GmbH 和博尔乐的合计销售额分别为 1054.50 万元、844.99 万元和 1647.55 万元，2019 年销售收入较 2018 年下降 19.87%，2020 年销售收入较 2019 年大幅增长了 94.98%，报告期发行人对 Beurer GmbH 的销售收入变动主要是受以下因素影响：

1. 助听器市场总体需求呈现上升趋势

根据中国产业调研网发布的报告《2019—2025 年中国助听器行业发展深度调研与未来趋势预测》，预计 2020 年全球助听器的市场规模为 64.7 亿美元，到 2025 年该市场规模有望达到 83.3 亿美元的水平，预计 5 年间市场规模增加28.75%，年平均复合增长率为 5.18%，根据该报告的数据，未来全球助听器行业呈现平稳发展的良好势头，市场规模逐年增长，市场需求与日俱增。Beurer GmbH

作为欧洲地区知名品牌商，其下游销售渠道遍及欧洲及北美地区，对助听器产品的分销能力较强。市场对助听器需求的持续上升趋势、Beurer GmbH 的销售渠道的广泛性与发行人对 Beurer GmbH 的销售规模增长趋势大体一致。

2020 年发行人对 Beurer GmbH 及博尔乐销售收入大幅增加 802.56 万元，主要是因为 Beurer GmbH 于 2020 年开拓了北美地区的沃尔玛销售渠道，沃尔玛于 2020 年下半年通过博尔乐以自营品牌“equate”向发行人大量采购 JH－339 型号产品，以满足沃尔玛在北美地区线下卖场对助听器产品的需求。

2. 发行人与 Beurer GmbH 关于合作产品的优化调整

发行人自 2015 年与 Beurer GmbH 建立业务合作关系至 2019 年期间，Beurer GmbH 向发行人采购的助听器产品以 JH－115、JH－125 为主，上述两款产品属于公司最初开发的两款传统模拟机，主要技术参数一般，单位售价和毛利空间较低，Beurer GmbH 自 2019 年开始与发行人进行协商，拟对合作产品进行优化调整，提升所采购产品的技术参数和使用性能，以为消费者提供更优质的产品。

但 2019 年因发行人新机型的研发、设计、测试、生产等工序未能如期完成，导致新机型的交付时间延期，影响了当年 Beurer GmbH 原拟采购新机型产品的计划，故 2019 年发行人销售给 Beurer GmbH 的助听器仍以 JH－115、JH－125 为主，当年向发行人的采购金额受到一定程度影响，导致 2019 年采购金额较 2018 年减少 209.51 万元。随着 2020 年以来发行人 JH－HA60、JH－HA70 等新机型的逐步交付，Beurer GmbH 向发行人采购助听器的产品结构发生了较大变化，JH－HA60、JH－HA70、JH－D26－OOF 等性能更好的新机型产品收入占比得以提升，Beurer GmbH 向发行人采购助听器产品的结构得以优化。

报告期内发行人向 Beurer GmbH 及博尔乐销售的主要产品性能比较情况如表 2－42 所示：

表 2－42　产品性能比较

型号规格	最大 OSPLw	满挡声最大增益	等效输入噪声级	总谐波失真	频率响应范围（不窄于）/Hz	产品性能比较分析
JH－115	<133dB +3dB	<37dB +3dB	<33 +3dB	<7% +3%	320～3200	传统模拟机，一次性锌空电池供电，性能参数一般
JH－125	<133dB +3dB	<45dB +3dB	<45dB	—	950～3500	

续表

型号规格	最大 OSPLw	满挡声最大增益	等效输入噪声级	总谐波失真	频率响应范围(不窄于)/Hz	产品性能比较分析
JH - HA70	<122dB +3dB	<45dB +3dB	<32dB +3dB	<5%	320 ~ 5000	性能参数进行了优化升级，使用锂电池供电，环保、可重复充电，电池有备用、可拆卸方便携带
JH - HA75	<117dB +3dB	<40 +3dB	<29dB +3dB	<2% +3%	320 ~ 5500	
JH - D26 - OOF	<119dB +3dB	<45dB +3dB	<30dB +3dB	<3% +3%	300 ~ 4000	外观结构进行了优化设计，更小巧、佩戴舒适，性能参数优化升级，镍氢电池供电，更安全可靠
JH - HA60	<110dB +3dB	—	<30dB +3dB	<5%	250 ~ 3400	外观结构进行了优化设计，性能参数优化升级
JH - 339 (Wal - Mart)	<128dB +3dB	<50dB +3dB	<29dB +3dB	<10%	500 ~ 3200	外观结构进行了优化设计，更小巧、佩戴舒适，性能参数优化升级，镍氢电池供电，更安全可靠

注：等效输入噪声级参数越小、总谐波失真参数越小、频率响应范围上下限区间差异越大，产品性能越优良。

从产品性能比较分析来看，Beurer GmbH 及博尔乐在 2020 年向发行人新采购的 JH - HA70、JH - HA75 等产品性能有所提高，产品单位售价也相应提高。

3. 2020 年海外疫情的影响

自 2020 年年初新冠疫情暴发以来，欧美地区的疫情状况未明显改善，新冠疫情对 Beurer GmbH 在欧洲地区以分销商和经销商为主要渠道的销售产生一定影响。Beurer GmbH 的产品终端销售渠道主要以线下药房、商超等实体店为主，欧洲地区部分国家一定时期内的封城、限制人员流动措施，影响了消费者的购买需求,2020 年 Beurer GmbH 对下游客户助听器的销售数量较 2019 年减少了约 14.52 万个。但因 Beurer GmbH 在 2019 年年中开始筹划进行产品结构调整,虽然 2020 年受海外疫情影响,Beurer GmbH 向发行人采购助听器的数量大幅下滑,但因产品结构变化导致发行人当期对 Beurer GmbH 的平均售价大幅上升,因而发行人 2020 年对 Beurer GmbH 实现的销售金额较 2019 年微增了 0.70%。

虽然受到海外疫情影响,但是 Beurer GmbH 的北美地区团队充分利用其与沃尔玛在其他种类产品多年合作所形成的经验和优势,2020 年成功将助听器产品打入沃尔玛美国地区的商超供应体系,沃尔玛委托 Beurer GmbH 的下属子公司博尔乐以沃尔玛自有品牌"equate"在中国地区寻找 ODM 厂家进行合作。在此背景下,发行人接受委托,针对沃尔玛的相关产品要求,定制改良了产品 JH－339(Wal－Mart)销售给博尔乐,博尔乐作为"equate"品牌代理商自行将产品销售并交付给美国地区的沃尔玛。

在美国地区,助听器销售渠道除传统的线下专业验配店外,诸如沃尔玛、Costco、CVS 等商超卖场、连锁药店也不断在其店内增设助听器验配点,成为美国地区助听器线下销售渠道的重要组成部分;《全球背景下的听力服务发展趋势》(《中国听力语言康复科学杂志》2018 年第 4 期)的相关数据显示,2016 年美国私有助听器市场服务机构份额中 Costco、CVS、沃尔玛的助听器市场份额分别占比为 12%、1%、1%,沃尔玛已成为美国地区助听器销售的重要渠道之一。根据沃尔玛公开披露的财报数据显示,沃尔玛在美国地区的销售额 2020 年同比 2019 年增长了 2.90%,新冠疫情对沃尔玛在美国地区的销售额未产生不利影响。

2020 年因发行人关联方客户新开发了沃尔玛美国地区的销售渠道,导致 2020 年下半年向发行人大量采购"equate"助听器,使发行人 2020 年对博尔乐实现的销售收入较 2019 年大幅增加 796.73 万元。

综上分析,报告期内发行人向 Beurer GmbH 及博尔乐销售金额变动原因合理,符合市场需求增长、产品结构调整及新开发客户需求增加等业务背景,具有合理性。

(二)结合主要产品备货、生产、销售及运输周期,按季度分析说明报告期各期发行人是否存在集中销售的情况

1. 发行人报告期内各季度订单签订和收入实现情况

报告期内,发行人各季度订单签订情况如表 2－43 所示:

表 2－43　发行人各季度订单签订情况

时间	2020 年		2019 年		2018 年	
	金额/万元	比例/%	金额/万元	比例/%	金额/万元	比例/%
第一季度	4399.04	21.86	3610.70	25.58	1734.08	14.27
第二季度	5019.46	24.94	3031.90	21.48	2510.34	20.66
第三季度	6220.36	30.90	3271.01	23.17	3795.42	31.23
第四季度	4489.44	22.30	4202.47	29.77	4113.64	33.84
合计	20,128.30	100.00	14,116.08	100.00	12,153.46	100.00

报告期内，发行人各季度实现收入情况如表 2－44 所示：

表 2－44　发行人各季度实现收入情况

时间	2020 年		2019 年		2018 年	
	金额/万元	比例/%	金额/万元	比例/%	金额/万元	比例/%
第一季度	2188.97	10.35	2404.01	16.12	1122.90	10.70
第二季度	5894.11	27.87	3990.06	26.76	2255.56	21.49
第三季度	6867.74	32.48	4365.73	29.28	3369.57	32.10
第四季度	6197.24	29.30	4149.66	27.83	3749.92	35.71
合计	21,148.06	100.00	14,909.46	100.00	10,497.95	100.00

报告期各期，发行人订单签署情况与收入实现情况的对比如表 2－45 所示：

表 2－45　发行人订单签署情况与收入实现情况的对比

项目	2020 年	2019 年	2018 年	小计
订单签署金额/万元	20,128.30	14,116.08	12,153.46	46,397.84
收入确认金额/万元	21,148.06	14,909.46	10,497.95	46,555.47
占比/%	95.18	94.68	115.77	99.66

如表 2－43 ~ 表 2－45 所示，发行人各期订单签署金额与收入实现金额基本匹配，发行人第三、第四季度收入占比相对较高。

2. 发行人各期第三、第四季度收入确认金额及占比较高的原因分析

(1) 发行人第三、第四季度确认收入金额及占比较高的情况，与发行人的订单签署情况匹配

在日常经营中，发行人主要客户通常在上年末或年初与发行人签署年度销

售框架协议,确定长期合作关系,但框架协议未明确约定采购数量和金额,客户通常根据市场需求情况,在框架协议的基础上以订单形式向发行人下达明确的订货需求,一般要求发行人在3个月内履行完具体订单的交货任务,发行人根据签订的订单进行排产和交货,通常在订单签订后的未来3个月内陆续完成交货,即从签署订单到执行交货的期间通常为1~3个月。

发行人第三、第四季度确认的收入,主要来源于第二、第三、第四季度所签署订单的执行结果。报告期各期,发行人第二、第三、第四季度签订订单情况与第三、第四季度确认收入的匹配关系情况如表2-46所示:

表2-46　第二、第三、第四季度订单情况与第三、第四季度收入匹配情况

单位:万元,%

项目	2020年	2019年	2018年
第三、第四季度确认收入	13,064.98	8515.39	7119.49
第二、第三、第四季度签订订单金额	15,729.26	10,505.38	10,419.40
占比	83.06	81.06	68.33

2018年占比较2019年、2020年偏低,主要是由于2018年度订单集中在第三、第四季度所致。发行人第三、第四季度收入实现金额较多主要是因第二、第三、第四季度签署订单的占比较高,发行人订单执行周期通常需1~3个月,第三、四季度收入确认情况与订单签署和执行周期总体匹配,具有商业合理性。

(2)发行人收入确认的季度分布情况符合行业惯例

报告期内,发行人第三、第四季度收入占比与同行业可比公司第三、第四季度收入占比的对比情况如表2-47所示:

表2-47　发行人第三、第四季度收入占比与同行业对比情况

单位:%

公司名称	2020年	2019年	2018年
鹿得医疗	60.01	52.45	57.03
鱼跃医疗	49.14	46.04	46.86
乐心医疗	66.69	60.31	56.75
发行人	61.77	57.11	67.82

注:数据取自同行业可比公司披露的公开发行说明、年报、年度快报、季报资料。

发行人第三、第四季度收入占比与同行业可比公司鹿得医疗、乐心医疗比较接近，不存在重大差异。

(3)发行人报告期内的整体退货率较低

报告期内，发行人各期退货率情况如表2－48所示：

表2－48　发行人各期退货率

项目	2020年	2019年	2018年
退货金额/万元	302.90	75.89	12.29
退货率/%	1.41	0.51	0.12

注：退货率＝退货金额/(账面收入＋退货金额)。

如表18所示，发行人报告期各期的整体退货率较低，各报告期后不存在大额销售退回的情况。

综上分析，报告期内，发行人各期的季度收入情况与发行人各期订单签署、订单执行周期整体匹配，发行人季度收入趋势与同行业可比公司不存在较大差异，季度收入占比情况符合行业惯例，发行人各期末不存在大额销售退回情形，报告期各期发行人不存在集中销售的情况。

五、说明Beurer GmbH及博尔乐向发行人采购的产品最终销售实现情况、期末库存以及期后实现销售的情况，其进销存与发行人对其销售数据是否相匹配，是否存在压货、突击进货以及为满足业绩对赌而虚增利润的情况

(一)Beurer GmbH及博尔乐向发行人采购的产品最终销售实现情况、期末库存以及期后实现销售的情况

根据Beurer GmbH及博尔乐提供的进销存数据，报告期内，Beurer GmbH及博尔乐向发行人采购的产品最终销售实现情况、期末库存以及期后实现销售情况如表2－49所示：

表2－49　Beurer GmbH及博尔乐向发行人采购产品的相关数据

(a)2021年1～3月

客户名称	期初库存/个	采购数量/个	销售数量/个	期末库存/个	销售占采购比/%
Beurer GmbH	76,106	42,732	41,198	77,640	96.41
博尔乐	856	21,252	20,092	2016	94.54

(b)2020 年度

客户名称	期初库存/个	采购数量/个	销售数量/个	期末库存/个	销售占采购比/%
Beurer GmbH	52,002	230,490	206,386	76,106	89.54
博尔乐	0	85,726	84,870	856	99.00

(c)2019 年度

客户名称	期初库存/个	采购数量/个	销售数量/个	期末库存/个	销售占采购比/%
Beurer GmbH	50,257	353,308	351,563	52,002	99.51
博尔乐	—	1920	1920	—	100.00

(d)2018 年度

客户名称	期初库存/个	采购数量/个	销售数量/个	期末库存/个	销售占采购比/%
BeurerGmbH	47,949	503,382	501,074	50,257	99.54
博尔乐	—	4224	4224	—	100.00

报告期内,Beurer GmbH 向发行人采购产品的各期销售采购比分别为 99.54%、99.51%、89.54%,博尔乐向发行人采购产品的各期销售采购比分别为 100.00%、100.00% 和 99.00%,即当年的采购数量与其当期实现的销售量基本匹配,Beurer GmbH 和博尔乐向发行人采购产品大部分已实现最终销售,各期期末库存属于合理的安全库存量。2020 年销售采购比略有下降及 2020 年年末库存量有所增加,主要原因是考虑到新冠疫情带来的贸易不确定性,客户出于库存安全的考虑多储备了部分安全库存量,具有合理性。

(二)Beurer GmbH 进销存与发行人对其销售数据是否相匹配,是否存在压货、突击进货以及为满足业绩对赌而虚增利润的情况

报告期内,发行人账面销售数量与 Beurer GmbH 及博尔乐进销存数据的匹配关系如表 2-50 所示:

表 2-50 发行人账面销售数量与 Beurer GmbH 及博尔乐进销存数据的匹配关系

年度	客户名称	发行人账面销售数量/个	客户进销存采购数量/个	差异
2020 年	Beurer GmbH	230,490	230,490	—
	博尔乐	85,726	85,726	—
2019 年	Beurer GmbH	353,308	353,308	—
	博尔乐	1920	1920	—

续表

年度	客户名称	发行人账面销售数量/个	客户进销存采购数量/个	差异
2018 年	Beurer GmbH	503,382	503,382	—
	博尔乐	4224	4224	—

报告期内,发行人账面销售数量与 Beurer GmbH 及博尔乐提供的进销存中采购数量一致。根据 Beurer GmbH 及博尔乐提供的进销存数据,博尔乐于 2018 年 3 月入股发行人,在入股前后的 2017 年年末和 2018 年年末,Beurer GmbH 的期末安全库存数量对比情况如表 2-51 所示:

表 2-51 Beurer GmbH 的期末安全库存数量对比情况

项目	2018 年年末	2017 年年末
期末库存量/个	50,257	47,949
变动数量/个	2308	

如表 2-51 所示,在 Beurer GmbH 入股发行人前后,Beurer GmbH 向发行人采购产品的期末未实现销售的安全库存量未明显上升,Beurer GmbH 向发行人采购助听器产品的订单周期是根据其下游客户的实际需求量及未来合理的销售预测所制定的,Beurer GmbH 及博尔乐不存在通过压货、突击进货以及为配合发行人满足业绩对赌而虚增利润的情况。

第八节 境外销售

发行人报告期存在来自境外的销售收入的,保荐机构、发行人律师及申报会计师应重点关注下列事项:

1. 境外销售业务的开展情况,包括但不限于主要进口国和地区情况,主要客户情况、与发行人是否签订框架协议及相关协议的主要条款内容,境外销售模式、订单获取方式、定价原则、信用政策等。

2. 发行人在销售所涉国家和地区是否依法取得从事相关业务所必需的法律法规规定的资质、许可,报告期内是否存在被境外销售所涉及国家和地区处罚或者立案调查的情形。

3. 相关业务模式下的结算方式、跨境资金流动情况、结换汇情况,是否符合国家外汇及税务等相关法律法规的规定。

4. 报告期境外销售收入与海关报关数据是否存在较大差异及差异原因是否真实合理。

5. 出口退税等税收优惠的具体情况。

6. 进口国和地区的有关进口政策、汇率变动等贸易环境对发行人持续经营能力的影响。

7. 主要境外客户与发行人及其关联方是否存在关联方关系及资金往来。

典型案例 2-8	锦好医疗

根据申报材料，报告期各期，发行人境外收入的金额分别为 10,250.13 万元、14,038.84 万元、17,975.41 万元，分别占营业收入比例的 97.64%、94.16%、85.00%，境外收入占比较大，另外，同期汇兑损益分别为 -31.11 万元、-67.03 万元、391.27 万元。报告期各期，发行人出口退税率分别为 16%、16%、13%，出口退税金额占同期境外收入比例分别为 8.77%、9.11%、7.32%。

参考核查程序

1. 访谈发行人相关管理人员和销售部负责人等，了解发行人境外业务的开展情况，包括境外订单的主要获取方式、定价原则、结算方式及各主要国家和地区销售金额及客户变动的原因。

2. 获取发行人销售收入、成本明细表，分析公司境外销售涉及的主要国家和地区及其主要境外客户情况及销售金额和变动情况；对收入、成本执行分析性程序。

3. 检查境外主要客户的框架协议、销售合同（订单），了解不同业务模式下产品销售情况，并核实是否按约定履行；通过中国进出口信用保险公司取得境外主要客户的资信报告，对主要境外客户的基本背景信息进行调查；查看并分析合同的主要条款，了解境外销售模式和信用政策等。对发行人境外客户的信用审批情况进行检查，核查发行人信用审批的内部执行情况是否与相关规定一致。取得发行人的境外销售银行流水，核查境外销售回款情况是否与境外收入情况匹配。

4. 对主要境外客户执行函证，核对回函数据与发行人收入数据是否相符；对主要境外客户进行视频访谈，了解客户和发行人的合作背景、产品质量及售后服务情况等信息，确认报告期各期销售情况。

5. 获取发行人报告期内收到的税费返还明细表、增值税纳税申报表、出口退税申报表和出口退税相关凭证等资料，核查增值税申报、计算过程以及与境外收入的匹配性。

6. 获取中国电子口岸平台导出的出口报关数据明细表，与发行人收入明细表对比，核对出口报关日期、金额等信息是否相符。

7. 复核发行人汇兑损益的计算过程的准确性，并对发行人出口收入和汇兑损益之间的匹配性进行复核。

8. 获取发行人与高新技术企业认定相关的申报材料，对照《高新技术企业认定管理办法》等相关法规要求，核查发行人是否满足高新技术企业认定条件。

(1)销售核查

保荐机构和申报会计师针对发行人销售情况主要执行了以下核查程序：

①调查发行人及其所处行业的销售模式、发行人的销售定价原则、获取市场调研机构关于主要产品的行业销售情况及发展趋势报告，查阅发行人主要产品的出口市场份额，对发行人的销售增长趋势与行业发展趋势进行对比分析。

②核查报告期内主要客户的销售额占比及回款情况，获取与主要客户签订的销售合同并核查发行人主要合同的履行情况；核查发行人各期主要客户的销售金额与销售合同金额之间是否匹配。

③核查发行人销售业务的真实性，通过销售穿行测试抽查向主要客户销售产品的销售订单、销售合同、出库单、运输单据、出口凭证、款项收回情况及相应账务处理记录；核查会计期末是否存在突击确认销售以及期后是否存在大量销售退回的情况；调查报告期退货率、客户诉讼和产品质量纠纷情况；核查主要客户的股权结构，调查董事、监事、高管人员和核心技术人员、主要关联方或持有发行人5%以上股份的股东在主要客户中所占权益情况；分析最近一年新增客户清单及其销售金额、占比情况；分析报告期内销量大幅增长、减少或合作关系取消的客户清单及其销售金额、占比情况。

④核查发行人是否存在关联销售情况，获取不同时点的关联方销售合同，分析不同时点销售价格的变动情况、与同类产品当时第三方销售单价、成本、毛利率等的比较情况、最终销售实现情况等。

⑤调查发行人销售组织体系及销售业务流程；获取发行人销售业务内部控制制度、客户档案管理制度、销售信用政策等文件，访谈发行人销售和收款业务涉及的主要岗位和人员。

⑥核查主要客户的工商信息、股权结构、背景情况，对主要客户进行走访、函证等核查程序；通过中国进出口信用保险公司取得境外主要客户的资信报告，核查发行人主要客户的信用状况。

⑦取得发行人出口增值税出口退税申报情况，并对退税额进行复核；经由海关数据平台获取发行人外销出口数据，与账面销售数据进行核对。

⑧获取发行人主要 ODM 客户的进销存数据，对主要客户在报告期内的采购、销售及库存情况进行了解和分析，并与发行人的账面销售数据进行核对。

⑨对发行人实际控制人及董事、监事、高级管理人员进行访谈，取得该等主体有关其关联关系的《调查表》等文件，核查发行人实际控制人、董事、监事、高级管理人员的银行流水，取得发行人提供的说明文件、实际控制人出具的声明确认函等。获取主要境外客户出具的声明函，核查主要客户与发行人及其关联方间是否存在除正常业务往来以外的其他关联关系。

（2）采购核查

保荐机构及申报会计师针对发行人采购情况主要执行了以下核查程序：

①核查发行人及发行人所处行业的采购模式；获取并分析与原材料、辅助材料相关的研究报告和统计资料；分析发行人报告期内的采购情况以及成本变动分析，获取发行人主要原材料波动相关资料，分析变动趋势与市场上相同或相近原材料价格及其走势相比是否存在显著异常。

②核查主要供应商的各自采购额占年度采购总额的比例；获取发行人与主要供应商的供货合同并分析主要合同条款；调查发行人主要采购合同的签订及实际履行情况；获取大额采购申请、采购合同、采购通知、验收单、入库凭证、款项支付、审批程序及相应账务处理记录。

③获取发行人与采购相关的管理制度、存货管理制度、供应商管理制度并分析其实施情况；了解发行人采购组织体系、采购业务流程及采购部门与生产计划部门衔接情况；访谈发行人采购和付款业务涉及的主要岗位和人员；核查董事、监事、高管人员和核心技术人员、其他员工或前员工、主要关联方或持有发行人 5% 以上股份的股东在主要供应商中所占权益情况。

④核查报告期各期主要供应商名单、采购金额、占比及变化情况；核查报告期内交易额大幅增加、减少、合作关系取消或新增的供应商名单、采购金额、占比及变动原因，以及前述供应商与发行人及其关联方的关系。

⑤获取大额原材料采购的入库及外部单据；通过核查采购数量与入库数量、采购单价与市场价格、采购金额与预付款、采购成本、应付账款之间的勾稽关系

分析是否存在采购异常的情形。

⑥核查主要供应商工商资料、背景情况，对主要供应商进行走访、函证等核查程序。

参考回复思路

一、补充披露报告期内境外前十大客户的销售情况和基本情况

1. 境外前十大客户的销售情况

(1)2020年境外前十大客户的销售情况(见表2－52)

表2－52　2020年境外前十大客户的销售情况

序号	客户名称	注册地	主要产品类型	销售收入/万元
1	Oak Lawn Marketing, Inc.	日本	助听器	3634.38
2	Beurer GmbH	德国	助听器	1647.55
3	KING CRAWFORD ENTERPRISES LLC	美国	助听器	1644.60
4	MAQSOOD BROTHERS	巴基斯坦	雾化器、助听器、气垫床	1513.25
5	MOREPEN LABORATORIESLI MITED	印度	雾化器	1341.59
6	SCINDUSTRIES D BA MDHEARING AID	美国	助听器	985.94
7	REB LYBSS INC	美国	助听器	403.09
8	Van Chiang Industrial Corp.	我国台湾地区	雾化器	331.70
9	FORTUNES NOW LLC	美国	雾化器	265.30
10	MEDI TECH SUPPLIES	美国	助听器	262.21

(2)2019年境外前十大客户的销售情况(见表2－53)

表2－53　2019年境外前十大客户的销售情况

序号	客户名称	注册地	主要产品类型	销售收入/万元
1	Oak Lawn Marketing, Inc.	日本	助听器	2315.27
2	KING CRAWFORD ENTERPRISES LLC	美国	助听器	1971.66
3	MOREPEN LABORATORIESLI MITED	印度	雾化器	1315.62
4	MAQSOOD BROTHERS	巴基斯坦	雾化器、气垫床、助听器	937.60
5	Beurer GmbH	德国	助听器	845.00

续表

序号	客户名称	注册地	主要产品类型	销售收入/万元
6	E. Mishan & Sons, Inc.	美国	助听器	617.04
7	REB LYBSS INC	美国	助听器	508.19
8	Mana & CO.	巴基斯坦	雾化器、气垫床	254.23
9	Van Chiang Industrial Corp.	我国台湾地区	雾化器	188.01
10	Redorchidsupply Pvt Ltd.	印度	助听器	158.25

(3)2018 年，境外前十大客户的销售情况(见表 2－54)

表 2－54　2018 年境外前十大客户的销售情况

万元

序号	客户名称	注册地	主要产品类型	销售收入/万元
1	Oak Lawn Marketing, Inc.	日本	助听器	1611.36
2	Beurer GmbH	德国	助听器	1054.50
3	MAQSOODBROTHERS	巴基斯坦	雾化器、气垫床、助听器	769.43
4	MOREPEN LABORATORIESLI MITED	印度	雾化器	635.05
5	Azad International(H. K.)Ltd.	我国香港地区	助听器	581.32
6	KING CRAWFORD ENTERPRISES LLC	美国	助听器	527.81
7	REBLYBSS INC	美国	助听器	366.92
8	YAZAWA CORPORTATION	日本	助听器	224.85
9	Universal Corporation Ltd.	印度	雾化器	187.03
10	Van Chiang Industrial Corp.	中国台湾地区	雾化器	161.69

注:①不含境外线上销售;②Beurer GmbH 的销售收入包含博尔乐的数据，博尔乐为 Beurer GmbH 的全资控股孙公司，注册地在我国香港地区。REBLYBSSINC 的销售收入包含 Better Products Importer 的收入，为同一实际控制人控制的不同主体。

2. 境外前十六大客户的基本情况

(1) Oak Lawn Marketing, Inc. (见表2-55)

表2-55 Oak Lawn Marketing, Inc. 公司基本情况

公司名称	Oak Lawn Marketing, Inc.
主要销售产品类型	助听器
销售方式	ODM模式
客户品牌	使用"ShopJapan"品牌
终端销售区域	产品销往日本
主要合同条款	具体产品需求以每次订单或形式发票为准,订单载明名称、数量、金额、交易方式、结算方式等要素。框架协议主要约定双方的合作期限、违约责任等
信用政策	见B/L复印件后7日内支付全款
结算及收款方式	电汇(T/T)
定价原则或方法	以成本为基础、考虑预期利润率,同时参考同类产品市场价格进行综合定价
客户获取方式	阿里巴巴国际展、展会

(2) Beurer GmbH(见表2-56)

表2-56 Beurer GmbH 公司基本情况

公司名称	Beurer GmbH
主要销售产品类型	助听器
销售方式	ODM模式
客户品牌	使用自有"Beurer"品牌,代理"Sanitas"品牌、"Equate"品牌
终端销售区域	产品销往德国/美国/其他国家
主要合同条款	具体产品需求以每次订单或形式发票为准,订单载明名称、数量、金额、交易方式、结算方式等要素。框架协议主要约定双方的合作期限、违约责任等
信用政策	在预计离港时间后35天电汇转账
结算及收款方式	电汇(T/T)
定价原则或方法	以成本为基础、考虑预期利润率,同时参考同类产品市场价格进行综合定价
客户获取方式	展会(香港电子展)

(3)KING CRAWFORD ENTERPRISES LLC(见表2-57)

表2-57 KING CRAWFORD ENTERPRISES LLC公司基本情况

公司名称	KING CRAWFORD ENTERPRISES LLC
主要销售产品类型	助听器
销售方式	ODM模式
客户品牌	使用"Nano"品牌
终端销售区域	产品销往美国
主要合同条款	具体产品需求以每次订单或形式发票为准,订单载明名称、数量、金额、交易方式、结算方式等要素。框架协议主要约定双方的合作期限、违约责任等
信用政策	生产前支付10%;装船前支付40%;货物确认后支付尾款
结算及收款方式	电汇(T/T)
定价原则或方法	以成本为基础、考虑预期利润率,同时参考同类产品市场价格进行综合定价
客户获取方式	阿里巴巴国际站

(4)MOREPEN LABORATORIESLI MITED(见表2-58)

表2-58 MOREPEN LABORATORIESLI MITED公司基本情况

公司名称	MOREPEN LABORATORIESLI MITED
主要销售产品类型	雾化器
销售方式	ODM模式
客户品牌	使用"Dr. MorepenNebulizer"品牌
终端销售区域	产品销往印度
主要合同条款	具体产品需求以每次订单或形式发票为准,订单载明名称、数量、金额、交易方式、结算方式等要素。框架协议主要约定双方的合作期限、违约责任等
信用政策	在装船日后90天内电汇转账支付
结算及收款方式	电汇(T/T)
定价原则或方法	以成本为基础、考虑预期利润率,同时参考同类产品市场价格进行综合定价
客户获取方式	展会(广交会)

(5)MAQSOOD BROTHERS(见表2-59)

表2-59　MAQSOOD BROTHERS公司基本情况

公司名称	MAQSOOD BROTHERS
主要销售产品类型	雾化器、气垫床、助听器、理疗仪、电热毯
销售方式	ODM模式
客户品牌	使用"Lifecare"等多个品牌
终端销售区域	产品销往巴基斯坦
主要合同条款	具体产品需求以每次订单或形式发票为准,订单载明名称、数量、金额、交易方式、结算方式等要素。框架协议主要约定双方的合作期限、违约责任等
信用政策	在生产前电汇5000USD作为定金,在装船后60天之内支付尾款
结算及收款方式	电汇(T/T)/信用证
定价原则或方法	以成本为基础、考虑预期利润率,同时参考同类产品市场价格进行综合定价
客户获取方式	展会(广交会)

(6)SCINDUSTRIES D BA MDHEARING AID(见表2-60)

表2-60　SCINDUSTRIES D BA MDHEARING AID公司基本情况

公司名称	SCINDUSTRIES D BA MDHEARING AID
主要销售产品类型	助听器
销售方式	ODM模式
客户品牌	使用"MDHearingAid"品牌
终端销售区域	产品销往美国
主要合同条款	具体产品需求以每次订单或形式发票为准,订单载明名称、数量、金额、交易方式、结算方式等要素。框架协议主要约定双方的合作期限、违约责任等
信用政策	在装运前全额支付
结算及收款方式	电汇(T/T)
定价原则或方法	以成本为基础、考虑预期利润率,同时参考同类产品市场价格进行综合定价
客户获取方式	阿里巴巴国际站

（7）REB LYBSS LLC（见表2－61）

表2－61　REB LYBSS LLC公司基本情况

公司名称	REB LYBSS LLC
主要销售产品类型	助听器
销售方式	ODM模式
客户品牌	使用“MEDCA”“NEWEAR”品牌
终端销售区域	产品销往美国
主要合同条款	具体产品需求以每次订单或形式发票为准，订单载明名称、数量、金额、交易方式、结算方式等要素。框架协议主要约定双方的合作期限、违约责任等
信用政策	在发货后15日之内全款支付
结算及收款方式	电汇（T/T）
定价原则或方法	以成本为基础、考虑预期利润率，同时参考同类产品市场价格进行综合定价
客户获取方式	阿里巴巴国际站

（8）Van Chiang Industrial Corp.（见表2－62）

表2－62　Van Chiang Industrial Corp.公司基本情况

公司名称	Van Chiang Industrial Corp.
主要销售产品类型	雾化器
销售方式	ODM模式
客户品牌	使用“CARLITOS”品牌
终端销售区域	产品销往厄瓜多尔
主要合同条款	具体产品需求以每次订单或形式发票为准，订单载明名称、数量、金额、交易方式、结算方式等要素。框架协议主要约定双方的合作期限、违约责任等
信用政策	见提单复印件后支付全款
结算及收款方式	电汇（T/T）
定价原则或方法	以成本为基础、考虑预期利润率，同时参考同类产品市场价格进行综合定价
客户获取方式	展会（广交会）

(9)FORTUNE SNOW LLC(见表2-63)

表2-63 FORTUNE SNOW LLC公司基本情况

公司名称	FORTUNESNOWLLC
主要销售产品类型	助听器
销售方式	ODM模式
客户品牌	未约定品牌
终端销售区域	产品销往美国
主要合同条款	具体产品需求以每次订单或形式发票为准,订单载明名称、数量、金额、交易方式、结算方式等要素。框架协议主要约定双方的合作期限、违约责任等
信用政策	发货后的次月10日前支付货款
结算及收款方式	电汇(T/T)
定价原则或方法	以成本为基础、考虑预期利润率,同时参考同类产品市场价格进行综合定价
客户获取方式	1688平台

(10)Medi Tech Supplies(见表2-64)

表2-64 Medi Tech Supplies公司基本情况

公司名称	Medi Tech Supplies
主要销售产品类型	助听器
销售方式	ODM模式
客户品牌	使用"aidion"品牌
终端销售区域	产品销往美国
主要合同条款	具体产品需求以每次订单或形式发票为准,订单载明名称、数量、金额、交易方式、结算方式等要素。框架协议主要约定双方的合作期限、违约责任等
信用政策	生产前预付10%定金;发货前支付90%尾款
结算及收款方式	电汇(T/T)
定价原则或方法	以成本为基础、考虑预期利润率,同时参考同类产品市场价格进行综合定价
客户获取方式	阿里巴巴国际站

（11）E. Mishan & Sons, Inc.（见表 2－65）

表 2－65　E. Mishan & Sons, Inc. 公司基本情况

公司名称	E. Mishan & Sons, lnc.
主要销售产品类型	助听器
销售方式	ODM 模式
客户品牌	使用"EMSON"品牌
终端销售区域	产品销往美国
主要合同条款	具体产品需求以每次订单或形式发票为准，订单载明名称、数量、金额、交易方式、结算方式等要素。框架协议主要约定双方的合作期限、违约责任等
信用政策	预付 10% 定金，发货后 10 日支付剩余尾款
结算及收款方式	电汇（T/T）
定价原则或方法	以成本为基础、考虑预期利润率，同时参考同类产品市场价格进行综合定价
客户获取方式	展会（香港电子展）

（12）MANA & Co.（见表 2－66）

表 2－66　MANA & Co. 公司基本情况

公司名称	MANA & Co.
主要销售产品类型	雾化器、气垫床、助听器、脉搏器
销售方式	ODM 模式
客户品牌	使用"MEDICARE""PULMOCAR"等多个品牌
终端销售区域	产品销往巴基斯坦
主要合同条款	具体产品需求以每次订单或形式发票为准，订单载明名称、数量、金额、交易方式、结算方式等要素。框架协议主要约定双方的合作期限、违约责任等
信用政策	见银行托收单据后全额支付
结算及收款方式	托收
定价原则或方法	以成本为基础、考虑预期利润率，同时参考同类产品市场价格进行综合定价
客户获取方式	展会（广交会）

(13)Redorchid supplyPvtLtd.(见表2-67)

表2-67 Redorchid supplyPvtLtd. 公司基本情况

公司名称	Redorchid supplyPvtLtd.
主要销售产品类型	助听器
销售方式	ODM 模式
客户品牌	无品牌、客户进口后贴牌
终端销售区域	产品销往印度
主要合同条款	具体产品需求以每次订单或形式发票为准,订单载明名称、数量、金额、交易方式、结算方式等要素。框架协议主要约定双方的合作期限、违约责任等
信用政策	30% 定金,余款发货前付清
结算及收款方式	电汇(T/T)
定价原则或方法	以成本为基础、考虑预期利润率,同时参考同类产品市场价格进行综合定价
客户获取方式	展会(印度展)

(14)Azad International(H. K.)Ltd.(见表2-68)

表2-68 Azad International(H. K.)Ltd. 公司基本情况

公司名称	Azad International(H. K.)Ltd.
主要销售产品类型	助听器
销售方式	ODM 模式
客户品牌	使用"MagicEar"品牌
终端销售区域	产品销往美国
主要合同条款	具体产品需求以每次订单或形式发票为准,订单载明名称、数量、金额、交易方式、结算方式等要素。框架协议主要约定双方的合作期限、违约责任等
信用政策	在生产前电汇 50,000 USD 作为定金,出货前支付尾款
结算及收款方式	电汇(T/T)
定价原则或方法	以成本为基础、考虑预期利润率,同时参考同类产品市场价格进行综合定价
客户获取方式	环球资源网

（15）YAZAWA CORPORTATION（见表2－69）

表2－69　YAZAWA CORPORTATION公司基本情况

公司名称	YAZAWA CORPORTATION
主要销售产品类型	助听器
销售方式	ODM模式
客户品牌	使用"excelcare""Yazawa"品牌
终端销售区域	产品销往日本
主要合同条款	具体产品需求以每次订单或形式发票为准，订单载明名称、数量、金额、交易方式、结算方式等要素。框架协议主要约定双方的合作期限、违约责任等
信用政策	见开证银行单即全额支付
结算及收款方式	信用证
定价原则或方法	以成本为基础、考虑预期利润率，同时参考同类产品市场价格进行综合定价
客户获取方式	阿里巴巴国际展、展会

（16）Universal Corporation Ltd.（见表2－70）

表2－70　Universal Corporation Ltd.公司基本情况

公司名称	Universal Corporation Ltd.
主要销售产品类型	雾化器
销售方式	ODM模式
客户品牌	使用"agaro"品牌
终端销售区域	产品销往印度
主要合同条款	具体产品需求以每次订单或形式发票为准，订单载明名称、数量、金额、交易方式、结算方式等要素。框架协议主要约定双方的合作期限、违约责任等
信用政策	电汇支付30%作为定金，见提单副本后支付70%尾款
结算及收款方式	电汇（T/T）
定价原则或方法	以成本为基础、考虑预期利润率，同时参考同类产品市场价格进行综合定价
客户获取方式	展会（印度展）

二、补充披露并说明报告期各期境内及境外，ODM、自有品牌及贸易经营，线上及线下，直销及经销等不同业务模式下的产品销售情况（包括不限于不同产品的销量、销售金额、平均单价、平均毛利率等），以及产品定价、产品种类、销售政策、信用政策、设计、工艺、技术、材料等方面的差异及原因

公司已在公开发行说明书“第五节业务和技术”之“三、发行人业务情况”之“（一）公司的销售情况及主要客户”中补充披露如下：

8. 报告期内各类型模式下公司产品的销售情况

（1）按内外销分类的主要产品销售情况

①产品销售情况（见表2－71）

表2－71　产品销售情况

单位：万元，万个，元/个，%

产品类型	年份	内外销	销售金额	销售数量	平均单价	平均成本	毛利率
助听器	2020年	外销	12,393.37	143.66	86.27	42.88	50.30
		内销	3065.85	28.58	107.27	63.23	41.05
	2019年	外销	9082.17	160.85	56.46	28.06	50.30
		内销	812.76	13.60	59.78	34.84	41.72
	2018年	外销	6483.66	174.21	37.22	19.04	48.84
		内销	129.50	4.86	26.66	15.01	43.70
雾化器	2020年	外销	4571.88	75.07	60.90	46.42	23.78
		内销	13.13	0.22	59.81	44.77	25.15
	2019年	外销	3943.06	63.99	61.62	46.56	24.44
		内销	14.03	0.22	62.64	51.21	18.25
	2018年	外销	2850.19	45.78	62.26	48.48	22.13
		内销	54.87	0.82	66.83	51.11	23.53
气垫床	2020年	外销	690.50	7.76	88.96	67.98	23.58
		内销	51.60	0.59	86.93	69.06	20.56
	2019年	外销	692.62	7.62	90.93	67.83	25.41
		内销	8.28	0.11	78.44	65.39	16.63
	2018年	外销	701.89	7.79	90.15	68.83	23.65
		内销	56.96	0.60	95.31	69.03	27.57

报告期内，公司助听器外销销量呈下降趋势、平均单价呈上升趋势，这一变化趋势与公司契合市场和客户需求变化不断进行助听器产品结构优化升级的经

营策略相匹配，公司报告期内平均单价较高的第二代及以上助听器产品销量占比不断提升，同时第一代助听器产品也因产品结构优化升级导致平均单价也逐步提升，上述因素导致报告期内助听器外销销量下降的情形下平均单价得以提升，助听器外销金额得以快速增长。公司助听器内销销量和平均单价增长较快，主要是因报告期初主要是以外销为主、内销占比极小，自2019年才开始重视国内业务的拓展，随着助听器国内线上渠道及ODM品牌商、经销商、零售商渠道的逐步开展，助听器内销销量快速增加，平均单价随着产品结构优化升级、品牌商客户的开发及线上渠道销量占比的提升不断增长，具有合理性。报告期内，助听器内外销的毛利率整体波动较小，与公司定价策略和预期利润率情况相符；公司定价机制主要依据成本加成法，以成本为基础并考虑预期利润率，预期利润率通常在40%～60%，不同产品及客户的毛利率因客户订单量、区域差异、商务谈判等因素存在一定差异。助听器外销毛利率水平整体高于内销毛利率，主要是受内外销产品结构、产品参数差异及客户定价不同所致，外销毛利率高于内销毛利率的状况符合行业惯例。

报告期内，公司雾化器内销规模整体较小，外销销量和金额稳定增长，主要得益于公司雾化器主要客户因其下游渠道需求增加向公司采购规模不断增长；报告期内，雾化器外销平均售价和毛利率整体相对稳定，主要是因报告期内的产品结构和客户结构未发生较大变化，因而平均售价和毛利率整体波动不大。报告期内，公司气垫床内销规模整体较小，外销销量和金额分别稳定在7.7万台和700万元左右，主要是因气垫床产品并非公司重点发展的方向，报告期内未持续投入更多的资源进行市场推广，整体销售规模因客户的持续合作相对稳定，外销的毛利率水平相对稳定，波动较小。

②境内、境外销售的对比分析

公司境内销售和境外销售在产品定价、产品种类、销售政策、信用政策、设计、工艺、技术、材料等方面的差异情况如表2－72所示：

表2－72　公司境内和境外销售相关方面的差异

项目	境内	境外
产品定价	线下销售客户通常以成本为基础、考虑预期利润率，同时参考同类产品市场价格进行综合定价；线上电商直销通常以成本为基础、考虑预期利润率，综合考虑市场同类产品在电商平台售价和电商平台的综合服务费确定；同型号产品电商直销价格较其他销售方式价格偏高	
产品种类	以助听器为主，少量雾化器、气垫床	助听器、雾化器、气垫床

续表

项目	境内	境外
主要助听器产品代表	以型号 JH - A39、JH - 351 - 0L、JH - 338 - C1、JH - 907、JH - D26 - 00F 为代表	以型号 JH - 338 - C、JH - 339、JH - A39、JH - 351N、JH - D58 - 4FA 等为代表
销售政策	线下直销(ODM、线下批发商)、线下经销、线上电商直销	线下直销(ODM、线下批发商)、线上电商直销
信用政策	①公司境内线下销售主要采用预收款销售模式、信用销售模式,大部分客户执行预收全额货款后安排发货,信用销售模式主要针对信用较好、合作稳定的大客户给予1~2个月不等的信用期 ②境内线上销售执行相应电商平台规定的收款政策,一般客户在下单同时支付款项至电商平台,电商平台在客户点击确认收货后或根据平台结算周期支付至公司绑定的支付平台账户	①公司境外线下销售的收款模式分为T/T(电汇)模式、L/C(信用证)模式以及信用销售模式,T/T(电汇)模式、L/C(信用证)模式分别为在向客户或议付行交付提单或电放前,通过电汇或信用证取得货款。对于确有需要采用信用销售模式的外销客户,在签订合同时需履行信用审批程序,并在支付相应定金后公司安排生产按约定发货,存在信用期的客户通常是少数信用状况良好、合作时间较长的客户 ②境外线上销售执行相应电商平台规定的收款政策,一般客户在下单同时支付款项至电商平台,电商平台根据结算周期支付至公司绑定的支付平台账户
产品设计	不同型号产品在外观设计、电路设计方面存在明显差异;同系列产品在外观设计方面基本相同,因境内外法规监管要求或客户需求不同,产品的电路设计可能存在差异	
生产工艺和流程	基本一致	
所使用的技术	雾化器、气垫床境内外使用的技术一致。助听器境内外销售同时存在以应用晶体管电路方案为代表的第一代助听器、以 MCU + Amplifer 技术方案为代表的第二代助听器和以 DSP 数字信号处理技术方案为代表的第三代数字助听器、以 DSP 数字信号处理技术 + 蓝牙技术方案为代表的第四代数字助听器,同一代产品所应用的核心技术基本一致	
材料	不同型号产品在外观设计、电路设计方面存在明细差异,核心材料如喇叭、IC 等存在差异;同系列产品境内外销售时因参数设计、电路设计等差异,部分电子元器件如喇叭、电容电阻等材料存在差异,部分产品应客户要求不同,包装、适配器、充电座等配件也存在差异	

(2)按销售模式分类的主要产品销售情况

①产品销售情况(见表2-73)

表2-73 产品销售情况

单位:万元,万个,元/个,%

产品类型	年份	销售模式	销售金额	销售数量	平均单价	平均成本	毛利率
助听器	2020年	ODM	13,547.02	159.21	85.09	44.69	47.47
		自有品牌	1912.20	13.03	146.72	65.33	55.47
	2019年	ODM	8891.29	159.11	55.88	28.65	48.72
		自有品牌	1003.64	15.34	65.41	27.93	57.30
	2018年	ODM	6438.27	174.12	36.98	18.94	48.77
		自有品牌	174.89	4.96	35.29	18.58	47.36
雾化器	2020年	ODM	4569.69	75.08	60.86	46.39	23.77
		自有品牌	15.33	0.21	73.06	52.83	27.69
	2019年	ODM	3933.27	63.88	61.57	46.54	24.41
		自有品牌	23.82	0.34	70.44	53.19	24.48
	2018年	ODM	2888.12	46.36	62.30	48.50	22.14
		自有品牌	16.94	0.24	70.92	52.57	25.88
气垫床	2020年	ODM	740.83	8.34	88.79	68.05	23.35
		自有品牌	1.27	0.01	106.19	67.94	36.02
	2019年	ODM	700.58	7.72	90.77	67.79	25.31
		自有品牌	0.32	0.00	70.59	70.58	0.02
	2018年	ODM	748.67	8.28	90.39	68.85	23.82
		自有品牌	10.18	0.10	101.41	68.33	32.62

注:发行人主要产品助听器、雾化器、气垫床以ODM模式和自有品牌销售模式为主。

②ODM、自有品牌及贸易经营的销售对比分析(见表2-74)

表2-74 ODM、自有品牌及贸易经营的销售对比

项目	ODM模式	自有品牌	贸易经营模式
产品定价	定价通常以成本为基础、考虑预期利润率,同时参考同类产品市场价格进行综合定价		
产品种类	助听器、雾化器、气垫床	以助听器为主,少量雾化器、气垫床	电热毯、脉搏器、血压计、血氧仪等
销售政策	直销	以直销为主,部分经销模式	直销

续表

项目	ODM 模式	自有品牌	贸易经营模式
信用政策	①公司境外 ODM 销售的收款模式分为 T/T(电汇)模式、L/C(信用证)模式以及信用销售模式,T/T(电汇)模式、L/C(信用证)模式分别为在向客户或议付行交付提单或电放前,通过电汇或信用证取得货款。对于确有需要采用信用销售模式的外销客户,在签订合同时需履行信用审批程序,并在支付相应定金后公司安排生产按约定发货,存在信用期的客户通常是少数信用状况良好、合作时间较长的客户。②公司境内 ODM 通常是信用较好、合作稳定的大客户,一般给予 1 ~2 个月不等的信用期	①线上自有品牌销售执行相应电商平台规定的收款政策,与境内外销售情况中的电商平台收款政策一致。②线下经销或批发商模式,通常执行预收全额货款后安排发货的政策,少量信用状况良好、合作稳定的客户给予 1 ~ 2 个月的信用期	主要以预收全额货款后发货的收款政策
产品设计	不同型号产品在外观设计、电路设计方面存在明细差异;同型号产品在外观设计、内部电路设计方面基本一致		属于外购,不涉及产品设计
生产工艺	基本一致		外购产品,不涉及生产
所使用的技术	助听器 ODM 模式和自有品牌模式同时存在以应用晶体管电路方案为代表的第一代助听器、以 MCU + Amplifer 技术方案为代表的第二代助听器和以 DSP 数字信号处理技术方案为代表的第三代数字助听器、以 DSP 数字信号处理技术 + 蓝牙技术方案为代表的第四代数字助听器,同一代产品所应用的核心技术基本一致		不适用
材料	不同型号产品在外观设计、电路设计方面存在明细差异,核心材料如喇叭、IC 等存在差异;同型号产品 ODM 模式和自有品牌模式因需要客户区域不同,材料用料差异情况详见境内外模式下的同型号产品材料使用说明		不适用

(3)按线上线下分类的主要产品销售情况

①产品销售情况

报告期内,公司线上销售产品以助听器销售为主、助听器周边配件销售为辅,公司产品按线上和线下销售的列示情况如表 2 –75 所示:

表 2－75　公司产品按线上和线下销售的列示情况

单位：万元，万个，元/个，%

年份	销售方式	销售金额	销售数量	平均单价	平均成本	毛利率
2020 年	线上	1001.48	3.14	318.82	93.33	70.73
	线下	14,457.74	169.1	85.5	45.38	46.92
2019 年	线上	455.1	2.65	171.86	40.53	76.42
	线下	9439.83	171.8	54.95	28.41	48.30
2018 年	线上	46.08	0.3	151.57	43.48	71.31
	线下	6567.08	178.88	36.74	18.89	48.58

②线上、线下销售的对比分析（见表 2－76）

表 2－76　线上、线下销售的对比

项目	线上销售	线下销售
产品定价	通常以成本为基础、考虑预期利润率，综合考虑市场同类产品在电商平台售价和电商平台的综合服务费确定	通常以成本为基础、考虑预期利润率，同时参考同类产品市场价格进行综合定价
产品种类	助听器及周边配件	助听器、雾化器、气垫床
销售政策	国内外电商平台	ODM、线下经销商、线下批发商等
信用政策	①境内线上销售执行相应电商平台规定的收款政策，一般客户在下单同时支付款项至电商平台，电商平台在客户点击确认收货后或根据平台结算周期支付至公司绑定的支付平台账户；②境外线上销售执行相应电商平台规定的收款政策，一般客户在下单同时支付款项至电商平台，电商平台根据结算周期支付至公司绑定的支付平台账户	与 ODM 模式的收款政策基本一致
产品设计	不同型号产品在外观设计、电路设计方面存在明细差异；同系列产品在外观设计方面基本相同，因境内外法规监管要求或客户需求不同，产品的电路设计可能存在差异	
生产工艺	基本一致	
所使用的技术	助听器线上线下模式同时存在以应用晶体管电路方案为代表的第一代助听器、以 MCU＋Amplifer 技术方案为代表的第二代助听器和以 DSP 数字信号处理技术方案为代表的第三代数字助听器、以 DSP 数字信号处理技术＋蓝牙技术方案为代表的第四代数字助听器，同一代产品所应用的核心技术基本一致	
材料	不同型号产品在外观设计、电路设计方面存在明细差异，核心材料如喇叭、IC 等存在差异；同型号产品线上和线下模式材料用料因需要客户区域不同，材料用料差异情况详见境内外模式下的同型号产品材料使用说明	

(4)按直销和经销分类的主要产品销售情况

报告期内,公司采用经销模式销售的产品是助听器及其周边配件,以助听器销售为主,助听器在2018~2020年按直销和经销分类的销售情况如表2-77所示:

表2-77 2018~2020年助听器的销售情况

单位:万元,元/个,%

年份	销售方式	销售金额	销售数量	平均单价	平均成本	毛利率
2020年	直销	15,080.28	169.22	89.12	45.58	48.86
	经销	378.94	3.02	125.32	84.28	32.75
2019年	直销	9778.86	173.21	56.46	28.39	49.71
	经销	116.07	1.24	93.68	56.36	39.84
2018年	直销	6613.16	179.07	36.93	18.93	48.74
	经销	—	—	—	—	—

注:公司经销商模式自2019年起执行,故2018年不存在经销模式销售。

报告期,公司经销商的数量和销售占比较小,有关经销和直销在产品定价、产品种类、销售政策等方面的对比情况与ODM模式和自有品牌模式对比情况基本一致。"

三、量化分析物流运输记录、资金划款凭证、发货验收单据、出口单证、中国出口信用保险公司数据、外汇管理局数据、出口退税金额等与发行人境外销售收入是否匹配;结合海外线上电商收入确认的方法、时点以及出口预估服务费等,量化说明发行人海关报关数据与账面数据存在差异的合理性

(一)量化分析物流运输记录、资金划款凭证、发货验收单据、出口单证、中国出口信用保险公司数据、外汇管理局数据、出口退税金额等与发行人境外销售收入是否匹配

1.物流运输费与外销收入的匹配性

发行人外销主要采购FOB贸易方式,境外销售产生的运输费主要是将出口产品从公司仓库运输至海关(港口)过程的运费及发行人境外线上销售模式下产品从仓库运输至亚马逊FBA仓等的运费。报告期内,发行人境外销售的运输费与外销收入的匹配情况如表2-78所示:

表2-78　境外销售的运输费与外销收入的匹配情况

单位：万元，%

项目	2020年	2019年	2018年
外销运费	149.78	132.98	117.48
外销收入	17,975.41	14,038.84	10,250.13
占比	0.83	0.95	1.15

注：外销运费包括产品从仓库至装船前期间发生的拖车费、装箱费、报关手续费等及境外线上销售模式下产品从仓库运输至亚马逊FBA仓等的运费。

报告期内，发行人外销运费占外销收入的比例整体呈下降趋势，各期运费的变动与各期运输产品数量和产品结构差异相关，发行人单位运费价格主要受运输距离、货物体积、承运方式（拖车或货柜）等因素影响。发行人产品出口以深圳盐田港、蛇口港为主，报告期内外销运输距离未发生重大变化，单位货物运费主要与运输产品的数量和体积相关。

发行人外销的主要产品为助听器、雾化器和气垫床，助听器、雾化器、气垫床产品的规格大小、体积不一样，同等规格的运输包装箱通常助听器平均包装为100个/箱，雾化器、气垫床的平均包装为6个/箱，发行人按各期境外销售产品的数量及包装规格折算后的平均单位运费计算情况如表2-79所示：

表2-79　外销产品的数量及其平均单位运费计算情况

项目		2020年	2019年	2018年
销售数量/万个	助听器	143.66	160.85	174.21
	雾化器	75.07	63.99	45.78
	气垫床	7.76	7.62	7.79
	小计	226.49	232.46	227.78
按包装规格折算后销量/万箱		15.24	13.54	10.67
运输费/万元		149.78	132.98	117.48
单位运输费/元/箱		9.83	9.82	11.01

发行人外销运费与当期主要产品外销销量相关，如表2-79列示，发行人在报告期内折算后的单位运费整体比较稳定，2019年单位运费较2018年有所下降，主要是因发行人从2019年年初开始，转变了与货代公司的合作模式，从原来数量众多且分散合作的货代公司模式集中至固定几家服务较好、合作稳定的货代公司合作，相应的单位运费和报关手续费下降所致。

综上所述，发行人外销运费与外销收入相匹配，外销运费的变动主要是受各期外销产品销量和产品结构变化影响，外销运费与收入的比例变动趋势符合发行人外销业务的特点。

2. 资金划款凭证与外销收入的匹配性

报告期各期，公司外销收入与实际收款的对比情况如表2－80所示：

表2－80　公司外销收入与实际收款对比

年度	外销收入/万元	外销收款/万元	收款比例/%
2020年	17,975.41	17,723.45	98.60
2019年	14,038.84	13,497.31	96.14
2018年	10,250.13	9753.28	95.15

报告期内，公司合计实际收款占外销收入比例为96.95%，资金收款情况良好，外销收入和实际收款基本匹配。

3. 发货验收单据与外销收入的匹配性

报告期各期，发行人外销销量数据与外销出库单据数量的匹配情况如表2－81所示：

表2－81　外销销量数据

单位：万个

项目	2020年	2019年	2018年	报告期合计
外销出库单数量（①）	239.69	240.40	231.87	711.96
外销数量（②）	243.08	239.20	230.34	712.62
差异（③＝②－①）	3.39	－1.20	－1.53	0.66
其中，上年末发出商品数量（④）	6.87	5.52	4.10	16.49
本年末发出商品数量（⑤）	3.87	6.87	5.52	16.26
考虑期末发出商品后的差异（⑥＝③－④＋⑤）	0.39	0.15	－0.11	0.43

报告期内，发行人外销销量与外销出库单数量差异主要是受各期末发出商品数量的影响，考虑各期末发出商品数量后的外销销量与外销发货的出库单差异较小，发行人外销销量与外销发货出库单数量基本匹配，公司各期末发出商品主要是已出库尚未完成报关手续的商品，发出商品数量与金额匹配。

4. 海关平台统计数据与外销收入的匹配性

报告期内，发行人海关电子口岸统计数据与外销账面收入的对比情况如表 2－82 所示：

表 2－82　发行人海关电子口岸统计数据与外销账面收入对比

单位：万元，%

项目	2020 年	2019 年	2018 年
海关统计数据（①）	17,782.63	13,920.16	10,273.56
外销收入（②）	17,975.41	14,038.84	10,250.13
差异金额（③＝①－②）	－192.78	－118.68	23.43
差异比例（④＝③/①）	－1.08	－0.85	0.23
其中，亚马逊等海外平台综合服务费的影响（⑤）	－217.32	－192.79	－11.83
考虑亚马逊等海外平台综合服务费影响后的差异（⑥＝③－⑤）	24.54	74.11	35.26
差异比例（⑦＝⑥/①）	0.14	0.53	0.34

如表 2－82 所示，公司在中国电子口岸的报关数据（折算为人民币）与当期账面境外销售收入有一定差异，差异主要受亚马逊等海外电商平台的综合服务费影响。公司海外电商平台收入以终端零售价确认，相关产品出口时以预估扣除电商平台服务费后的净额报关；剔除服务费影响后，报告期各期，发行人电子口岸出口信息数据与外销收入基本一致，小幅差异除与预估服务率的偏差及报关出口与确认收入时点的时间差相关外，汇率波动也有所影响。

5. 中国出口信用保险公司投保数据与外销收入的匹配性

报告期内，公司向中信保投保金额与公司外销收入金额对比情况如表 2－83 所示：

表 2－83　公司向中信保投保金额与公司外销收入金额对比

单位：万元，%

年份	中信保投保总额	外销收入	差异	差异率
2020 年	11,915.96	17,975.41	－6059.45	－33.71
2019 年	5580.96	14,038.84	－8457.88	－60.25
2018 年	3431.60	10,250.13	－6818.53	－66.52

报告期内，公司向中信保投保金额小于公司外销收入金额，主要是因为公司

在外销过程中针对大部分中小外销客户执行先款后货的政策,公司对此类先款后货的客户不进行投保,因此公司向中信保投保金额要小于外销收入金额,两者之间的差异符合公司业务实际情况。公司针对外销主要大客户及存在信用期的客户均会进行投保,以控制外销信用风险。

公司制定了《外销客户管理制度》,明确约定了公司外销客户的信用审批程序;通常针对新开发外销客户、交易金额较小(通常在50万元以下)客户严格执行先款后货的政策,针对部分长期合作客户(合作周期通常在3年以上)、交易金额达到一定规模(通常在50万元以上)客户,可适当给予一定的信用期,相关客户的信用政策严格履行了信用审批流程。公司的信用审批流程执行两种模式:(1)属于中信保投保额度范围内的客户,公司可在中信保后台进行客户信用审批申请,中信保收到申请后,针对该客户进行相关信用调查,结合调查结果决定该客户是否纳入可投保名单范围及批复一定金额的保险额度和建议的信用账期;公司依据中信保的评估结果,结合客户订单的情况、客户的知名度等因素履行内部审批流程后,综合判断是否给予相关客户一定的信用额度及信用账期,最终给予客户的信用政策必须在中信保的批复额度及账期范围内。(2)针对中信保投保额度范围外的客户,由业务员根据客户需求提出信用账期及信用额度申请,销售经理在收到客户信用额度申请后配合财务人员对相关客户进行一定背景调查,销售经理将客户信息、订单情况等背景调查资料连同信用额度申请表提交至销售总监和财务总监审核,经审核后的客户信用额度申请表须经总经理批准后予以执行。

报告期内,公司针对境外客户严格履行上述信用审批政策,相关信用审批的内控措施得以有效执行,报告期内属于中信保投保额度范围以外的境外客户未发生大额货款无法收回的情形。

保荐机构和申报会计师针对公司境外销售的回款情况进行了详细核查,各期境外销售回款的核查金额占境外销售的比例分别为81.74%、88.97%、77.18%,公司境外销售回款情况与境外收入情况匹配。

6. 外汇管理局数据与外销收入的匹配性(见表2-84)

表2-84　外汇管理局数据与外销收入的匹配性

单位:万元

项目	2020年	2019年	2018年
外汇管理局数据(①)	17,782.63	13,863.88	10,273.56
外销收入(②)	17,975.41	14,038.84	10,250.13

续表

项目	2020 年	2019 年	2018 年
差异金额(③=①-②)	-192.78	-174.96	23.43
其中,亚马逊等海外平台综合服务费的影响(④)	-217.32	-192.79	-11.83
考虑亚马逊等海外平台综合服务费影响后的差异(⑤=③-④)	24.54	17.83	35.26

报告期内,公司在国家外汇管理局系统中的出口数据(折算为人民币)与当期账面境外销售收入存在一定差异,差异主要受亚马逊等海外电商平台的综合服务费影响。剔除服务费影响后,报告期各期,发行人国家外汇管理局出口数据与外销收入数据差异较小,主要是预估服务率的偏差、报关出口与确认收入时点的时间差及汇率波动影响。

7. 出口退税金额与外销收入的匹配(见表 2-85)

表 2-85　出口退税金额与外销收入

单位:万元,%

项目	2020 年	2019 年	2018 年
本期收到的出口退税额(①)	1316.13	1279.34	898.62
申报表出口应退税额(②)	1302.40	1261.03	952.24
申报表出口免抵税额(③)	903.85	824.13	464.29
申报表免抵退税额(④=②+③)	2206.25	2085.16	1416.53
账面境外销售收入(⑤)	17,975.41	14,038.84	10,250.13
申报数据时间性差异(⑥)	811.47	76.98	1792.46
本期单证齐全申请免抵退出口货物销售额(⑦)	16,971.15	13,843.19	8481.09
差异(⑧=⑤-⑥-⑦)	192.79	118.67	-23.42
实际退税率(⑨=④:⑦)	13.00	15.06	16.70
法定退税率	13	13/16	16/17

如表 2-85 所示,报告期内公司出口退税金额与境外销售收入相匹配,实际退税率与公司法定退税率基本一致。

综上分析,发行人境外销售收入与物流运输记录、资金划款凭证、发货验收单据、出口单证、中国出口信用保险公司数据、外汇管理局数据、出口退税金额等数据匹配。

（二）结合海外线上电商收入确认的方法、时点以及出口预估服务费等，量化说明发行人海关报关数据与账面数据存在差异的合理性

1. 发行人海外线上电商收入确认方法和时点

发行人海外线上电商销售属于海外电商平台店铺入驻模式，客户通过第三方电商平台（如 Amazon）下单并支付货款后，由第三方电商平台（如 Amazon 的 FBA 入仓模式由亚马逊负责配送）或公司委托物流公司将商品配送交予客户，公司在将商品发出并交予物流公司时确认收入。

2. 发行人海关报关数据与账面外销收入的差异分析

报告期内，发行人海关电子口岸报关数据与外销账面收入的对比情况如表 2－86 所示：

表 2－86 发行人海关电子口岸报关数据与外销账面收入的对比情况

单位：万元，%

项目	2020 年	2019 年	2018 年
海关统计数据（①）	17,782.63	13,920.16	10,273.56
外销收入（②）	17,975.41	14,038.84	10,250.13
差异金额（③＝①－②）	－192.78	－118.68	23.43
差异比例（④＝③/①）	－1.08	－0.85	0.23
其中，亚马逊等海外平台综合服务费的影响（⑤）	－217.32	－192.79	－11.83
考虑亚马逊等海外平台综合服务费影响后的差异（⑥＝③－⑤）	24.54	74.11	35.26

如表 2－86 所示，报关期内，发行人海关电子口岸报关数据与外销账面收入的差异金额分别为 23.43 万元、－118.68 万元和－192.78 万元，考虑亚马逊等海外电商平台的综合服务费影响后的差异金额分别为 35.26 万元、74.11 万元和 24.54 万元，整体上差异金额较小，差异率分别仅为 0.34%、0.53%、0.14%，主要是海外电商销售模式下账面收入确认时点与海关出口报关时点的差异及预估的服务费率差异和汇率波动所致。

发行人海外电商直销模式下，在将商品发出并交予第三方物流公司时确认收入；电商平台实现的终端零售收入，按总额法确认。在销售实现后，电商平台根据结算周期，将每笔交易扣除相关服务费（物流服务、仓储服务、平台佣金等）后的交易净额对应的外汇金额转账至发行人绑定的支付平台账户，发行人所确认的外币收入与收取的外币交易净额资金存在服务费的差异。

考虑到在该销售模式下，发行人相关产品出口报关后申报出口退税时，需与实际外汇回款金额相匹配，因此发行人产品出口报关时以预估发生的相关服务费后的净额单价报关出口，从而导致出口报关的销售数据与账面外销收入数据存在一定的差异。

综上分析，发行人海关电子口岸报关数据与外销账面收入的差异，主要是海外电商销售模式中收入确认金额与考虑电商平台综合服务费后的报关出口金额的差异所致，该差异具有合理性。

四、补充披露汇率波动风险的敏感性分析，分析和评估汇率波动风险的具体表现、影响程度和预期结果，是否对发行人持续经营能力构成重大不利影响；除规避汇率波动给公司业绩带来风险外，发行人是否从事相关投资、投机活动，是否存在相应内部控制及其执行情况

（一）补充披露汇率波动风险的敏感性分析，分析和评估汇率波动风险的具体表现、影响程度和预期结果，是否对发行人持续经营能力构成重大不利影响

发行人已在公开发行说明书“第三节　风险因素”之“三、财务风险”之“（三）汇率波动风险”中补充披露如下：

“（三）汇率波动风险

以2020年度财务数据为基础，假定人民币收入、外币收入、营业成本及其他因素保持不变，外币兑人民币汇率上升和下降1%、3%对公司利润总额的影响金额及影响幅度如表2-87所示：

表2-87　汇率波动对公司利润的影响

单位：万元，%

项目	汇率波动假设			
	-3	-1	1	3
营业收入变动金额	-539.26	-179.75	179.75	539.26
财务费用变动金额	-9.36	-2.56	2.56	9.36
利润总额变动金额	-548.65	-182.31	182.31	548.65
当期利润总额	4881.03	4881.03	4881.03	4881.03
利润总额变动幅度	-11.24	-3.74	3.74	11.24

注：财务费用变动金额系根据当年汇兑损益金额测算。

由表2-87可见，以2020年度为例，在其他因素不变的情况下，外币兑人民币汇率上升或下降1%时，将导致公司利润总额上升或下降182.31万元，占当年利润总额的3.74%；外币兑人民币汇率上升或下降3%时，将导致公司利润总额

上升或下降548.65万元，占当年利润总额的11.24%，不会对公司持续经营能力产生重大影响。”

针对外币汇率波动，公司采取了以下措施来应对风险：(1)不断提高产品质量，增加产品的技术含量，提高产品利润率和产品议价能力，并根据汇率情况适时与客户协商调整美元售价；(2)在日常经营中实时跟踪外汇波动情况，并适时进行汇兑；(3)根据预期外汇收入情况，运用远期结汇等方式积极应对汇率波动造成的风险。

(二)除规避汇率波动给公司业绩带来风险外，发行人是否从事相关投资、投机活动，是否存在相应内部控制及其执行情况

1. 报告期内，公司除为规避汇率波动给公司业绩带来风险的投资行为外，不存在从事相关投资、投机活动的行为

公司海外销售主要采用美元收款，公司购入的外汇远期合约产品主要是远期交割时卖出美元买入人民币，目的是锁定远期人民币兑美元的汇率，规避汇率波动给公司业绩带来风险，并非从事外汇投资、投机活动。

2. 相应内部控制及其执行情况

发行人为建立规范、有效、科学的投资决策体系和机制，根据相关法律法规及公司章程规定，建立了《对外投资管理制度》，公司严格按照《公司章程》《股东大会议事规则》《董事会议事规则》要求，确定股东大会、董事会、董事长为公司对外投资的决策机构，完善法人治理结构以保障公司规范、高效运作。

公司董事会负责统筹、协调和组织对外投资项目的分析和研究，为决策提供建议。公司董秘办公室作为公司对外投资业务的市场开拓部门，负责根据公司发展战略，组织有关职能部门及机构进行投资项目的信息收集、整理，对拟投资项目进行投资价值评估、审议并提出建议。公司财务部负责对外投资的财务管理，负责协同相关部门进行项目可行性分析、办理出资手续、工商登记、税务登记、银行开户等工作。

公司依据《对外投资管理制度》严格控制投资风险，根据《公司章程》《股东大会议事规则》《董事会议事规则》要求，按投资额的大小确定投资决策权的行使，并严格按照规定执行。针对货币资金的收支和保管业务建立了严格的授权审批程序，分离办理货币资金业务的不兼容岗位，相关机构和人员严格执行互相制约关系。报告期内，公司相关投资活动仅限于为防范汇率波动风险而进行的外汇远期业务及投资结构性存款等低风险的金融机构理财，内部控制执行情况良好。

五、补充披露报告期财务费用中汇兑损益的计算过程及依据，结合报告期内主要结算货币对人民币的汇率变动趋势，量化分析出口收入和汇兑损益之间是否匹配

（一）报告期财务费用中汇兑损益的计算过程及依据

发行人外币业务采用交易发生日的当月月初汇率作为折算汇率将外币金额折合成人民币记账。

资产负债表日外币货币性项目余额按资产负债表日即期汇率折算，由此产生的汇兑差额，除属于与构建符合资本化条件的资产相关的外币专门借款产生的汇兑差额按照借款费用资本化的原则处理外，均计入当期损益。

1. 结汇

借：银行存款（人民币）

借：财务费用"—"汇兑损益

　贷：银行存款（外币）

2. 购汇

借：银行存款（外币）

借：财务费用"—"汇兑损益

　贷：银行存款（人民币）

3. 月末汇兑损益结转

借：银行存款（外币）/应收账款

借：财务费用"—"汇兑损益

　贷：银行存款（外币）/应收账款

发行人每月月末均按中国人民银行公布的外汇牌价对外币货币性项目余额进行折算，计算汇兑损益，计算正确。

报告期内，发行人主要外币资金为货币资金和应收账款，发行人账面汇兑损益的复核过程如表2－88～表2－90所示：

表 2-88　汇兑损益测试表(美元)——2020 年

单位:万元

2020年度	期末外币余额		期末对应本位币余额		人民币月末汇率	按汇率测算后本位币余额		差异	
	银行存款	应收账款	银行存款	应收账款		银行存款	应收账款	银行存款	应收账款
1月	55.24	214.11	380.50	1474.71	6.8876	380.50	1474.71	0.00	0.00
2月	40.34	58.33	282.67	408.70	7.0066	282.67	408.70	0.00	0.00
3月	185.63	-9.02	1315.20	-63.94	7.0851	1315.20	-63.94	0.00	0.00
4月	326.55	-32.69	2304.49	-230.71	7.0571	2304.49	-230.71	0.00	0.00
5月	360.19	85.60	2568.70	610.43	7.1316	2568.70	610.43	0.00	0.00
6月	272.28	131.75	1927.57	932.71	7.0795	1927.57	932.71	0.00	0.00
7月	329.40	171.99	2300.79	1201.35	6.9848	2300.79	1201.35	0.00	0.00
8月	519.67	221.01	3565.16	1516.22	6.8605	3565.16	1516.22	0.00	0.00
9月	388.65	135.15	2646.74	920.38	6.8101	2646.74	920.38	0.00	0.00
10月	504.77	173.90	3393.66	1169.14	6.7232	3393.66	1169.14	0.00	0.00
11月	463.73	174.53	3050.50	1148.12	6.5782	3050.50	1148.12	0.00	0.00
12月	384.55	204.20	2509.16	1332.40	6.5249	2509.16	1332.40	0.00	0.00

表 2-89　汇兑损益测试表(美元)——2019 年

单位:万元

2019年度	期末外币余额		期末对应本位币余额		人民币月末汇率	按汇率测算后本位币余额		差异	
	银行存款	应收账款	银行存款	应收账款		银行存款	应收账款	银行存款	应收账款
1月	574.40	125.07	3849.90	838.25	6.7025	3849.90	838.25	0.00	0.00
2月	558.17	95.33	3734.20	637.75	6.6901	3734.20	637.75	0.00	0.00
3月	579.81	85.95	3904.16	578.72	6.7335	3904.16	578.72	0.00	0.00
4月	482.08	129.05	3243.70	868.33	6.7286	3243.70	868.33	0.00	0.00
5月	86.14	69.34	594.30	478.40	6.8992	594.30	478.40	0.00	0.00
6月	186.81	67.91	1284.26	466.89	6.8747	1284.26	466.89	0.00	0.00
7月	306.32	117.87	2108.75	811.40	6.8841	2108.75	811.40	0.00	0.00
8月	466.40	76.38	3305.80	541.37	7.0879	3305.80	541.37	0.00	0.00

续表

2019年度	期末外币余额		期末对应本位币余额		人民币月末汇率	按汇率测算后本位币余额		差异	
	银行存款	应收账款	银行存款	应收账款		银行存款	应收账款	银行存款	应收账款
9月	52.33	124.46	370.09	880.26	7.0729	370.09	880.26	0.00	0.00
10月	165.90	159.57	1170.17	1125.52	7.0533	1170.17	1125.52	0.00	0.00
11月	268.74	200.31	1889.19	1408.12	7.0298	1889.19	1408.12	0.00	0.00
12月	222.10	172.45	1549.40	1203.01	6.9762	1549.40	1203.01	0.00	0.00

表2-90 汇兑损益测试表(美元)——2018年

单位:万元

2018年度	期末外币余额		期末对应本位币余额		人民币月末汇率	按汇率测算后本位币余额		差异	
	银行存款	应收账款	银行存款	应收账款		银行存款	应收账款	银行存款	应收账款
1月	24.75	56.85	156.78	360.09	6.3339	156.78	360.09	0.00	0.00
2月	42.75	24.00	270.59	151.90	6.3294	270.59	151.90	0.00	0.00
3月	72.01	-2.11	452.80	-13.27	6.2881	452.80	-13.27	0.00	0.00
4月	20.04	41.04	127.06	260.19	6.3393	127.06	260.19	0.00	0.00
5月	29.16	77.95	187.02	499.99	6.4144	187.02	499.99	0.00	0.00
6月	102.28	64.35	676.53	425.63	6.6144	676.53	425.63	0.00	0.00
7月	30.67	54.62	209.05	372.30	6.8165	209.05	372.30	0.00	0.00
8月	93.76	102.80	639.88	701.60	6.8246	639.88	701.60	0.00	0.00
9月	155.15	79.78	1067.34	548.79	6.8792	1067.34	548.79	0.00	0.00
10月	286.62	99.38	1996.16	692.17	6.9646	1996.16	692.17	0.00	0.00
11月	444.95	136.32	3086.02	945.47	6.9357	3086.02	945.47	0.00	0.00
12月	536.88	136.68	3684.69	938.08	6.8632	3684.69	938.08	0.00	0.00

(二)结合报告期内主要结算货币对人民币的汇率变动趋势,量化分析出口收入和汇兑损益之间是否匹配

报告期内,发行人的汇兑损益的具体构成及与境外销售、采购的匹配情况如表2-91所示:

表 2-91　2018～2020 年汇兑损益

单位：万元，%

项目	2020 年	2019 年	2018 年
汇兑损益（收益以号填列）	391.27	-67.03	-31.11
其中，外币货币资金折算汇兑损益	272.17	-80.24	-6.56
外币应收账款折算汇兑损益	114.18	16.44	-25.99
外币应付账款折算汇兑损益	4.92	-3.23	1.44
外销收入金额	17,975.41	14,038.84	10,250.13
外币应收账款折算汇兑损益/外销收入金额	0.64	0.12	-0.25
境外采购金额	718.94	607.32	165.80
外币应付账款折算汇兑损益/境外采购金额	0.68	-0.53	0.87

发行人因境外销售所产生的汇兑损益受销售规模、发生时点、结汇时点、汇率变动等多种因素的影响。报告期内，发行人外销主要以美元结算为主，以外币结算的采购金额总体较小。2018 年度，美元兑人民币总体处于升值周期，公司外币销售综合形成汇兑收益；2019 年度，美元兑人民币汇率呈波动趋势，但整体仍处于升值周期，公司外币销售仍形成汇兑收益；2020 年度，美元兑人民币先升后降，自 2020 年 6 月以来，美元兑人民币汇率整体处于贬值周期，当期汇率波动较大导致产生金额较大的汇兑损失。

综上所述，报告期内，发行人汇兑损益的产生与外币金融资产余额大小及汇率波动有关，外销形成的汇兑损益整体规模与外销收入相匹配。

六、量化分析报告期内出口退税率与实际出口退税占境外收入比例差异较大的原因及合理性

1. 公司出口退税与境外收入的具体情况

报告期内，公司出口退税与境外收入占比如表 2-92 所示：

表 2-92　公司出口退税与境外收入占比

单位：万元，%

项目	2020 年	2019 年	2018 年
收到出口退税金额	1316.13	1279.34	898.62
外销收入金额	17,975.41	14,038.84	10,250.13
占比	7.32	9.11	8.77

2. 出口退税率与实际出口退税占境外收入比例差异较大的原因及合理性分析

报告期内,发行人法定出口退税率与实际出口退税占境外收入比例的差异情况如表 2－93 所示:

表 2－93　法定出口退税率与实际出口退税占境外收入比例差异

单位:%

项目	2020 年	2019 年	2018 年
法定出口退税率	13	13/16	16/17
实际出口退税占境外收入比例	7.32	9.11	8.77
差异	5.68	6.89	8.23

注:2018 年和 2019 年出口退税率因政策调整存在 2 档退税率的情形,差异计算取平均值计算。

报告期内,发行人法定出口退税率与实际出口退税的差异情况如表 2－94 所示:

表 2－94　法定出口退税率与实际出口退税差异

单位:万元,%

项目	2020 年	2019 年	2018 年
本期收到的出口退税额(①)	1316.13	1279.34	898.62
申报表出口应退税额(②)	1302.40	1261.03	952.24
申报表出口免抵税额(③)	903.85	824.13	464.29
申报表免抵退税额(④=②+③)	2206.25	2085.16	1416.53
本期单证齐全申请免抵退出口货物销售额(⑤)	16971.15	13843.19	8481.09
出口退税率(⑥=④/⑤)	13.00	15.06	16.70
账面境外销售收入(⑦)	17,975.41	14,038.84	10,250.13
差异(⑧=⑤－⑦)	－1004.26	－195.65	－1769.04
其中,申报数据时间性差异(⑨)	－811.47	－76.98	－1792.46
其他差异(⑩=⑧－⑨)	－192.79	－118.67	23.42

报告期内,发行人法定出口退税率与实际出口退税占境外收入比例差异较大的主要原因有:

(1)报告期内,公司出口应退税额和出口已退税额存在差异,主要是公司实际收到出口退税款与申报出口退税存在一定的时间性差异所致。

依据《国家税务总局关于发布〈出口货物劳务增值税和消费税管理办法〉的公告》的规定,企业应在货物报关出口之日[以出口货物报关单(出口退税专用)

上的出口日期为准]次月起至次年4月30日前的各增值税纳税申报期内收齐有关凭证，向主管税务机关申报办理出口货物增值税免抵退税及消费税退税，逾期的，企业不得申报免抵退税。公司每月以当期及以前期间单证信息齐全出口货物及服务销售额作为免抵退计税依据，按适用的出口退税率计算当期免抵退税额，故计算应退税额的单证齐全出口货物销售额与账面境外销售收入存在时间性差异。

(2)报告期内，发行人外销线上销售模式下，产品出口报关以预估服务费率后的净额报关，而外销账面收入以包含电商平台服务费在内的总额确认，两者存在时间性差异及预估服务费率的差异。报告期内各期外销线上销售的平台服务费分别为11.83万元、192.79万元、217.32万元，剔除上述因素影响后，报关期内发行人外销账面收入与出口报关数据的差异金额分别为35.26万元、74.11万元、24.54万元，差异比例较小。

综上所述，公司法定出口退税率与实际出口退税占境外收入比例差异较大具有合理性。

七、说明现金流量表中支付的各项税费的构成，与收到的税费返还、出口退税、营业收入、利润总额、应交税费余额、营业税金及附加等项目之间的勾稽关系

1.支付的各项税费构成情况

报告期内，发行人支付的各项税费构成情况如表2-95所示：

表2-95　各项税费构成情况

单位：万元

项目	2020年	2019年	2018年
所得税	438.30	423.62	139.59
增值税	—	—	—
税金及附加	114.03	97.91	51.41
其他	11.13	6.76	1.97
合计	563.46	528.29	192.97

2.收到的税费返还情况

报告期内，发行人收到的税费返还全部为收到的出口退税，2018~2020年金额分别为898.63万元、1279.33万元、1316.13万元。

3.发行人境外收入与出口退税的匹配情况

报告期内，发行人境外收入与出口退税的匹配情况如表2-96所示：

表 2－96　境外收入与出口退税的匹配情况

单位:万元,%

项目	2020 年	2019 年	2018 年
本期申报出口退税额(①)	1302.40	1261.03	952.24
本期申报上期退税额(②)	444.53	534.06	263.49
下期申报本期退税额(③)	550.03	444.53	534.06
本期出口抵减内销产品应纳税额(④)	903.85	824.13	464.29
本期应退税额(⑤=①－②+③+④)	2311.74	1995.64	1687.10
外销收入金额(⑥)	17,975.41	14,038.84	10,250.13
出口退税占外销收入比例(⑦=⑤/⑥)	12.86	14.22	16.46
出口退税率	13	13/16	16/17

如表 2－96 所示,报告期内公司申报的出口退税金额与境外销售规模相匹配,实际退税率与公司主要产品的退税率基本一致。

4. 收到的出口退税金额与现金流量表的匹配情况

报告期内,发行人各期收到的出口退税金额与现金流量表勾稽情况如表 2－97所示:

表 2－97　出口退税金额与现金流量表勾稽情况

单位:万元

项目	2020 年	2019 年	2018 年
本期申报出口退税金额(①)	1302.40	1261.03	952.24
本期收到出口退税金额(②)	1316.13	1279.33	898.63
其中,收到上期申报出口退税金额(③)	98.09	116.39	62.78
收到本期申报出口退税金额(④=②－③)	1218.04	1162.93	835.84

报告期内,发行人各期收到的出口退税金额包含部分上期已申报本期收到的出口退税,发行人本期收到的出口退税与现金流量表中本期收到的税收返还金额一致。

5. 发行人增值税销项税与营业收入的匹配情况

报告期内,发行人各期增值税销项税额与营业收入的匹配情况如表 2－98 所示:

表 2 - 98　增值税销项税额与营业收入情况

单位:万元,%

项目	2020 年	2019 年	2018 年
营业收入(①)	21,148.06	14,909.46	10,497.95
其中,应税收入(②)	3172.65	870.62	247.82
免税收入(③)	17,975.41	14,038.84	10,250.13
增值税申报表收入(④)	20,873.01	14,866.12	10,587.07
增值税销项税纳税申报金额(⑤)	428.73	105.89	42.91
增值税销项税率测算(⑥=⑤/④)	2.05	0.71	0.41

报告期内,发行人增值税销项税率测算数分别为0.41%、0.71%、2.05%。报告期内,发行人增值税销项税率测算数低于增值税法定税率水平,主要是发行人境外销售占比较高,其出口销售免增值税导致。

6. 应交税费与现金流量表的匹配情况

(1)企业所得税(见表 2 - 99)

表 2 - 99　企业所得税

单位:万元

期间	期初未缴数	本期已交数	期末未交数
2018 年	—	139.59	283.35
2019 年	283.35	423.62	290.75
2020 年	290.75	438.30	500.30

(2)应交税费与营业税金及附加、其他的关系(见表 2 - 100)

表 2 - 100　应交税费相关情况

单位:万元

期间	期初未缴数	本期已交数	期末未交数
2018 年	11.66	53.38	14.38
2019 年	14.38	104.67	18.21
2020 年	18.21	125.16	22.69

从表 2 - 100 可以看出,公司报告期各期所得税、营业税金及其他税种已交金额与现金流量表相关明细勾稽一致。

7. 利润总额与当期所得税费用匹配情况

报告期内，发行人各期利润总额与当期所得税费用的匹配情况如表2－101所示：

表2－101 发行人各期利润总额与当期所得税费用的匹配情况

单位：万元

项目	2020年	2019年	2018年
利润总额	4703.44	2881.17	2292.98
按母公司适用税率计算的所得税费用	705.52	432.18	343.95
子公司适用不同税率的影响	－17.76	—	—
对以前期间当期所得税的调整	0.44	—	—
不可抵扣的成本、费用和损失的影响	3.48	75.14	5.55
未确认递延所得税的税务亏损	44.40	—	—
研发费用加计扣除	－96.69	－88.04	－48.92
当期所得税费用	639.39	419.28	300.57

综上分析，发行人各期现金流量表中支付的各项税费金额，与收到的税费返还、出口退税、营业收入、利润总额、应交税费余额、营业税金及附加等项目勾稽一致。

八、说明发行人经营业绩对税收优惠是否存在重大依赖

1. 报告期内发行人享受的税收优惠

（1）公司于2016年11月30日经广东省科学技术厅、广东省财政厅、广东省国家税务局、广东省地方税务局认定为高新技术企业，取得GR201644003725号证书，有效期限为三年。2019年12月2日公司通过高新技术企业复审，并取得新的《高新技术企业证书》（证书编号：GR201944008806），有效期为三年。

（2）2017年5月，财政部、国家税务总局、科技部联合印发了《关于提高科技型中小企业研究开发费用税前加计扣除比例的通知》（财税［2017］34号），将科技型中小企业享受研发费用加计扣除比例由50%提高到75%。报告期内，公司各期享受研发费用加计扣除75%的税收优惠政策。

（3）根据国家税务总局2005年发布的《出口货物退（免）税管理办法（试行）》及其他相关税收优惠政策，公司出口产品享受“免、抵、退”的税收优惠政策，出口退税率为17%，2018年5月起出口退税率调整为16%，2019年4月起出口退税率调整为13%。

2. 发行人经营业绩对税收优惠是否存在重大依赖

报告期内，发行人税收优惠主要包括所得税优惠、增值税出口退税。报告期各期，公司税收优惠具体情况如表2－102所示：

表2－102　公司税收优惠具体情况

单位：万元，%

项目	2020年	2019年	2018年
高新技术企业税收优惠	431.67	291.46	205.29
研发费用加计扣除对企业所得税的影响金额	95.82	87.17	48.92
本期收到的出口增值税退税	1316.13	1279.34	898.62
小计	1843.62	1657.97	1152.83
利润总额	4703.44	2881.17	2292.98
税收优惠占税前利润的比例	39.20	57.55	50.28

报告期内，公司税收优惠占税前利润的比例分别为50.28%、57.55%、39.20%，公司所享受的税收优惠占税前利润的比例较高，主要是受出口退税金额较大影响。报告期内，由于公司外销收入占公司总收入的比重均在85%以上，因此公司的出口退税金额较大，公司的税收优惠主要为出口增值税退税。2018～2020年，公司收到的出口增值税退税占利润总额的比重分别为39.19%、44.40%、39.20%，剔除出口增值税退税因素后，企业所得税相关优惠占利润总额的比重分别为11.09%、13.14%、11.21%，占比较小。报告期内，公司所享受的所得税优惠、研发费用加计扣除优惠、增值税出口退税合法合规，且结合行业政策、国家财税政策，在可预期的未来，公司仍将享受该等税收优惠，税收优惠具有可持续性，税收优惠不会对公司的经营业绩造成重大不利影响。

综上所述，报告期内发行人的经营业绩对税收优惠不存在重大依赖。

九、核查结论

1. 发行人已按照"《审查问答（一）》问题19"的相关要求，在公开发行说明书中补充披露了境外销售情况。

2. 发行人已在公开发行说明书中补充披露报告期各期境内及境外，ODM、自有品牌及贸易经营，线上及线下，直销及经销等不同业务模式下的产品销售情况，以及各模式下的产品定价、产品种类、销售政策、信用政策、设计、工艺、技术、材料等方面的差异及原因。

3. 发行人物流运输记录、资金划款凭证、发货验收单据、出口单证、中国出口信用保险公司数据、外汇管理局数据、出口退税金额等与发行人境外销售收入基本匹配，海关报关数据与账面数据存在差异主要是海外电商销售模式中收入确认金额与考虑电商平台综合服务费后的报关出口金额的差异所致，具有合理性。

4. 发行人针对境外客户的信用审批情况制定了相关内部制度措施，发行人境外客户的信用审批流程得以有效执行，发行人不存在中信保投保额度范围以外的客户货款出现大额无法收回的情形；发行人境外销售回款与境外收入情况匹配。

5. 发行人已在公开发行说明书中补充披露汇率波动风险的敏感性分析，汇率波动不会对发行人持续经营能力构成重大不利影响；发行人未从事与汇率相关的投资、投机活动，相关内部控制程序有效执行。发行人出口收入和汇兑损益之间相匹配。

6. 发行人出口退税率与实际出口退税占境外收入比例差异较大的原因除实际收到出口退税款与申报出口退税存在一定的时间性差异外，主要是境外电商销售模式中收入确认与出口报关时点差异及预估服务率的差异，具有合理性。

7. 发行人现金流量表中支付的各项税费的构成，与收到的税费返还、出口退税、营业收入、利润总额、应交税费余额、营业税金及附加等项目之间的勾稽关系合理。

8. 发行人符合高新技术企业认定条件；结合行业政策、国家财税政策，在可预期的未来，发行人仍将享受该等税收优惠，税收优惠具有可持续性；发行人经营业绩对税收优惠不存在重大依赖。

十、境外销售的核查情况

保荐机构和申报会计师针对境外销售执行了以下核查程序：

1. 函证及相关核查情况

A. 核查方法

保荐机构和申报会计师通过对主要海外客户的资信水平调查，确定境外收入总体核查程序和范围。

发行人境外销售主要集中在美国、日本、欧洲和南亚地区，境外客户因受新冠疫情影响，回函比例低于发函比例，在执行主要海外客户函证程序基础上，保荐机构和申报会计师进一步结合对主要海外客户的资信水平调查、访谈主要海外客户、销售回款核查、销售抽样测试、销售内控测试、纳税报表收入与财务报表收入分析性复核、海关出口数据与外销收入分析性复核、发行人会计师出具的审计报告等程序进行核查。

具体情况如下：

a. 函证核查：对境外客户的销售发生额和应收账款余额进行函证，函证范围为发行人报告期内的前十大客户以及其他主要客户。

b. 销售回款核查：获取发行人银行流水，执行销售回款核查，通过应收账款贷方科目明细与银行对账单回款情况核对，验证销售回款真实性。

c. 销售抽样测试：查阅销售明细账，抽查主要境外客户的销售合同、出库单、报关单等凭证资料，核查上述客户销售内容、金额等。

d. 对发行人纳税报表收入与财务报表收入分析性复核：查看发行人报告期内的纳税报表，并与财务报告收入进行勾稽核对。

e. 海关出口数据与外销收入分析性复核：获取海关出具的出口数据，与发行人财务账出口金额、增值税纳税申报表金额、生产企业出口退税系统导出销售额进行核对，并对差异原因进行复核。

B. 核查结果

保荐机构和申报会计师通过上述函证核查、销售回款核查、销售抽样测试核查程序，对境外收入总体核查情况汇总如表 2－103 所示：

表 2－103　境外收入总体核查情况

单位：万元，%

项目	2020 年	2019 年	2018 年
①境外收入发函金额	14,140.18	12,365.56	8991.46
占境外收入比例	78.66	88.08	87.72
②境外收入回函金额	13,082.76	11,301.11	8094.68
占境外收入比例	72.78	80.50	78.97
③境外收入抽样测试金额	13,333.64	9874.27	7239.83
占境外收入比例	74.18	70.34	70.63
④销售回款核算金额	13,873.76	12,490.71	8378.34
占境外收入比例	77.18	88.97	81.74

经核查，报告期内，境外销售收入核查金额超过 70.00%，发行人境外销售收入具有真实性。

2. 中信保海外资信报告核查

A. 核查方法

保荐机构和申报会计师获取主要境外客户的中信保海外资信报告，浏览其官方网站,查询重要客户的相关信息,对境外客户的真实存在进行验证。

B. 核查结果(见表2－104)

表2－104　核查结果

项目	2020年	2019年	2018年
中信保调查境外客户数量/家	24	24	19
中信保调查境外客户收入合计/万元	12,856.51	9718.80	6845.59
当期境外收入/万元	17,975.41	14,038.84	10,250.13
中信保调查客户境外收入占比/%	71.52	69.23	66.79

保荐机构和申报会计师获取了主要境外客户的中信保海外资信报告。报告期内,中信保调查客户的境外收入占比分别为66.79%、69.23%、71.52%。发行人主要境外客户真实存在且资信情况良好。

3. 境外客户访谈

A. 核查方法

保荐机构和申报会计师访谈发行人境外客户,核查发行人境外销售是否实现真实销售、最终销售。保荐机构和申报会计师的访谈范围为发行人报告期内内前十大客户以及其他主要客户。

B. 核查结果(见表2－105)

表2－105　核查结果

项目	2020年	2019年	2018年
访谈对象数量/家	41	41	41
访谈对象收入合计/万元	12,900.19	10,726.47	7203.97
当期境外收入/万元	17,975.41	14,038.84	10,250.13
访谈对象收入占当期境外收入比例/%	71.77	76.41	70.28

由于新冠疫情的影响,保荐机构采取视频访谈的形式进行客户访谈。报告期内,保荐机构和申报会计师对发行人境外收入访谈核查的比例分别为70.28%、76.41%、71.77%。

4. 主要境外客户的进销存核查

保荐机构和申报会计师获取了报告期内主要境外客户向发行人采购商品的进销存明细表,对主要境外客户在报告期内的采购、销售及库存情况进行了解和分析，并与发行人的账面销售记录数据进行核对，主要境外客户的进销存记录的采购数据与发行人账面记录的销售数据不存在重大差异。

A. 2020 年，发行人前五名客户进销存情况（见表 2 – 106）

表 2 – 106　2020 年发行人前五名客户进销存情况

单位：个

客户名称	客户进销存数据			发行人账面销售数量
	采购数量	销售数量	库存数量	
Oak Lawn Marketing, Inc.	394,426	388,626	30,500	394,426
Beurer GmbH	316,216	291,256	76,962	316,216
KINGCRAWFORD ENTERPRISES LLC	41,700	38,914	8278	43,200
MAQSOOD BROTHERS	257,764	247,294	24,724	257,764
MOREPEN LABORATORIESLI MITED	233,560	234,300	22,184	233,560

B. 2019 年，发行人前五名客户进销存情况（见表 2 – 107）

表 2 – 107　2019 年发行人前五名客户进销存情况

单位：个

客户名称	客户进销存数据			发行人账面销售数量
	采购数量	销售数量	库存数量	
Oak Lawn Marketing, Inc.	253,320	246,620	24,700	253,320
KINGCRAWFORD ENTERPRISES LLC	69,000	63,508	5492	71,000
MOREPEN LABORATORIESLI MITED	223,420	209,554	22,924	223,420
MAQSOOD BROTHERS	161,164	168,986	14,254	161,164
Beurer GmbH	355,228	353,483	52,002	355,228

C. 2018 年,发行人前五名客户进销存情况(见表 2 – 108)

表 2 – 108　2018 年发行人前五名客户进销存情况

单位:个

客户名称	客户进销存数据				发行人账面销售数量
	期初库存数量	采购数量	销售数量	库存数量	
Oak Lawn Marketing, Inc.	—	192,000	174,000	18,000	192,000
Beurer GmbH	47,949	507,606	505,298	50,257	507,606
MAQSOOD BROTHERS	15,356	131,466	124,746	22,076	131,466
MOREPEN LABORATORIESLI MITED	5505	109,168	105,614	9058	109,168
KING CRAWFORD ENTERPRISES LLC	—	21,300	21,300	0	21,300

报告期内,发行人主要境外客户的进销存明细的采购数量与发行人账面销售数据不存在重大差异,个别客户数据存在细微差异主要是时间性因素所致,发行人境外销售以 FOB 贸易方式为主,在商品完成报关取得报关单、提单时确认收入实现,个别客户进销存数据以收到商品入库时点确定,因而存在一定的时间差,具有合理性。发行人主要境外客户的期末库存情况合理,不存在压货的情况。发行人主要境外客户向发行人采购商品后主要通过自建独立网站、网上商城、电话营销、电商平台等线上渠道以及连锁商超、药店、专业医疗器械市场的零售商、医院、养老院等线下渠道销售给终端消费者。

5. 其他核查方法

A. 对发行人的境外销售执行截止性测试,获取了发行人 2016 年 12 月 31 日、2017 年 12 月 31 日、2018 年 12 月 31 日、2019 年 12 月 31 日、2020 年 12 月 31 日前后的营业收入明细账,选取大额外销样本,获取对应的销售订单、出库单、销售发票、报关单、提单等,核查相关单据的金额、数量是否与财务账上记载一致,重点核查报关单、提单日期,以确认外销收入是否记录在正确的期间。截止性测试方法包括从收入明细出发,核对报关单、提单;从报关单、提单出发,核对各期末前后各 20 笔收入对应的报关单、提单等报关资料。

B. 获取发行人境外销售收入、成本明细表,分析境外销售涉及的主要国家和地区及其主要境外客户情况及销售金额和变动情况;对收入、成本、毛利率变动情况执行分析性程序。

C. 获取主要境外客户出具的声明函，了解主要客户与发行人及其关联方间是否存在除正常业务往来以外的其他关联关系等。

6. 核查结论

经核查，保荐机构和申报会计师认为，发行人境外销售真实、准确、完整。

十一、按照境内、境外说明对客户、供应商的发函、回函的比例，未回函部分所执行替代程序的具体情况及结论；对上述客户、供应商访谈的具体核查方法、数量、金额及占比，访谈的证据、数据及结果是否充分、有效

1. 保荐机构和申报会计师对发行人报告期各期的主要客户执行了函证程序，2017～2020 年函证客户的家数分别为 121、121、121、43，函证客户覆盖报告期各期前十大客户及主要新增客户，具体函证数据和比例如表 2－109 所示：

表 2－109　2017～2020 年具体函证数据

项目	函证数量/家	发函金额/万元	发函占收入比/%	回函金额/万元	回函占收入比/%
2017 年度					
境内	12	71.72	1.23	55.04	0.94
境外	109	5077.87	86.85	4209.53	72.00
小计	121	5149.59	88.08	4264.57	72.94
2018 年度					
境内	12	114.18	1.09	80.41	0.77
境外	109	8991.46	85.65	8094.68	77.11
小计	121	9105.64	86.74	8175.09	77.87
2019 年度					
境内	12	492.18	3.30	487.07	3.27
境外	109	12,365.56	82.94	10,814.04	72.53
小计	121	12,857.74	86.24	11,301.11	75.80
2020 年度					
境内	7	1819.52	8.60	1819.52	8.60
境外	36	14,140.18	66.86	13,082.76	61.87
小计	43	15,959.70	75.46	14,902.28	70.47

报告期各期，发行人营业收入发函比例分别为 88.08%、86.74%、86.24%、75.46%，回函比例分别为 72.94%、77.87%、75.80%、70.47%。同时针对未回函客户，保荐机构和申报会计师执行了相关替代测试，具体替代性程序如下：

(1)核查发行人收入明细表,获取报告期内未回函客户的销售合同/订单、出库单、销售发票、报关单、银行回单等信息,查看合同主要条款,核对销售合同/订单、销售发票、银行回单等凭证中客户名称、货物种类、数量、金额、时间等信息是否勾稽一致,核查期后回款银行回单等凭证中客户名称、金额、日期等信息是否一致,以确定境外收入发生额的真实性、准确性。

(2)根据报关单核准时间对境外销售收入执行截止性测试,从而确认发行人销售收入已计入恰当的会计期间。

综上所述,发行人销售客户的回函比例较高,针对未回函的客户保荐机构和申报会计师均履行了替代程序,发行人销售收入真实、准确、完整。

2. 保荐机构和申报会计师对发行人报告期各期的主要供应商执行了函证程序,函证报告期间供应商的家数分别为82、82、82、43,函证供应商覆盖报告期各期前十大供应商及主要新增供应商,具体函证数据和比例如表2-110所示:

表2-110 具体函证数据

项目	函证数量/家	发函金额/万元	发函占采购比/%	回函金额/万元	回函占采购比/%
2017年					
境内	80	2878.76	79.44	2677.02	73.87
境外	2	0.36	0.01	0.00	0.00
小计	82	2879.12	79.45	2677.02	73.87
2018年					
境内	80	4710.55	75.97	4086.13	65.90
境外	2	16.92	0.27	0.00	0.00
小计	82	4727.47	76.24	4086.13	65.90
2019年					
境内	80	6964.04	82.34	6519.87	77.09
境外	2	116.85	1.78	0.00	0.00
小计	82	7080.89	84.12	6519.87	77.09
2020年					
境内	42	8861.54	76.37	8861.54	76.37
境外	1	613.06	5.28	613.06	5.28
小计	43	9474.60	81.66	9474.60	81.66

报告期各期,公司采购发函比例分别为79.45%、76.24%、84.12%、

81.66%,回函比例分别为73.87%、65.90%、77.09%、81.66%。同时针对未回函供应商保荐机构和申报会计师均进行了替代测试,获取未回函供应商的采购合同/订单、采购明细表、入库单、期后付款银行回单等信息,查看合同主要条款,核对采购订单、银行回单等凭证中客户名称、货物种类、数量、金额、时间等信息是否勾稽一致,以确定采购发生额的真实性、准确性。

综上所述,发行人供应商的回函比例较高,针对未回函的客户保荐机构和申报会计师均履行了相关替代程序,发行人采购业务真实、准确、完整。

3. 2020年以来,受新冠疫情影响,众多海外国家或地区执行限制入境的措施,出国签证办理停滞,绝大部分国际航班停航,发行人境外销售客户的现场访谈工作受到影响。

因此,保荐机构和申报会计师根据中国证券业协会《关于疫情防控期间证券公司开展保荐承销业务有关事宜的通知》(中证协发[2020]27号)的要求,充分利用互联网及其通信工具的优势,对境内客户进行实地走访,对境外客户进行视频访谈,以视频访谈等有效的非现场核查手段替代现场核查,完成书面访谈笔录的记录和整理工作,并对重要的视频访谈录像和书面访谈笔录等资料予以留存,从而确保对境外销售客户核查工作可回溯可检验,以及核查结论真实、准确、完整。

具体访谈数据和比例情况如表2-111所示:

表2-111 具体访谈数据和比例情况

项目	2020年度	2019年度	2018年度	2017年度
客户视频访谈家数/家	51	51	51	51
客户视频访谈金额/万元	14,572.14	11,022.30	7312.02	3908.52
客户实地走访家数/家	12	12	12	12
客户实地走访金额/万元	1252.27	474.82	134.20	79.78
占比(访谈金额占总收入金额的比例)/%	74.83	77.11	70.93	68.22

由表2-111可知,报告期各期,保荐机构和申报会计师共访谈63家客户,其中视频访谈51家、实地走访12家,访谈金额占总收入金额的比例分别为74.83%、77.11%、70.93%、68.22%。在核查过程中,获取并保留客户访谈人身份证明、经盖章签字确认书面访谈笔录、视频访谈录像等核查证据,主要核查:

(1)了解客户的基本情况、了解客户业务规模及其下游客户、市场情况,核查其与发行人进行交易的背景、交易产品、交易金额及定价原则、报告期内交易变动原因,判断交易的合理性、必要性;报告期采购的最终实现销售情况、各期末的库存情况等。

(2)对比发行人的第三方回款明细表,核实客户与发行人间是否存在通过客户股东、关联方、主要人员、合作方等作为回款方向发行人回款的情况。

(3)确认与发行人是否存在关联关系,获取主要客户出具的与发行人及关联方不存在关联关系的声明。

针对视频访谈,保荐机构和申报会计师采取了以下应对措施:

(1)在访谈前要求被访谈人员自我介绍并展示名片或其他身份证明材料;

(2)对视频访谈过程进行了录像并留档;

(3)访谈结束后,将访谈记录以电子邮件的方式发送至被访谈人员邮箱,对方确认签字盖章后寄回保荐机构及申报会计师公司所在地;

(4)结合函证、检查业务凭证、分析性复核等对客户收入补充了核查程序。

经核查,保荐机构及申报会计师认为:报告期内,发行人主要客户与发行人的业务合作情况、销售情况及第三方回款情况真实且具备合理性,与发行人及其关联方不存在关联关系及资金往来,发行人货款结算独立,访谈的证据、数据及结果充分、有效。

4.保荐机构和申报会计师对发行人报告期各期的主要供应商执行了实地走访程序,走访报告期间供应商57家,走访供应商覆盖报告期各期前十大供应商及主要新增供应商,在核查过程中,完成书面访谈笔录的记录和整理工作,在访谈结束后合影留存,妥善保管核查证据。

具体供应商访谈数据和比例情况如表2-112所示:

表2-112 具体供应商访谈数据和比例情况

项目	2020年度	2019年度	2018年度	2017年度
供应商实地走访家数/家	57	57	57	57
供应商实地走访金额/万元	8841.44	6561.52	4370.58	2653.14
占比(访谈金额占总采购金额的比例)/%	76.20	77.58	70.48	73.21

供应商访谈金额占总采购金额的比例分别为76.20%、77.58%、70.48%、73.21%。

在核查过程中主要执行了以下工作:

(1)了解供应商的基本情况,查看供应商经营环境,了解与发行人的业务合作情况及对采购情况等信息进行确认。

(2)确认与发行人是否存在关联关系,获取主要供应商出具的与发行人及关联方不存在关联关系的声明。

(3)获取了主要供应商与发行人的交易合同、订单样本,并与发行人的合同、订单记录进行核对。

(4)走访结束后,取得与供应商访谈的访谈记录、供应商声明、受访人身份证件复印件、名片、工商注册信息、合影、实地走访凭证等核查证据。

经核查,保荐机构及申报会计师认为:报告期内,发行人主要供应商与发行人的业务合作情况、采购情况真实且具备一定合理性,与发行人及其关联方不存在关联关系及资金往来,发行人货款结算独立,访谈的证据、数据及结果充分、有效。

十二、结合报告期各期增值税的具体计算缴纳情况,核查增值税进项税额与原材料采购金额、销项税额与销售收入的勾稽关系

1. 增值税进项税额与原材料采购金额的勾稽关系

报告期内,发行人进项税额与原材料采购金额具体计算缴纳情况如表2-113所示:

表2-113 进项税额与原材料采购金额具体计算缴纳情况

单位:万元,%

项目	2020年度	2019年度	2018年度
原材料采购金额(A)	13,014.34	10,048.95	7338.06
境外采购金额(B)	718.94	607.32	165.80
应税采购金额(C=A-B)	12,295.40	9449.30	7172.26
增值税进项税(D)	1578.21	1516.28	1190.92
增值税进项税占应税采购金额比(D/C)	12.84	16.05	16.60
适用税率	3/13	3/13/16/17	3/16/17

经核查,报告期内发行人进项税额与采购金额之间的比例与法定增值税进项税率基本一致,不存在异常情况。

2. 销项税额与销售收入的勾稽关系(见表2－114)

表2－114　销项税额与销售收入的勾稽关系

单位:万元,%

项目	2020年度	2019年度	2018年度
营业收入(A)	21,148.06	14,909.46	10,497.95
外销收入(B)	17,975.41	14,038.84	10,250.13
应税收入合计(C＝A－B)	3172.65	870.62	247.82
销项税额(D)	416.51	114.69	39.64
销项税额占应税收入比(D/C)	13.13	13.17	16.01
适用税率	13.00	13.16	16.17

经核查,报告期内发行人销项税额与应税收入之间的比例与法定增值税进项税率基本一致,不存在异常情况。

十三、说明对客户、供应商核查已经做到勤勉尽责的依据,是否符合《保荐人尽职调查工作准则》相关规定

综上所述,保荐机构及申报会计师已执行了必要的核查程序,相关工作底稿可作为保荐机构及会计师勤勉尽责的依据,符合《保荐人尽职调查工作准则》相关规定。

十四、结合上述核查情况,对2017～2020年收入、成本的真实性、准确性、完整性发表明确意见

综上所述,经核查,保荐机构和申报会计师认为,发行人2017～2020年的收入、成本真实、准确、完整。

第九节　经销商模式

应对经销业务进行充分核查,并对经销商模式下收入的真实性发表明确意见。主要核查事项包括但不限于:

1. 采取经销商模式的必要性及经销商具体业务模式,经销商的主体资格及资信能力。

2. 发行人报告期内经销商模式下的收入确认原则、费用承担原则及给经销商的补贴或返利情况,经销商模式下收入确认是否符合企业会计准则的规定。

3. 发行人经销商销售模式、占比等情况与同行业可比公司是否存在显著差异及原因。

4. 经销商管理相关内控是否健全并有效执行。

5. 经销商是否与发行人存在关联关系。

6. 对经销商的信用政策是否合理。

7. 结合经销商模式检查经销商与发行人的交易记录及银行流水记录。

8. 经销商的进销存情况、退换货情况及主要客户情况,经销商所购产品是否实现终端客户销售。

典型案例 2-9　大唐药业

申报材料显示,报告期各期经销模式取得的收入占主营业务收入的比例分别为 62.89%、44.88%、51.73%。

参考核查程序

保荐机构及会计师对报告期内各期收入金额前 50% 的经销商和配送商采取现场走访、电话访谈和发放函证等方式进行核查,在此基础上根据《审查问答(一)》问题 21 进行了核查。具体情况如下:

1. 保荐机构及会计师对报告期内主要经销商采取现场走访、电话访谈、发放函证和打印经销商的流向数据等方式进行核查,了解经销商的销售情况,查阅相关销售合同、发货凭证和发票,取得了主要客户的产品最终销售流向表,确认经销商的最终销售去向,未发现重大异常。经核查,经销商实现了商品的最终销售。

2. 对主要客户进行现场或视频/电话走访和函证,对重要项目实施现场走访查看,报告期内客户走访覆盖的销售金额比例分别为 56.55%、59.21%、61.85%。

3. 对公司主要客户的收入进行核查,抽查了报告期内单笔收入确认金额 100 万元以上的凭证,核查了主要客户收入确认的财务凭证、出库单、运输物流单、客户签收单、收款银行回单等,未见重大异常,公司收入确认符合企业会计准则,未发现第三方回款情形。

4. 对公司执行销售内控测试,随机选取报告期内各期 5 笔销售,进行收入循环穿行测试,核查销售相关财务凭证、发票、合同、订单、出货单等原始证据,未见重大异常，公司收入确认相关内控流程执行规范。

5. 对公司执行收入确认的截止性测试，核查报告期各期截至目前后收入确认凭证，检查截至目前约一个月的出库单、运输物流单、客户签字签收单等，将发货单、运输物流单与收入确认凭证日期进行对比，未见重大异常，公司收入确认符合截止性要求。

6. 期后销售退换货情况的核查。查看相关财务凭证、发货单、退换货申请单、退换货明细等原始凭证对退换货情况进行核查，未见重大异常期后换货情形。

7. 取得各期末应收账款明细表，检查经销商应收账款增加的主要客户情况，访谈发行人营销部门负责人、主要经销商客户，了解经销商应收账款增长原因。

8. 检查发行人银行流水是否存在第三方回款情况，取得并检查发行人现金日记账复核现金收款情况。

9. 检查发行人与经销商签订的《购销协议书》，了解返利条款，取得返利会计处理凭证检查返利实施过程，网络查询同行业可比上市公司返利业务会计处理情况。

参考回复思路

发行人补充披露及说明

（一）说明报告期各期经销客户、直销客户（医药商业公司）的名称、销售产品类型、数量、价格（同类产品价格存在显著差异的，请说明具体原因）、金额、占比及变动原因、注册地、订单获取方式、合作历史、定价方式；补充说明主要产品经销和学术推广模式下对应的销售金额和占比及变动情况

1. 说明报告期各期经销客户、直销客户（医药商业公司）的名称、销售产品类型、数量、价格（同类产品价格存在显著差异的，请说明具体原因）、金额、占比及变动原因、注册地、订单获取方式、合作历史、定价方式

公司的销售模式主要包括经销模式和学术推广模式。部分产品主要通过经销模式销售，如复方醋酸氟轻松酊、舒筋丸，销售客户主要为经销商，终端客户为连锁药店等；部分产品主要通过学术推广模式销售，如沙棘糖浆、暖宫七味散、红花清肝十三味丸、吉祥安坤丸等，销售客户主要是医药商业公司，终端客户为医院等医疗机构。因此，公司根据上述产品的具体销售情况来区分经销模式和学术推广模式对应的客户。由于部分客户既销售公司的经销产品，也作为医药商业公司采购公司的产品销往医院，因此，在经销商客户和直销客户（医药商业公

司）中均有体现。

（1）主要经销客户情况

公司通过业务洽谈方式获取与经销客户的订单，公司经销模式为买断式销售，通过经销模式销售的商品定价方式为自主定价。

①2019 年主要经销客户情况如表 2－115 所示：

表 2－115　2019 年主要经销客户情况

单位：万盒，元/盒，万元，%

序号	客户名称	产品名称	销售数量	销售单价	销售收入	注册地	合作时间
1	石药集团河北中诚医药有限公司	复方醋酸氟轻松酊（50ml）	31.81	30.65	975.24	河北省石家庄市	2016 年
		小计	31.81	30.65	975.24		
2	西安市新龙药业有限公司	复方醋酸氟轻松酊（50ml）	26.58	28.31	752.68	陕西省西安市	2013 年
		健胃消炎颗粒（有糖）	2.82	11.45	32.29		
		其他	—	—	3.77		
		小计	—	—	788.73		
3	云南腾瑞医药有限公司	复方醋酸氟轻松酊（50ml）	16.42	31.79	522.03	云南省昆明市	10 年以上
		其他	—	—	-2.21		
		小计	—	—	519.83		
4	广西陈氏药业有限责任公司	复方醋酸氟轻松酊（50ml）	15.59	29.48	459.45	广西壮族自治区柳州市	2016 年
		舒筋活络丸（10 丸）	2	9.2	18.4		
		其他	—	—	-3.64		
		小计	—	—	474.2		
5	河北顺泽医药有限公司	复方醋酸氟轻松酊（50ml）	13.5	30.42	410.64	河北省保定市	2016 年
		健胃消炎颗粒（有糖）	2.76	10.99	30.33		
		其他	—	—	2.14		
		小计	—	—	443.1		

续表

序号	客户名称	产品名称	销售数量	销售单价	销售收入	注册地	合作时间
6	广东九州通医药有限公司	复方醋酸氟轻松酊(50ml)	15.09	26.29	396.59	广东省中山市	10年以上
		其他	—	—	6.02		
		小计	—	—	402.62		
7	重庆九州通医药有限公司	复方醋酸氟轻松酊(50ml)	12	32.5	390.07	重庆市	2008年
		其他	—	—	0.65		
		小计	—	—	390.73		
8	吉林省慷心医药有限公司	舒筋丸(5丸)	90.18	3.78	341.12	吉林省长春市	2017年
		小计	90.18	3.78	341.12		
9	华润湖南双舟医药有限公司	复方醋酸氟轻松酊(50ml)	12.35	26.67	329.38	湖南省长沙市	2013年
		其他	—	—	9		
		小计	—	—	338.38		
10	华润新龙(广东)医药有限公司	复方醋酸氟轻松酊(50ml)	9	34.25	308.23	广东省广州市	2014年
		小计	9	34.25	308.23		
11	吉林省九鼎医药有限公司	舒筋丸(5丸)	80.48	3.79	304.64	吉林省长春市	2015年
		小计	80.48	3.79	304.64		
12	国药控股贵州意通医药有限公司	复方醋酸氟轻松酊(50ml)	9.13	32.15	293.49	贵州省贵阳市	2018年
		其他	—	—	-0.49		
		小计	—	—	293		
13	安徽九州通医药有限公司	复方醋酸氟轻松酊(50ml)	9.88	29.28	289.45	安徽省合肥市	2013年
		其他	—	—	2.57		
		小计	—	—	292.02		

续表

序号	客户名称	产品名称	销售数量	销售单价	销售收入	注册地	合作时间
14	四川科伦医药贸易有限公司	复方醋酸氟轻松酊(50ml)	9.26	31.4	290.94	四川省成都市	10年以上
		防风通圣丸(6袋)	0.02	22.12	0.53		
		小计	—	—	291.47		
15	湖南津湘药业有限公司	复方醋酸氟轻松酊(50ml)	8.97	32.36	290.44	湖南省益阳市	2018年
		其他	—	—	0.57		
		小计	—	—	291.01		
16	安徽华源医药集团股份有限公司	复方醋酸氟轻松酊(50ml)	8.2	26.19	214.76	安徽省阜阳市	2016年
		健胃消炎颗粒(有糖)	3.6	10.83	38.98		
		其他	—	—	13.78		
		小计	—	—	267.53		
17	四川九州通医药有限公司	复方醋酸氟轻松酊(50ml)	9.33	27.45	256.07	四川省成都市	2018年
		其他	—	—	4.29		
		小计	—	—	260.35		
18	河南九州通医药有限公司	复方醋酸氟轻松酊(50ml)	9.06	26.84	243.25	河南省郑州市	10年以上
		其他	—	—	-2.42		
		小计	—	—	240.82		
19	国药控股长沙有限公司	复方醋酸氟轻松酊(50ml)	8.4	28.49	239.4	湖南省长沙市	2019年
		小计	8.4	28.49	239.4		
20	大同市振东仁和医药有限公司	复方醋酸氟轻松酊(50ml)	6.69	33.79	226.04	山西省大同市	2017年
		小计	6.69	33.79	226.04		
前二十大经销商合计					7688.47		
经销模式主营业务收入					11,562.21		
前二十大经销商收入占比					66.50		

注：1. 复方醋酸氟轻松酊(50ml)各年度客户平均销售单价存在差异主要受两方面因素影响：一方面，公司在报告期各年度均进行了产品调价，各个客户由于在调价前后销售数量比例有差异，影响平均销售价格；另一方面，各个客户当期平均售价还受到当期收到返利数量影响。

2. 其他主要包括扎冲十三味丸(板)、五福化毒丸(12袋)、清肺十八味丸(2小盒)、暖宫七味丸(2板)、舒筋活络丸(10丸)、健胃消炎颗粒(有糖)、青果丸(6袋)、解肌宁嗽丸(5丸)等产品。

②2018年主要经销客户情况如表2-116所示：

表2-116　2018年主要经销客户情况

单位：万盒，元/盒，万元，%

序号	客户名称	产品名称	销售数量	销售单价	销售收入	注册地	合作时间
1	西安市新龙药业有限公司	复方醋酸氟轻松酊(50ml)	13.5	21.78	294.08	陕西省西安市	2013年
		健胃消炎颗粒(有糖)	2.71	8.64	23.44		
		其他	—	—	17.27		
		小计	—	—	334.79		
2	重庆九州通医药有限公司	复方醋酸氟轻松酊(50ml)	14.13	22.6	319.38	重庆市	2008年
		其他	—	—	4.27		
		小计	—	—	323.65		
3	四川中核九州通医药有限公司	复方醋酸氟轻松酊(50ml)	12	25.6	307.24	四川省成都市	2018年
		小计	12	25.6	307.24		
4	广东九州通医药有限公司	复方醋酸氟轻松酊(50ml)	12.63	22.34	282.2	广东省中山市	10年以上
		其他	—	—	15.06		
		小计	—	—	297.27		
5	吉林省慷心医药有限公司	舒筋丸(5丸)	74.5	3.69	275.17	吉林省长春市	2017年
		小计	74.5	3.69	275.17		
6	吉林省九鼎医药有限公司	舒筋丸(5丸)	71.07	3.69	262.59	吉林省长春市	2015年
		小计	71.07	3.69	262.59		

续表

序号	客户名称	产品名称	销售数量	销售单价	销售收入	注册地	合作时间
7	山西九州通医药有限公司	复方醋酸氟轻松酊(50ml)	10.6	23.95	253.9	山西省太原市	2014 年
		复方醋酸氟轻松酊(50ml 喷雾)	0.06	25.6	1.54		
		小计	—	—	255.44		
8	吉林省天赐堂药业有限公司	舒筋丸(9 丸)	64.16	3.62	232.3	吉林省长春市	2015 年
		小计	64.16	3.62	232.3		
9	深圳市康之源医药有限公司	复方醋酸氟轻松酊(50ml)	9	25.6	230.43	广东省深圳市	2018 年
		复方醋酸氟轻松酊(50ml 喷雾)	0.04	17.01	0.68		
		小计	—	—	231.11		
10	内蒙古天奇医药有限公司	安宫牛黄丸(2 丸)	4.28	50.89	217.62	内蒙古自治区赤峰市	2017 年
		小计	4.28	50.89	217.62		
11	四川金仁医药集团有限公司	复方醋酸氟轻松酊(50ml)	8	25.6	204.83	四川省成都市	2018 年
		其他	—	—	0.71		
		小计	—	—	205.54		
12	河北顺泽医药有限公司	复方醋酸氟轻松酊(50ml)	8.98	21.85	196.26	河北省保定市	2016 年
		健胃消炎颗粒(有糖)	0.43	10.78	4.66		
		小计	—	—	200.92		
13	湖南九州通医药有限公司	复方醋酸氟轻松酊(50ml)	8.04	23.84	191.61	湖南省长沙市	2017 年
		小计	8.04	23.84	191.61		
14	浙江普泽医药有限公司	肝肾滋(200g)	2.4	76.92	184.62	浙江省兰溪市	2018 年
		小计	2.4	76.92	184.62		

续表

序号	客户名称	产品名称	销售数量	销售单价	销售收入	注册地	合作时间
15	石药集团河北中诚医药有限公司	复方醋酸氟轻松酊(50ml)	6.64	25.59	169.9	河北省石家庄市	2016年
		小计	6.64	25.59	169.9		
16	云南腾瑞医药有限公司	复方醋酸氟轻松酊(50ml)	6.67	22.49	150.09	云南省昆明市	10年以上
		其他	—	—	14.8		
		小计	—	—	164.88		
17	北京九州通医药有限公司	复方醋酸氟轻松酊(50ml)	7.87	20.09	158.04	北京市	10年以上
		健胃消炎颗粒(有糖)	0.57	10.76	6.09		
		小计	—	—	164.13		
18	吉林省长宏药业有限公司	舒筋丸(6丸)	31.82	5.16	164.05	吉林省长春市	2015年
		小计	31.82	5.16	164.05		
19	安徽九州通医药有限公司	复方醋酸氟轻松酊(50ml)	5.58	23.02	128.46	安徽省合肥市	2013年
		其他	—	—	7.35		
		小计	—	—	135.81		
20	内蒙古九州通医药有限公司	复方醋酸氟轻松酊(50ml)	2.07	20.5	42.45	内蒙古自治区呼和浩特市	2009年
		其他	—	—	92.63		
		小计	—	—	135.08		
前二十大经销商合计					4453.72		
经销模式主营业务收入					7543.48		
前二十大经销商收入占比					59.04		

注：其他主要包括扎冲十三味丸（板）、青果丸（6袋）、白杏片（4板）、沙棘糖浆（100ml）、健胃消炎颗粒（有糖）、复方醋酸氟轻松酊（50ml喷雾）、通便清火丸（10丸）等产品。

③2017年主要经销客户情况如表2－117所示：

表 2－117　2017 年主要经销客户情况

单位：万盒，元/盒，万元，%

序号	客户名称	产品名称	销售数量	销售单价	销售收入	注册地	合作时间
1	广东九州通医药有限公司	复方醋酸氟轻松酊(50ml)	38.35	15.78	605.27	广东省中山市	10 年以上
		其他	—	—	2.18		
		小计	—	—	607.45		
2	重庆九州通医药有限公司	复方醋酸氟轻松酊(50ml)	31.20	17.14	534.80	重庆市	2008 年
		其他	—	—	2.74		
		小计	—	—	537.54		
3	北京九州通医药有限公司	复方醋酸氟轻松酊(50ml)	29.01	16.51	478.89	北京市	10 年以上
		健胃消炎颗粒(有糖)	0.23	10.68	2.48		
		小计	—	—	481.37		
4	内蒙古天奇医药有限公司	安宫牛黄丸(2 丸)	6.97	50.77	353.83	内蒙古自治区赤峰市	2017 年
		嘎日迪五味丸(2 板)	20.15	2.56	51.67		
		益肾十七味丸(3 板)	6.84	4.19	28.63		
		小计	—	—	434.13		
5	湖南康尔佳医药物流有限公司	肝肾滋(200g)	1.60	256.32	410.32	湖南省长沙市	2016 年
		其他	—	—	－12.71		
		小计	—	—	397.62		
6	云南腾瑞医药有限公司	复方醋酸氟轻松酊(50ml)	20.74	17.76	368.29	云南省昆明市	10 年以上
		小计	20.74	17.76	368.29		
7	湖南五田医药有限公司	复方醋酸氟轻松酊(50ml)	19.70	15.98	314.91	湖南省长沙市	2015 年
		复方醋酸氟轻松酊(50ml 喷雾)	0.34	11.11	3.78		
		健胃消炎颗粒(有糖)	0.21	11.54	2.42		
		小计	—	—	321.11		

续表

序号	客户名称	产品名称	销售数量	销售单价	销售收入	注册地	合作时间
8	石药集团河北中诚医药有限公司	复方醋酸氟轻松酊(50ml)	18.38	16.51	303.37	河北省石家庄市	2016年
		健胃消炎颗粒(有糖)	0.44	10.68	4.74		
		小计	—	—	308.11		
9	西安市新龙药业有限公司	复方醋酸氟轻松酊(50ml)	14.12	16.89	238.47	陕西省西安市	2013年
		健胃消炎颗粒(有糖)	1.00	10.24	10.26		
		小计	—	—	248.72		
10	安徽华源医药集团股份有限公司	复方醋酸氟轻松酊(50ml)	11.66	15.72	183.30	安徽省阜阳市	2016年
		健胃消炎颗粒(有糖)	3.78	9.44	35.68		
		青果丸(6袋)	0.57	10.82	6.17		
		小计	—	—	225.16		
11	吉林省天赐堂药业有限公司	舒筋丸(9丸)	52.62	3.59	188.90	吉林省长春市	2015年
		小计	52.62	3.59	188.90		
12	九州通医药集团股份有限公司	复方醋酸氟轻松酊(50ml)	16.74	12.45	208.42	湖北省武汉市	2009年
		其他	—	—	-24.62		
		小计	—	—	183.80		
13	重庆鹏英医药有限公司	复方醋酸氟轻松酊(50ml)	10.24	17.29	177.10	重庆市	2011年
		青果丸(6袋)	0.04	10.60	0.42		
		小计	10.28	17.27	177.52		
14	河南九州通医药有限公司	复方醋酸氟轻松酊(50ml)	10.91	15.49	169.01	河南省郑州	10年以上
		小计	10.91	15.49	169.01		
15	山西九州通医药有限公司	复方醋酸氟轻松酊(50ml)	10.20	15.60	159.15	山西省太原市	2014年
		小计	10.20	15.60	159.15		

续表

序号	客户名称	产品名称	销售数量	销售单价	销售收入	注册地	合作时间
16	内蒙古九州通医药有限公司	复方醋酸氟轻松酊(50ml)	8.58	16.65	142.87	内蒙古自治区呼和浩特市	2009 年
		其他	—	—	13.74		
		小计	—	—	156.61		
17	贵州斯瑞医药有限责任公司	复方醋酸氟轻松酊(50ml)	9.11	17.01	154.94	贵州省贵阳市	2016 年
		青果丸(6 袋)	0.02	2.65	0.05		
		小计	—	—	154.99		
18	兰州西城药业集团有限责任公司	复方醋酸氟轻松酊(50ml)	7.60	16.26	123.59	甘肃省兰州市	2016 年
		健胃消炎颗粒(有糖)	2.41	8.63	20.82		
		青果丸(6 袋)	0.02	2.65	0.05		
		小计	—	—	144.46		
19	深圳市一德堂医药有限公司	复方醋酸氟轻松酊(50ml)	8.64	16.27	140.50	广东省深圳市	2017 年
		小计	8.64	16.27	140.50		
20	吉林省九鼎医药有限公司	舒筋丸(5 丸)	36.49	3.66	133.46	吉林省长春市	2015 年
		小计	36.49	3.66	133.46		
前二十大经销商合计					5537.91		
经销模式主营业务收入					8530.59		
前二十大经销商收入占比					64.92		

注:其他主要包括青果丸(6 袋)、健胃消炎颗粒(有糖)、复方醋酸氟轻松酊(50ml 喷雾)、通便清火丸(10 丸)、肝肾滋(24 支)、肝肾滋(200g)等产品。

(2)主要直销客户(医药商业公司)情况

公司通过招投标方式获取与直销客户(医药商业公司)的订单,学术推广模式下,药品销售价格依据中标价格而定,中标价格由各省份通过招投标流程确定。

①2019 年主要直销客户(医药商业公司)情况如表 2－118 所示:

表 2－118　2019 年主要直销客户情况

单位：万盒，元/盒，万元，%

序号	客户名称	产品名称	销售数量	销售单价	销售收入	注册地	合作时间
1	国药集团药业股份有限公司	红花清肝十三味丸（2板）	22.56	24.46	551.73	北京市	2015 年
		吉祥安坤丸（4 板）	4.80	34.86	167.32		
		巴特日七味丸（板）	0.58	18.62	10.72		
		小计	—	—	729.78		
2	国药控股四川医药股份有限公司	红花清肝十三味丸（2板）	26.64	24.75	659.42	四川省成都市	2017 年
		小计	26.64	24.75	659.42		
3	国药控股北京天星普信生物医药有限公司	红花清肝十三味丸（2板）	13.34	24.32	324.56	北京市	2016 年
		吉祥安坤丸（4 板）	4.24	34.92	148.07		
		小计	—	—	472.62		
4	国药控股常州有限公司	沙棘糖浆（100ml）	5.34	85.23	455.36	江苏省常州市	2018 年
		小计	5.34	85.23	455.36		
5	杭州临安医药药材有限公司	吉祥安坤丸（4 板）	13.70	33.18	454.63	浙江省杭州市	2017 年
		小计	13.70	33.18	454.63		
6	深圳市全药网药业有限公司	暖宫七味散（6 袋）	14.58	28.89	421.21	广东省深圳市	2016 年
		小计	14.58	28.89	421.21		
7	华东医药股份有限公司	吉祥安坤丸（4 板）	6.50	33.23	216.00	浙江省杭州市	2017 年
		扎冲十三味丸（瓶）	6.36	31.67	201.42		
		暖宫七味散（5 袋）	0.14	24.55	3.54		
		小计	—	—	420.96		
8	华润江苏医药有限公司	沙棘糖浆（100ml）	3.84	83.09	319.09	江苏省苏州市	2018 年
		小计	3.84	83.09	319.09		

续表

序号	客户名称	产品名称	销售数量	销售单价	销售收入	注册地	合作时间
9	广西柳州医药股份有限公司	暖宫七味散(6 袋)	7.45	29.25	217.95	广西壮族自治区柳州市	2017 年
		暖宫七味散(5 袋)	4.03	24.58	99.12		
		巴特日七味丸(瓶)	0.02	29.31	0.70		
		小计	—	—	317.77		
10	国药控股凌云生物医药(上海)有限公司	沙棘糖浆(100ml)	5.39	56.69	305.34	上海市	2017 年
		巴特日七味丸(瓶)	0.31	23.33	7.28		
		小计	—	—	312.62		
11	浙江英特药业有限责任公司	吉祥安坤丸(4 板)	5.34	33.28	177.72	浙江省杭州市	2016 年
		暖宫七味散(5 袋)	2.95	24.71	72.95		
		扎冲十三味丸(瓶)	0.30	32.34	9.70		
		小计	—	—	260.36		
12	北京科园信海医药经营有限公司	扎冲十三味丸(瓶)	4.44	32.41	143.88	北京市	2017 年
		红花清肝十三味丸(2 板)	3.14	23.13	72.72		
		肉蔻五味丸(3 板)	1.61	25.81	41.50		
		小计	—	—	258.10		
13	嘉事堂药业股份有限公司	红花清肝十三味丸(2 板)	4.42	24.47	108.05	北京市	2012 年
		吉祥安坤丸(4 板)	2.90	34.96	101.38		
		阿拉坦五味丸(6 袋)	1.80	20.31	36.56		
		其他	—	—	1.76		
		小计	—	—	247.75		
14	国药控股股份有限公司	肉蔻五味丸(3 板)	4.80	25.92	124.43	上海市	2017 年
		吉祥安坤丸(4 板)	3.14	37.13	116.60		
		其他	—	—	3.57		
		小计	—	—	244.60		
15	安徽九州通医药有限公司	沙棘糖浆(100ml)	4.44	49.23	218.58	安徽省合肥市	2013 年
		小计	4.44	49.23	218.58		

续表

序号	客户名称	产品名称	销售数量	销售单价	销售收入	注册地	合作时间
16	上药康德乐（辽宁）医药有限公司	沙棘糖浆（100ml）	2.16	92.45	199.69	辽宁省沈阳市	2018年
		小计	2.16	92.45	199.69		
17	河北汇利医药有限公司	阿拉坦五味丸（6袋）	8.14	20.31	165.25	河北省石家庄市	2016年
		小计	8.14	20.31	165.25		
18	西安藻露堂药业集团中天医药有限公司	沙棘糖浆（100ml）	2.76	57.00	157.32	陕西省西安市	2019年
		小计	2.76	57.00	157.32		
19	国药控股北京有限公司	红花清肝十三味丸（2板）	2.16	24.19	52.26	北京市	2012年
		阿拉坦五味丸（6袋）	1.82	20.52	37.42		
		沙棘糖浆（100ml）	0.59	56.76	33.37		
		其他	—	—	19.36		
		小计	—	—	142.41		
20	上药控股有限公司	阿拉坦五味丸（6袋）	1.90	21.69	41.13	上海市	2017年
		巴特日七味丸（瓶）	3.31	24.99	82.78		
		小计	—	—	123.91		
前二十大直销客户合计					6581.42		
学术推广模式主营业务收入					10,790.05		
前二十大直销客户收入占比					61.00		

注：其他主要包括巴特日七味丸（瓶）等产品。

②2018年主要直销客户（医药商业公司）情况如表2－119所示：

表 2－119　2018 年主要直销客户

单位:万盒,元/盒,万元,%

序号	客户名称	产品名称	销售数量	销售单价	销售收入	注册地	合作时间
1	国药控股北京天星普信生物医药有限公司	红花清肝十三味丸(2板)	16.51	23.79	392.78	北京市	2016 年
		吉祥安坤丸(4 板)	5.38	34.07	183.32		
		小计	—	—	576.11		
2	国药集团药业股份有限公司	红花清肝十三味丸(2板)	16.8	23.86	400.92	北京市	2015 年
		吉祥安坤丸(4 板)	4.56	34.09	155.44		
		巴特日七味丸(板)	0.96	18.09	17.37		
		小计	—	—	573.72		
3	华东医药股份有限公司	吉祥安坤丸(4 板)	9.5	32.81	311.67	浙江省杭州市	2017 年
		扎冲十三味丸(瓶)	5.7	31.72	180.81		
		暖宫七味散(5 袋)	0.43	24	10.32		
		小计	—	—	502.8		
4	国药控股四川医药股份有限公司	红花清肝十三味丸(2板)	20.76	24.18	502.07	四川省成都市	2017 年
		小计	20.76	24.18	502.07		
5	华润江苏医药有限公司	沙棘糖浆(100ml)	5.45	81.71	445.14	江苏省苏州市	2018 年
		暖宫七味散(6 袋)	0.11	27.27	3.00		
		小计	—	—	448.13		
6	国药控股凌云生物医药(上海)有限公司	沙棘糖浆(100ml)	4.84	52.46	253.9	上海市	2017 年
		巴特日七味丸(瓶)	1.18	24.36	28.75		
		小计	—	—	282.65		
7	国药控股股份有限公司	肉蔻五味丸(3 板)	5.76	25.34	145.96	上海市	2017 年
		吉祥安坤丸(4 板)	3.3	38.3	126.38		
		小计	—	—	272.33		
8	浙江英特药业有限责任公司	暖宫七味散(5 袋)	5.41	24.06	130.15	浙江省杭州市	2016 年
		吉祥安坤丸(4 板)	3.02	33.19	100.23		
		扎冲十三味丸(瓶)	0.15	32	4.8		
		小计	—	—	235.18		

续表

序号	客户名称	产品名称	销售数量	销售单价	销售收入	注册地	合作时间
9	北京科园信海医药经营有限公司	扎冲十三味丸(瓶)	3.9	31.6	123.25	北京市	2017年
		红花清肝十三味丸(2板)	2.33	23.9	55.68		
		肉蔻五味丸(3板)	1.34	25.32	33.93		
		其他	—	—	19.32		
		小计	—	—	232.18		
10	深圳市全药网药业有限公司	暖宫七味散(6袋)	7.02	28.24	198.25	广东省深圳市	2016年
		小计	7.02	28.24	198.25		
11	广西柳州医药股份有限公司	暖宫七味散(6袋)	4.86	28.72	139.59	广西壮族自治区柳州市	2017年
		暖宫七味散(5袋)	2.09	24.15	50.48		
		其他	—	—	4.99		
		小计	—	—	195.06		
12	嘉事堂药业股份有限公司	吉祥安坤丸(4板)	2.26	34.1	77.06	北京市	2012年
		红花清肝十三味丸(2板)	3.19	23.87	76.15		
		阿拉坦五味丸(6袋)	1.75	19.9	34.82		
		小计	—	—	188.04		
13	海王(武汉)医药贸易有限公司	暖宫七味散(6袋)	6.05	29.33	177.46	湖北省武汉市	2017年
		小计	6.05	29.33	177.46		
14	河北汇利医药有限公司	阿拉坦五味丸(6袋)	8.83	19.87	175.43	河北省石家庄市	2016年
		小计	8.83	19.87	175.43		
15	杭州临安医药药材有限公司	吉祥安坤丸(4板)	5.5	30.66	168.65	浙江省杭州市	2017年
		小计	5.5	30.66	168.65		
16	华润辽宁医药有限公司	沙棘糖浆(100ml)	1.71	92.67	158.46	辽宁省沈阳市	
		小计	1.71	92.67	158.46		
17	国药控股浙江有限公司	扎冲十三味丸(瓶)	4.83	31.87	153.95	浙江省杭州市	
		小计	4.83	31.87	153.95		

续表

序号	客户名称	产品名称	销售数量	销售单价	销售收入	注册地	合作时间
18	安徽九州通医药有限公司	沙棘糖浆(100ml)	3.04	49.18	149.50	安徽省合肥市	2013 年
		小计	3.04	49.18	149.50		
19	上药控股有限公司	阿拉坦五味丸(6 袋)	2.9	21.89	63.49	上海市	2017 年
		巴特日七味丸(瓶)	2.57	24.55	63.10		
		小计	5.47	23.14	126.60		
20	重庆渝高医药有限公司	暖宫七味散(5 袋)	4.86	25.19	122.42	重庆市	2017 年
		小计	4.86	25.19	122.42		
前二十大直销客户合计					5438.99		
学术推广模式主营业务收入					9264.60		
前二十大直销客户收入占比					58.71		

注:其他主要包括巴特日七味丸(瓶)等产品。

③2017 年主要直销客户(医药商业公司)情况如表 2－120 所示:

表 2－120 2017 年主要直销客户(医药商业公司)情况

单位:万盒,元/盒,万元,%

序号	客户名称	产品名称	销售数量	销售单价	销售收入	注册地	合作时间
1	杭州临安医药药材有限公司	吉祥安坤丸(4 板)	11.90	33.22	395.35	浙江省杭州市	2017 年
		小计	11.90	33.22	395.35		
2	国药控股北京天星普信生物医药有限公司	红花清肝十三味丸(2 板)	10.30	23.66	243.65	北京市	2016 年
		吉祥安坤丸(4 板)	1.50	33.87	50.81		
		小计	11.80	24.96	294.46		
3	国药控股四川医药股份有限公司	红花清肝十三味丸(2 板)	10.75	24.05	258.60	四川省成都市	2017 年
		小计	11.75	22.00	258.60		

续表

序号	客户名称	产品名称	销售数量	销售单价	销售收入	注册地	合作时间
4	广西柳州医药股份有限公司	红花清肝十三味丸(2板)	9.26	26.16	242.35	广西壮族自治区柳州市	2017年
		暖宫七味散(6袋)	4.79	28.46	136.27		
		暖宫七味散(5袋)	4.43	23.75	105.15		
		其他	—	—	0.93		
		小计	—	—	484.70		
5	国药集团药业股份有限公司	红花清肝十三味丸(2板)	7.20	23.72	170.77	北京市	2015年
		吉祥安坤丸(4板)	1.30	33.87	44.03		
		沙棘糖浆(100ml)	0.02	49.84	1.20		
		小计	—	—	216.00		
6	嘉事瑞康(北京)医药有限公司	红花清肝十三味丸(2板)	19.22	6.37	122.41	北京市	2013年
		吉祥安坤丸(4板)	4.80	12.95	62.15		
		其他	—	—	2.17		
		小计	—	—	186.73		
7	海王(武汉)医药贸易有限公司	暖宫七味散(6袋)	5.04	30.21	152.23	湖北省武汉市	2017年
		小计	5.04	30.21	152.23		
8	华润辽宁医药有限公司	沙棘糖浆(100ml)	1.45	92.00	133.76	辽宁省沈阳市	2017年
		小计	1.45	92.00	133.76		
9	深圳市全药网药业有限公司	暖宫七味散(6袋)	4.50	28.10	126.46	广东省深圳市	2016年
		小计	4.50	28.10	126.46		
10	华东医药股份有限公司	吉祥安坤丸(4板)	2.50	34.23	85.58	浙江省杭州市	2017年
		扎冲十三味丸(瓶)	0.90	31.74	28.57		
		暖宫七味散(5袋)	0.04	23.90	0.86		
		小计	—	—	115.01		
11	江西新汇宇医药有限公司	吉祥安坤丸(4板)	7.95	12.89	102.47	江西省南昌市	2016年
		小计	7.95	12.89	102.47		

续表

序号	客户名称	产品名称	销售数量	销售单价	销售收入	注册地	合作时间
12	陕西中林医药有限公司	肉蔻五味丸(3板)	4.20	22.05	92.62	陕西省西安市	2016年
		小计	4.20	22.05	92.62		
13	河北汇利医药有限公司	阿拉坦五味丸(6袋)	4.66	19.75	91.97	河北省石家庄市	2016年
		小计	4.66	19.75	91.97		
14	浙江英特药业有限责任公司	吉祥安坤丸(4板)	1.80	34.05	61.29	浙江省杭州市	2016年
		暖宫七味散(5袋)	1.08	23.85	25.76		
		小计	—	—	87.06		
15	嘉事堂药业股份有限公司	阿拉坦五味丸(6袋)	1.51	19.75	29.87	北京市	2012年
		红花清肝十三味丸(2板)	1.08	23.72	25.62		
		吉祥安坤丸(4板)	0.90	26.45	23.81		
		小计	—	—	79.29		
16	上药控股有限公司	阿拉坦五味丸(6袋)	2.30	22.43	51.67	上海市	2017年
		巴特日七味丸(瓶)	1.01	25.32	25.52		
		小计	—	—	77.19		
17	北京九州通医药有限公司	沙棘糖浆(100ml)	0.96	55.05	52.85	北京市	10年以上
		红花清肝十三味丸(2板)	0.96	23.58	22.64		
		小计	—	—	75.49		
18	甘肃和润医药集团有限公司	肉蔻五味丸(3板)	1.75	25.61	44.87	甘肃省兰州市	2017年
		阿拉坦五味丸(6袋)	1.13	20.38	22.99		
		小计	—	—	67.87		
19	深圳市九明药业有限公司	暖宫七味散(5袋)	7.24	7.10	51.35	广东省深圳市	2016年
		暖宫七味散(6袋)	1.55	7.78	12.05		
		小计	8.78	7.22	63.40		
20	重庆渝高医药有限公司	暖宫七味散(5袋)	2.48	25.20	62.61	重庆市	2017年
		小计	2.48	25.20	62.61		
前二十大直销客户合计					2920.89		
学术推广模式主营业务收入					5033.41		
前二十大直销客户收入占比					58.03		

注:其他主要包括阿拉坦五味丸(6袋)等产品。

（3）经销客户、直销客户销售产品类型、数量、价格情况

公司的化学制剂药和部分中成药（如舒筋丸等）主要通过经销模式向经销客户进行销售，公司的中成药（含民族药）主要通过学术推广模式向直销客户进行销售，部分中成药（含民族药）存在同时通过经销模式和学术推广模式对外销售的情况。报告期内，两种销售模式面向经销客户和直销客户销售的主要产品、数量和价格情况如表 2－121 所示：

表 2－121　经销客户、直销客户销售产品类型、数量、价格情况

单位：万元，万盒，元/盒

项目	2019 年			2018 年			2017 年		
	收入	销量	平均单价	收入	销量	平均单价	收入	销量	平均单价
复方醋酸氟轻松酊	9504.15	327.33	29.04	4828.77	214.20	22.54	6352.60	379.65	16.73
舒筋丸	979.94	246.13	3.98	935.76	241.74	3.87	536.95	138.13	3.89
沙棘糖浆	189.64	13.61	13.93	168.91	15.69	10.77	131.16	12.66	10.36
其他	888.48	183.61	4.84	1610.03	121.46	13.26	1509.88	85.84	17.59
经销模式小计	11,562.21	770.69	—	7543.48	593.10	—	8530.59	616.28	—
红花清肝十三味丸	2143.51	92.52	23.17	1892.19	85.70	22.08	1055.91	56.59	18.66
沙棘糖浆	2112.51	35.75	59.10	1323.32	21.21	62.40	357.11	8.89	40.18
暖宫七味散	2106.02	87.78	23.99	2057.51	87.74	23.45	1456.65	74.47	19.56
吉祥安坤丸	1590.12	47.76	33.29	1324.71	40.58	32.64	913.26	34.37	26.57
其他	2837.89	144.12	19.69	2666.88	136.21	19.58	1250.49	93.87	13.32
学术推广模式小计	10,790.05	407.92	—	9264.60	371.44	—	5033.41	268.19	—
合计	22,352.26	1178.61	—	16,808.09	964.54	—	13,564	884.47	—

公司的沙棘糖浆产品存在同时通过经销模式和学术推广模式对外销售的情况，面向经销客户和直销客户的销售价格存在一定差异。报告期内，在经销模式和学术推广模式下，面向经销客户和直销客户，沙棘糖浆的平均售价情况如表 2－122所示：

表 2-122　沙棘糖浆的平均售价情况

单位:万元,万盒,元/盒

项目	2019 年	2018 年	2017 年
经销模式			
销售金额(不含税)	189.64	168.91	131.16
销售数量	13.61	15.69	12.66
平均单价	13.93	10.77	10.36
学术推广模式			
销售金额(不含税)	2112.51	1323.32	357.11
销售数量	35.75	21.21	8.89
平均单价	59.10	62.40	40.18
合计			
销售金额(不含税)	2302.15	1492.23	488.26
销售数量	49.35	36.90	21.54
平均单价	46.64	40.45	22.67

报告期内,公司沙棘糖浆 2018 年和 2019 年平均售价涨幅分别为 78.45% 和 15.33%。沙棘糖浆报告期平均销售价格增长较快,主要原因是该产品分别通过学术推广模式和经销模式进行销售,通过学术推广模式销售的出厂价格相对高,通过经销模式销售的出厂价格相对偏低。该产品从 2017 年到 2019 年通过学术推广模式销售的规模占比逐渐提升,2017~2019 年面向医院终端的销售额分别为 357.11 万元、1323.32 万元、2112.51 万元,占该产品总体销售额的73.14%、88.68%、91.76%。

公司沙棘糖浆产品在学术推广模式和经销模式下平均销售价格差异较大,主要原因包括:一方面,“两票制”实施后,由于经销商中间环节减少了,面向医院等终端医疗机构销售产品需要投入更多的市场资源,进行专业化市场营销和推广活动,相应的市场投入大幅增加。制药企业一般通过自建学术推广团队或者与外部服务组织合作开展相关学术推广工作,这类市场营销投入对于制药企业来说较“两票制”实施前均提升较多。因此,客观上要求产品市场销售价格相对高于原来经销模式下的价格才能保证制药企业的收益。另一方面,在原经销商模式下,公司以相对较低的出厂价将产品销售给经销商,相应的市场拓展费用等均由经销商承担,因此,出售给经销商的产品出厂价格一般要低于学术推广模式下同类产品销售价格。

2. 补充说明主要产品经销模式和学术推广模式下对应的销售金额和占比及变动情况

报告期内，公司主要产品在经销模式和学术推广模式下的销售金额和占比情况如表2－123所示：

表2－123　产品在经销模式和学术推广模式下的销售金额和占比情况

单位：万元，%

项目	2019年		2018年		2017年	
	收入	占比	收入	占比	收入	占比
复方醋酸氟轻松酊	9504.15	82.20	4828.77	64.01	6352.60	74.47
沙棘糖浆	189.64	1.64	168.91	2.24	131.16	1.54
其他	888.48	7.68	1610.03	21.34	1509.88	17.70
舒筋丸	979.94	8.48	935.76	12.40	536.95	6.29
经销模式收入合计	11,562.21	100.00	7543.48	100.00	8530.59	100.00
沙棘糖浆	2112.51	19.58	1323.32	14.28	357.11	7.09
红花清肝十三味丸	2143.51	19.87	1892.19	20.42	1055.91	20.98
暖宫七味散	2106.02	19.52	2057.51	22.21	1456.65	28.94
吉祥安坤丸	1590.12	14.74	1324.71	14.30	913.26	18.14
其他	2837.89	26.30	2666.88	28.79	1250.49	24.84
学术推广模式收入合计	10,790.05	100.00	9264.60	100.00	5033.41	100.00
主营业务收入总计	22,352.26	—	16,808.09	—	13,564.00	—

公司主要产品中复方醋酸氟轻松酊和舒筋丸通过经销模式销售；红花清肝十三味丸、暖宫七味散、吉祥安坤丸等产品通过学术推广模式进行销售；沙棘糖浆同时通过经销模式和学术推广模式对外销售，主要通过学术推广模式进行销售。

报告期，沙棘糖浆通过两种模式进行销售的金额和占比详见上文分析。报告期内，主营业务按照两种销售模式划分的毛利率情况如表2－124所示：

表 2－124　主营业务按照两种销售模式划分的毛利率情况

单位:万元,%

项目	2019 年度		2018 年度		2017 年度	
	金额	占比	金额	占比	金额	占比
经销模式	11,562.21	51.73	7543.48	44.88	8530.59	62.89
学术推广模式	10,790.05	48.27	9264.60	55.12	5033.41	37.11
合计	22,352.26	100.00	16,808.09	100.00	13,564.00	100.00

公司的销售模式包括经销模式和学术推广模式。报告期内,公司经销模式下产品毛利率水平分别为 63.83%、68.95%、69.01%,2018 年毛利率上涨的主要原因是,公司的主打产品复方醋酸氟轻松酊(50ml)通过经销模式进行销售,2018 年其销售价格大幅上涨,平均销售单价(不含税)从 2017 年平均 16.92 元/盒提高到 2018 年的 22.65 元/盒,涨幅为 33.87%,因此毛利空间得到提升。

报告期内,公司学术推广模式下产品毛利率水平分别为 71.33%、79.40%、76.41%,2018 年毛利率上涨的主要原因是,公司的中成药(含民族药)主要通过学术推广模式进行销售,随着"两票制"在全国范围内逐步推广落实,学术推广模式收入规模和占比增加,中成药(含民族药)在 2018 年平均销售价格普遍大幅上涨,毛利空间得到大幅提升。2019 年中成药(含民族药)的主要产品受到原材料价格上涨的影响,毛利率有所下降。其中,吉祥安坤丸受冬虫夏草和朱砂等原材料价格上涨的影响,单位销售成本上升,2019 年毛利率从 2018 年的 30.91% 下降至 18.15%。由于该产品销售成本占中成药(含民族药)销售成本比重较大(2019 年占比为 32.13%),因此,其 2019 年毛利率下降对学术推广模式下产品毛利率的整体下降存在较大的影响。

(二)说明发行人与经销商签订经销协议的比例、收入金额,各期新增和减少的经销商数量,报告期各期新增经销商的销售数量、单位价格、销售金额,新增经销商的同类产品售价与原有经销商之间是否存在差异、新增经销商的结算政策和信用期限与原有经销商是否存在差异,经销模式下产品的最终流向及最终销售实现情况;说明发行人产品在终端消费环节(三甲医院、二甲医院、社区医院及以下)使用的比例

1. 发行人与经销商签订经销协议的比例及金额

报告期内,公司与经销商签订经销协议的比例为 100%,经销模式下合同签订情况如表 2－125 所示:

表 2-125 经销模式下合同签订情况

单位:万元

项目	2019 年	2018 年	2017 年
经销模式协议	14,749.65	12,678.10	10,538.20

公司每年与客户签订一次购销协议,在此框架协议约定下,客户根据需求分次确定每笔订单需求,明确送货时间、地点等事项。截至 2020 年 6 月 5 日,公司已签订 2020 年度经销模式合同金额约为 1.41 亿元,合同涉及的产品包括复方醋酸氟轻松酊和舒筋丸等产品。

2. 各期新增和减少的经销商数量,报告期各期新增经销商的销售数量、单位价格、销售金额,新增经销商的同类产品售价与原有经销商之间是否存在差异、新增经销商的结算政策和信用期限与原有经销商是否存在差异

(1)各期新增和减少的经销商数量

报告期内,公司各期新增和减少的经销商数量情况如表 2-126 所示:

表 2-126 公司各期新增和减少的经销商数量情况

单位:家

项目	2019 年	2018 年	2017 年
新增经销商数量	157	154	143
减少经销商数量	100	115	77
期末经销商数量	383	326	287

(2)报告期各期新增经销商的销售数量、单位价格、销售金额,新增经销商的同类产品售价与原有经销商之间是否存在差异、新增经销商的结算政策和信用期限与原有经销商是否存在差异

报告期内,公司各期新增经销商的销售情况如表 2-127 所示:

表 2-127 公司各期新增经销商的销售情况

单位:万元,万盒

项目	2019 年	2018 年
销售金额	1823.96	1801.73
销售数量	143.08	89.88

2019 年新增的主要经销商销售明细情况如表 2-128 所示:

表 2-128　2019 年新增的主要经销商销售明细

单位:万盒,元/盒,万元

序号	客户名称	产品名称	销售数量	销售单价	销售收入	注册地
1	华润新龙(广东)医药有限公司	复方醋酸氟轻松酊(50ml)	9.00	34.25	308.23	广东省广州市
		小计	9.00	34.25	308.23	
2	国药控股长沙有限公司	复方醋酸氟轻松酊(50ml)	8.40	28.49	239.40	湖南省长沙市
		小计	8.40	28.49	239.40	
3	大同市振东仁和医药有限公司	复方醋酸氟轻松酊(50ml)	6.69	33.79	226.04	山西省大同市
		小计	6.69	33.79	226.04	
4	华润西安医药有限公司	复方醋酸氟轻松酊(50ml)	5.44	32.76	178.09	山西省西安市
		小计	5.44	32.76	178.09	
5	四川嘉事蓉锦医药有限公司	复方醋酸氟轻松酊(50ml)	6.18	24.86	153.62	四川省成都市
		白杏片、小儿健脾止泻丸、天麻胶囊、石斛夜光丸、木香槟榔丸等	0.07	12.38	0.87	
		小计	6.25	24.72	154.49	

2018 年新增的主要经销商销售明细情况如表 2-129 所示:

表 2-129　2018 年新增的主要经销商销售明细

单位:万盒,元/盒,万元

序号	客户名称	产品名称	销售数量	销售单价	销售收入	注册地
1	四川中核九州通医药有限公司	复方醋酸氟轻松酊(50ml)	12.00	25.60	307.24	四川省成都市
		小计	12.00	25.60	307.24	
2	深圳市康之源医药有限公司	复方醋酸氟轻松酊(50ml)	9.00	25.60	230.43	广东省深圳市
		其他	0.04	17.01	0.68	
		小计	9.04	25.57	231.11	

续表

序号	客户名称	产品名称	销售数量	销售单价	销售收入	注册地
3	四川金仁医药集团有限公司	复方醋酸氟轻松酊(50ml)	8.00	25.60	204.83	四川省成都市
		肝肾滋(24支)	—	—	0.71	
		小计	8.00	25.69	205.54	
4	浙江普泽医药有限公司	肝肾滋(200g)	2.40	76.92	184.62	浙江省兰溪市
		小计	2.40	76.92	184.62	
5	华润湖南双舟医药有限公司	复方醋酸氟轻松酊(50ml)	4.00	25.60	102.41	湖南省长沙市
		复方醋酸氟轻松酊(50ml 喷雾)、青果丸(6袋)、石斛夜光丸(12袋)、舒筋活络丸(10丸)	0.98	23.53	23.06	
		小计	4.98	25.19	125.47	

新增经销商的同类产品售价与原有经销商之间不存在差异,新增经销商的结算政策和信用期限与原有经销商不存在差异。

(3)发行人产品在终端消费环节(三甲医院、二甲医院、社区医院及以下)使用的比例

报告期内,发行人通过学术推广模式销售产品在终端消费环节的使用比例情况如表2-130所示:

表2-130 发行人通过学术推广模式销售产品在终端消费环节的使用比例

单位:%

终端客户类型	2019年度	2018年度	2017年度
三甲医院	48.99	48.63	43.55
二甲医院	21.80	20.46	31.96
社区医院及以下	29.21	30.91	24.49

报告期内,发行人产品在终端消费环节的使用主要集中在三甲医院和二甲医院,合计使用比例分别为75.51%、69.09%、70.79%。

（三）结合市场同类产品价格变动情况（考虑销售给经销商价格和终端市场的价格），说明发行人报告期内产品销售价格变动的合理性

1. 报告期内发行人主要产品的平均售价情况（见表2－131）

表2－131　发行人主要产品的平均售价

单位：元/盒

产品名称	平均单价（不含税）		
	2019年	2018年	2017年
复方醋酸氟轻松酊（50ml/盒）	29.04	22.65	16.92
沙棘糖浆	46.64	40.45	22.67
红花清肝十三味丸	23.17	22.08	18.66
暖宫七味散（6袋）	25.10	26.39	19.43
暖宫七味散（5袋）	22.74	20.78	19.71
吉祥安坤丸	33.29	32.64	26.57
舒筋丸（5丸）	3.78	3.69	3.67
舒筋丸（6丸）	5.29	5.16	5.13
舒筋丸（9丸）	3.72	3.64	3.62

报告期内发行人主要产品中平均售价变动幅度较大的主要为复方醋酸氟轻松酊（50ml/盒）和沙棘糖浆。其中，复方醋酸氟轻松酊（50ml/盒）2018年和2019年平均售价涨幅分别为33.87%和28.21%，沙棘糖浆2018年和2019年平均售价涨幅分别为78.43%和15.30%。

2. 报告期内发行人主要涨价产品的平均售价、出厂价和终端市场售价情况（见表2－132）

表2－132　发行人主要涨价产品的平均售价、出厂价和终端市场售价情况

单位：元/盒

产品名称	2019年	2018年	2017年	2019年	2018年	2017年	2019年	2018年	2017年
	平均单价	官价（不含税）		出厂价（含税）			终端售价	零售价（含税）	
复方醋酸氟轻松酊50ml/盒	29.04	22.65	16.92	29.70 38.70	23.80 29.70	19.90 23.80	41.50 49.90	35.50 41.50	30.00 35.50
沙棘糖浆	46.64	40.45	22.67	15.00 112.00	15.00 107.64	15.00 107.64	67.8～117	67.8～117	67.8～117

注:(1)公司分别在2017年7月、2018年11月和2019年3月对复方醋酸氟轻松酊(50ml/盒)的出厂价进行了调整,向经销商销售价格(含税)经历了从23.80元/盒、29.70元/盒到38.70元/盒的调整过程,相应地,终端零售指导价格经历了从35.50元/盒、41.50元/盒到49.90元/盒的调整过程;由于各年度均涉及价格调整,因此当年有两个出厂价格;

(2)沙棘糖浆分别通过学术推广模式和经销模式进行销售,通过学术推广模式销售的出厂价格相对高且不同区域中标价格存在差异,通过经销模式销售的出厂价格相对较低,面向的销售客户、渠道不同,导致出厂价格有较大差异;

(3)平均单价(不含税)=销售收入/销售数量。

3. 报告期内发行人主要产品的销售价格及其变动的合理性

(1)复方醋酸氟轻松酊(50ml/盒)价格及其变动情况

公司分别在2017年7月、2018年11月和2019年3月对复方醋酸氟轻松酊(50ml/盒)的出厂价进行了调整,向经销商销售价格(含税)经历了从23.80元/盒、29.70元/盒到38.70元/盒的调整过程,相应地,终端零售指导价格经历了从35.50元/盒、41.50元/盒到49.90元/盒的调整过程。相应价格差分别为11.70元/盒、11.80元/盒和11.20元/盒,各期调整后价差基本稳定。复方醋酸氟轻松酊(50ml/盒)的出厂价与其终端零售价(含税)的价格变动趋势一致,因此其销售价格及其变动具有合理性。复方醋酸氟轻松酊的同类产品价格及其变动情况如表2-133所示:

表2-133　复方醋酸氟轻松酊的同类产品价格及其变动情况

单位:元/盒

生产商	产品规格	2019年出厂价(含税)	2018年出厂价(含税)
国药集团三益药业(芜湖)有限公司	20ml	8.3~10	5.5~6.5
葫芦岛国帝药业有限责任公司	20ml	7.4~9.7	5~6.5
福元药业有限公司	20ml	6.5~9.5	5~6.5
发行人	50ml	29.70、38.70	23.80、29.70

公司主打产品复方醋酸氟轻松酊属于治疗皮肤病的皮质激素制剂。根据中康CMH监测数据,近年来我国皮肤病用药市场规模持续扩大,由2013年的172亿元增长至2016年的206亿元,年复合增长率为6.20%。零售药店是皮肤病用药最大的销售终端,根据中康CMH监测数据,2016年约50%的皮肤病用药是通过零售药店进行销售的。根据中国产业信息网、中康资讯、深圳立木信息咨询和南方医药经济研究所的数据整理,我国皮肤病药物市场体量预估为200亿~300亿元,皮肤病用皮质激素制剂药物市场体量为35亿~40亿元。公司主打单品

复方醋酸氟轻松酊的市场相对较为稳定,并随着整体皮肤病用药市场规模持续扩大保持相应增长。公司对该产品销售采用经销模式,具有自主定价权,可以根据市场需求情况合理评估确定销售价格,通过逐步提升价格的方式,有利于提升产品利润空间,并不会导致销售量出现较大影响。因此,该产品价格持续增长是公司根据市场需求情况结合自主定价权进行的市场化行为。

①产品良好的品牌声誉和质量

"三花大唐"牌的复方醋酸氟轻松酊在市场销售20余年,在该单品市场占有率排名第一,具有较长的销售历史,具有良好的品牌声誉,医生和患者对其品牌和疗效认可度较高,相对于价格上浮来说,消费者更看重产品的品牌和治疗效果,因此产品销售价格的上涨对销售数量的影响较小。此外,根据该产品与同类竞品的日均费用对比,相对同类竞品日均费用更低,仍然具有较强竞争力,因此,尽管该产品价格报告期有所上涨,但对公司整体销量影响有限。

②持续加强产品市场推广和跟踪服务

针对复方醋酸氟轻松酊产品的市场推广和服务,公司建立了专门的营销团队负责,同时,加大对协议二级经销商跟踪服务力度,通过专业的营销服务和相应的销售政策支持,能够不断开拓新的经销商,同时激励经销商在产品市场推广方面的投入和力度,进而保证在产品价格提升的同时,销售量实现稳步增长。

③原材料采购价格上涨

复方醋酸氟轻松酊主要原材料采购均价具体情况如表2-134所示:

表2-134 复方醋酸氟轻松酊主要原材料采购均价具体情况

单位:元/千克,%

原材料名称	2019年度		2018年度		2017年度
	金额	增幅	金额	增幅	金额
醋酸氟轻松	118,000.45	61.04	73,275.86	45.09	50,505.05
间苯二酚	543.10	—	543.10	27.09	427.35
冰片	308.62	30.18	237.07	208.19	76.92

复方醋酸氟轻松酊的主要原材料是间苯二酚和醋酸氟轻松。2018年和2019年主要原材料采购均价大幅上涨,醋酸氟轻松采购均价分别上涨了45.09%和61.04%,导致该产品平均销售成本的整体上升。为使该主要产品保持持续稳定的盈利水平,并结合市场需求情况,公司适当提高了该产品的出厂价,以抵销因原材料采购价格不断上涨带来的成本上升的影响。出厂价与终端

零售价同步调整。

公司分别在2017年7月、2018年11月和2019年3月对复方醋酸氟轻松酊(50ml/盒)的出厂价进行调整,同时调整了终端销售价格,出厂价与终端零售价格调整时间一致,二者的价差基本保持稳定,为11.20~11.80元,产品销售价格及其变动具有商业合理性,能够保证中间销售环节利润空间。

综上所述,公司根据市场需求情况,结合自主定价权,并综合考虑原材料价格上涨、产品消费者品牌忠诚度较高等因素逐步提高了产品销售价格,相关价格调整属于公司根据市场变化情况主动进行的调整,具有合理性和可持续性,未对公司销售和持续盈利能力产生重大不利影响。

报告期内,复方醋酸氟轻松酊的同类产品含税出厂价和终端零售价均呈现逐年上涨趋势。因此,公司复方醋酸氟轻松酊产品的价格变动具有合理性,与行业同类产品变动趋势保持一致,符合行业惯例。

(2)沙棘糖浆价格及其变动情况

沙棘糖浆报告期平均销售价格增长较快,主要原因是该产品分别通过学术推广模式和经销模式进行销售,通过学术推广模式销售的出厂价格相对较高,通过经销模式销售的出厂价格相对偏低。该产品从2017年至2019年通过学术推广模式销售的规模占比逐渐提升,2017~2019年在医院终端的销售额分别为357.11万元、323.32万元、2112.51万元,占该产品总体销售额的73.14%、88.68%和91.76%,尽管各省份2017~2019年该产品招标价格未发生较大变动,但由于公司面向医院终端的销售份额逐步提升,产品平均价格不断提升。

(3)红花清肝十三味丸、暖宫七味散(6袋)、暖宫七味散(5袋)、吉祥安坤丸价格及其变动情况

红花清肝十三味丸、暖宫七味散(6袋)、暖宫七味散(5袋)、吉祥安坤丸主要通过学术推广模式进行销售,其终端零售价(含税)由全国招标平台确定的中标价格决定。

上述产品报告期内平均售价存在不同程度的上涨,主要是受出厂价区间整体上浮的影响,平均售价相应地上涨。

(4)舒筋丸价格及其变动情况

舒筋丸的出厂价与其终端零售价(含税)在报告期内保持不变,出厂价与平均单价的差异主要为增值税的影响。

综上所述,发行人报告期内产品销售价格变动具有合理性。

（四）说明主要客户的业务规模与向发行人的采购内容是否匹配

报告期内，公司同一控制下前五大客户的销售额及其占当期销售总额比例如表2－135所示：

表2－135　公司前五大客户销售额及其占当期销售总额比例

单位：万元，%

序号	客户名称	销售金额	销售占比
2019年主要客户情况			
1	国药控股股份有限公司	4286.37	19.09
2	九州通医药集团股份有限公司	2972.01	13.24
3	华润医药控股有限公司	1949.34	8.68
4	石药集团河北中诚医药有限公司	976.28	4.35
5	西安市新龙药业有限公司	786.90	3.50
合计		10,970.91	48.86
2018年主要客户情况			
1	国药控股股份有限公司	3081.59	18.29
2	九州通医药集团股份有限公司	2816.88	16.72
3	华润医药控股有限公司	1139.00	6.76
4	华东医药股份有限公司	501.08	2.97
5	西安市新龙药业有限公司	339.45	2.01
合计		7878.00	46.75
2017年主要客户情况			
1	九州通医药集团股份有限公司	3114.69	22.78
2	国药控股股份有限公司	1167.61	8.54
3	内蒙古天奇医药有限公司	434.13	3.18
4	杭州临安医药药材有限公司	395.35	2.89
5	云南腾瑞医药有限公司	371.82	2.72
合计		5483.60	40.11

报告期内，公司的主要客户包括国药控股股份有限公司、九州通医药集团股份有限公司、华润医药控股有限公司、石药集团河北中诚医药有限公司、西安市新龙药业有限公司、华东医药股份有限公司、内蒙古天奇医药有限公司、杭州临安医药药材有限公司和云南腾瑞医药有限公司，具体介绍如下：

国药控股股份有限公司，是港股上市大型国企，是国内大型药品、医疗保健产品及医疗器械批发商和零售商及领先的供应链服务提供商，主营医药分销业务，依托覆盖全国的分销及配送网络，为国内外药品、医疗器械、耗材及其他医疗保健产品的制造商和供货商，以及下游的医院、其他分销商、零售药店、基层医疗机构等客户提供全面的分销、物流和其他增值服务。国药控股股份有限公司注册资本为297,165.62万元，2017～2019年实现营业总收入分别为2777.17亿元、3445.29亿元和4252.73亿元。

九州通医药集团股份有限公司，是A股上市公司，是以西药、中药、器械为主要经营产品，以医疗机构、批发企业、零售药店为主要客户对象，并为客户提供信息、物流等各项增值服务的大型企业集团，其注册资本为187,766.36万元，2017～2019年实现营业总收入分别为739.43亿元、871.36亿元和994.97亿元。

华润医药控股有限公司，是华润医药集团有限公司的全资子公司，公司生产经营涵盖了医药制造、医药流通、医药研发和医疗设备制造多个领域，提供医药研发、生产、批发、配送、零售连锁和医院分销服务，主要在中成药、免煎中药、化学合成药物、生物药、天然药物、原料药中间体、营养保健品、医疗器械、制药装备、医药流通等领域为患者和社会提供产品和服务，是全国最具竞争力的民族医药企业之一。华润医药控股有限公司注册资本1,500,000.00万元，2017～2019年实现营业总收入分别为1488.27亿元、1598.87亿元和1804.23亿元。

华东医药股份有限公司，是A股上市公司，主要从事抗生素、中成药、化学合成药、基因工程药品的生产销售以及中西药、中药材、医疗器械等的批零经销业务，是一家集医药研发、制药工业、药品分销、零售、医药物流为一体的大型综合性医药上市公司，其注册资本为174,980.9548万元，2017～2019年实现营业总收入分别为278.32亿元、306.63亿元和354.46亿元。

石药集团河北中诚医药有限公司，是河北最大的医药公司石药控股集团有限公司的主要子公司，注册资本为29,660.48万元。

西安市新龙药业有限公司，注册资本6000万元，成立于2003年；内蒙古天奇医药有限公司，注册资本500万元，成立于2013年；杭州临安医药药材有限公司，注册资本1008.89万元，成立于1999年；云南腾瑞医药有限公司，注册资本7500万元，成立于2001年。上述四家公司均为和公司合作多年且合作关系良好的地方性医药企业。

综上所述，公司主要客户的业务规模与发行人的采购内容相匹配。

（五）说明主要客户及其控股股东、实际控制人、主要股东、董事、监事、高级管理人员、其他核心人员与发行人及其关联方是否存在关联关系，有无交易、资金往来

1. 报告期公司主要客户控股股东、实际控制人情况（见表2－136）

表2－136　报告期公司主要客户控股股东、实际控制人情况

序号	客户名称	销售金额/万元	销售占比/%	控股股东	实际控制人	是否存在关联关系
2019年主要客户						
1	国药控股股份有限公司	4286.37	19.09	国药产业投资有限公司	国务院	否
2	九州通医药集团股份有限公司	2972.01	13.24	上海弘康实业投资有限公司	刘宝林	否
3	华润医药控股有限公司	1949.34	8.68	华润医药集团有限公司	华润集团（医药）有限公司	否
4	石药集团河北中诚医药有限公司	976.28	4.35	石药控股集团有限公司	卓择有限公司	否
5	西安市新龙药业有限公司	786.90	3.50	王英瑞（35%）、聂立渠（35%）	王英瑞、聂立渠	否
合计		10,970.91	48.86			
2018年主要客户						
1	国药控股股份有限公司	3081.59	18.29	国药产业投资有限公司	国务院	否
2	九州通医药集团股份有限公司	2816.88	16.72	上海弘康实业投资有限公司	刘宝林	否
3	华润医药控股有限公司	1139.00	6.76	华润医药集团有限公司	华润集团（医药）有限公司	否
4	华东医药股份有限公司	501.08	2.97	中国远大集团有限责任公司	胡凯军	否
5	西安市新龙药业有限公司	339.45	2.01	王英瑞（35%）、聂立渠（35%）	王英瑞、聂立渠	否
合计		7878.00	46.75			

续表

序号	客户名称	销售金额/万元	销售占比/%	控股股东	实际控制人	是否存在关联关系
2017 年主要客户						
1	九州通医药集团股份有限公司	3114.69	22.78	上海弘康实业投资有限公司	刘宝林	否
2	国药控股股份有限公司	1167.61	8.54	国药产业投资有限公司	国务院	否
3	内蒙古天奇医药有限公司	434.13	3.18	内蒙古天奇中蒙制药股份有限公司	国务院	否
4	杭州临安医药药材有限公司	395.35	2.89	临安市医药药材有限公司职工持股会	临安市医药药材有限公司职工持股会	否
5	云南腾瑞医药有限公司	371.82	2.72	深圳市怡亚通医疗供应链管理有限公司	深圳市国资委	否
合计		5483.60	40.11			

注：上述内容主要来自上市公司年报和企查查。

2. 主要客户的董事、监事、高级管理人员情况（见表 2－137）

表 2－137　主要客户的董事、监事、高级管理人员情况

序号	客户名称	董事、监事、高级管理人员	是否存在关联关系
2019 年主要客户			
1	国药控股股份有限公司	董事：李智明、于清明、刘勇、陈启宇、马平、胡建伟、邓金栋、文德镛、关晓晖、戴昆、于梓山、陈伟成、刘正东、卓福民、陈方若 监事：姚方、陶武平、张宏余、李晓娟、金艺 高级管理人员：刘勇、李杨、姜修昌、连万勇、王洁、蔡买松、李东久、周旭东、吴壹建、许双军	否
2	九州通医药集团股份有限公司	董事：刘宝林、刘树林、刘兆年、龚翼华、陈启明、林新扬、吴雪松、王琦、毛宗福、余劲松、张龙平、王锦霞 监事：温旭民、陈莉、刘志峰 高级管理人员：刘登攀、刘义常、许应政、陈松柏、郭磊、杨菊美、王启兵	否

续表

序号	客户名称	董事、监事、高级管理人员	是否存在关联关系
3	华润医药控股有限公司	董事：韩跃伟、邬建军、李向明、吴峻、翁菁雯 监事：陶然	否
4	石药集团河北中诚医药有限公司	董事：卢华、康辉（经理）、孙聚民、张永太 监事：袁西晨	否
5	西安市新龙药业有限公司	总经理：杨子伟 执行董事：聂立渠 监事：闫显阁	否
2018 年主要客户			
1	国药控股股份有限公司	董事：李智明、于清明、刘勇、陈启宇、马平、胡建伟、邓金栋、文德镛、关晓晖、戴昆、于梓山、陈伟成、刘正东、卓福民、陈方若 监事：姚方、陶武平、张宏余、李晓娟、金艺 高级管理人员：刘勇、李杨、姜修昌、连万勇、王洁、蔡买松、李东久、周旭东、吴壹建、许双军	否
2	九州通医药集团股份有限公司	董事：刘宝林、刘树林、刘兆年、龚翼华、陈启明、林新扬、吴雪松、王琦、毛宗福、余劲松、张龙平、王锦霞 监事：温旭民、陈莉、刘志峰 高级管理人员：刘登攀、刘义常、许应政、陈松柏、郭磊、杨菊美、王启兵	否
3	华润医药控股有限公司	董事：韩跃伟、邬建军、李向明、吴峻、翁菁雯 监事：陶然	否
4	华东医药股份有限公司	董事：吕梁、李阅东、牛战旗、亢伟、金旭虎、朱亮、钟晓明、杨岚、杨俊 监事：白新华、秦云、刘程炜、胡宝珍、何汝奋、徐志锋 高级管理人员：周顺华、吴晖、陈波、邱仁波	否
5	西安市新龙药业有限公司	总经理：杨子伟 执行董事：聂立渠 监事：闫显阁	否
2017 年主要客户			
1	九州通医药集团股份有限公司	董事：刘宝林、刘树林、刘兆年、龚翼华、陈启明、林新扬、吴雪松、王琦、毛宗福、余劲松、张龙平、王锦霞 监事：温旭民、陈莉、刘志峰 高级管理人员：刘登攀、刘义常、许应政、陈松柏、郭磊、杨菊美、王启兵	否

续表

序号	客户名称	董事、监事、高级管理人员	是否存在关联关系
2	国药控股股份有限公司	董事:李智明、于清明、刘勇、陈启宇、马平、胡建伟、邓金栋、文德镛、关晓晖、戴昆、于梓山、陈伟成、刘正东、卓福民、陈方若 监事:姚方、陶武平、张宏余、李晓娟、金艺 高级管理人员:刘勇、李杨、姜修昌、连万勇、王洁、蔡买松、李东久、周旭东、吴壹建、许双军	否
3	内蒙古天奇医药有限公司	执行董事:赵文义 监事:季云龙	否
4	杭州临安医药药材有限公司	董事:陈炳华、饶利敏、孟建荣、欧阳照云、张晋高 监事:胡晓英、阎威	否
5	云南腾瑞医药有限公司	董事:李勇、莫燕、张戎、刘丽娜、陈方权 监事:车癸龙	否

注:上述内容主要来自上市公司年报和企查查。

上述主要客户的控股股东、实际控制人、主要股东、董事、监事、高级管理人员、其他核心人员与发行人及其关联方不存在关联关系,无交易、资金往来。

(六)在对经销商主要采取预收账款发货的销售政策下,说明2019年年末对经销商的应收账款大幅高于2017年年末和2018年年末的原因

报告期各期末,公司经销模式应收账款余额变动情况如表2-138所示:

表2-138 公司经销模式应收账款余额变动情况

单位:万元,%

经销模式项目	2019年度		2018年度		2017年度
	金额	增幅	金额	增幅	金额
应收账款余额	646.14	62.09	398.64	60.02	249.12
主营业务收入	11,562.21	53.27	7543.48	-11.57	8530.59

2019年年末,公司经销模式应收账款余额646.14万元,较2018年年末增加62.09%,主要原因为:

1.经销模式收入规模增速较快

2019年度,公司经销模式主营业务收入11,562.21万元,占公司主营业务收入51.73%,较2018年度增长53.27%。由于公司主要产品复方醋酸氟轻松酊

主要以经销模式销售，加之公司经销商体系不断完善，经销模式收入规模实现快速增长，进而导致经销模式应收账款规模同步有所增长。2019 年度公司经销模式应收账款周转率 22.13，较 2018 年度经销模式应收账款周转率 23.29 相对稳定。

2. 经销模式个别客户波动影响

报告期各期末，公司经销模式应收账款余额分别为 249.12 万元、398.64 万元和 646.14 万元，占各期应收账款余额比重分别为 9.22%、12.09% 和 13.97%，经销模式应收账款规模较小，易受到个别客户应收账款规模波动影响。

其中，2019 年年末主要受云南腾瑞医药有限公司（以下简称云南腾瑞）、大同市振东仁和医药有限公司（以下简称振东仁和）应收账款规模增长影响。

（1）怡亚通（002183）于 2019 年度对控股子公司云南腾瑞财务管理加强管控，使云南腾瑞暂时无法向公司预付货款，经分管营销副总经理审批，并明确信用期限和违约责任后，公司于预付货款前向其发货，相关应收账款 226.61 万元。云南腾瑞已于 2020 年 5 月 15 日以银行承兑汇票方式支付相关款项。（2）振东制药（300158）之控股子公司振东仁和计划加强在晋西和晋北的商业布局、增加门店数量，与公司在山西提高终端覆盖率的目标一致，但由于其付款政策均为每年年底清账后向供应商付款，为提高市场占有率、贯彻市场开拓战略，经分管营销副总经理审批，并明确信用期限和违约责任后，公司于预付货款前向其发货，相关应收账款 116.10 万元。振东仁和已于 2020 年 3 月 31 日支付相关款项。

（七）说明销售回款的方式，是否存在现金回款，是否存在第三方回款，如有，补充披露现金回款、第三方回款的金额和占比

公司已在公开发行说明书“第八节　管理层讨论与分析”之“二、资产负债等财务状况分析”之“（一）应收款项”中补充披露如下：

报告期内，公司销售回款方式以银行转账和银行承兑汇票为主，2017 年度、2018 年度存在少量现金回款，不存在第三方回款的不规范情形。

2017 年度、2018 年度，公司现金回款金额分别为 98,098.10 元、72.20 元，占当期销售回款总额比例分别为 0.08%、0.00%。为保障资金安全，公司于报告期内持续加强现金回款管理，2019 年度已无现金回款情况。

（八）说明销售模式变动趋势情况与同行业可比公司是否存在差异，分析原因及合理性

报告期内，发行人的销售模式没有发生变化，为经销模式和学术推广模式。

2017年1月11日，国务院医改办、国家卫生计生委、国家食品药品监管总局、国家发展改革委、工业和信息化部、商务部、国家税务总局、国家中医药管理局联合发布《关于在公立医疗机构药品采购中推行“两票制”的实施意见（试行）》，标志着医药行业“两票制”的施行。“两票制”是指药品生产企业到流通企业开一次发票，流通企业到医疗机构开一次发票。

由于经销模式下，经销商一般把药品销往下级经销商而后再销往医院，不符合国家“两票制”政策要求。为顺应国家在药品流通领域改革，公司自2017年开始，针对以公立医疗机构为终端客户的产品，逐步由经销模式转变为符合“两票制”要求的学术推广模式。目前，公司销往医院终端的产品，全部通过学术推广模式进行销售。

同行业公司销售模式的变动情况具体如表2-139所示：

表2-139　同行业公司销售模式的变动情况

可比公司	受“两票制”影响的销售模式变动情况	
	“两票制”前	“两票制”后
昂利康（002940.SZ）	自有产品的销售模式主要采用招商模式，经销商负责代理区域内终端市场的推广工作	自有产品销售模式会逐步采用精细化推广模式，发行人通过筛选原经销商或者专业医药咨询公司（推广公司），将市场推广的执行工作委托给该咨询公司（推广公司）
康辰药业（603590.SH）	主要通过各地区的推广配送经销商负责，并辅以少量配送经销商模式进行补充	配送经销商模式为主流模式
华熙生物（688363.SH）	骨科类产品，主要通过配送商及推广经销商对医院销售	骨科类产品，面向公立医疗机构的，采用配送商模式进行销售
葫芦娃（A19219.SH）	主要采取传统经销模式（含对公立医疗终端的销售）	公立医院为终端客户的产品，采用配送商模式

同行业可比公司对于销售模式的描述不尽相同，但从交易实质来看，“两票制”实施前后，同行业可比公司的销售模式的变动趋势和发行人相同，即面向医院终端的销售，由经销模式为主变为以学术推广模式（配送商模式）为主，并随着“两票制”政策实施的深入，逐步全部转变为学术推广模式（配送商模式）。

综上所述，发行人销售模式的变动趋势和同行业可比公司相似，不存在显著差异。

（九）披露各级经销商的数量、销售金额、区域布局；披露二级经销商的选取标准、是否为买断式销售、定价机制、信用政策、物流及退换货政策、具体付款方式，公司开发和维护二级经销商的原因和商业合理性，二级经销商在报告期各期为公司带来的收入及占比，报告期各期二级经销商的进入及退出数量、存续数量，是否存在个人经销商及个人经销商的数量、销售占比情况，要求其通过一级经销商进行采购的原因及商业合理性，一级经销商和二级经销商的价差情况

发行人已在公开发行说明书“第五节　业务和技术”之“一、发行人主营业务主要产品或服务情况”之“（二）主要经营模式”中补充披露如下：

1. 各级经销商数量、销售收入和分布情况

报告期内，发行人各级经销商的数量和销售金额（含税）情况具体如表2－140所示：

表2－140　发行人各级经销商的数量和销售金额（含税）情况

单位：家，万元

经销商分类	2019年度		2018年度		2017年度	
	数量	一级销售收入或二级分销金额	数量	一级销售收入或二级分销金额	数量	一级销售收入或二级分销金额
一级经销商	383	13,048.98	326	8906.90	287	9377.04
二级经销商	258	6341.33	210	3503.71	222	6440.64

报告期内，发行人各级经销商的区域分布情况具体如表2－141所示：

表2－141　发行人各级经销商的区域分布情况

单位：家

区域	2019年度		2018年度		2017年度	
	一级经销商	二级经销商	一级经销商	二级经销商	一级经销商	二级经销商
东北大区	47	14	42	4	46	13
华北大区	94	68	77	48	80	45
华东大区	73	13	63	15	47	23
华南大区	58	48	46	50	41	47
华中大区	33	46	33	36	27	36
西北大区	20	24	17	27	14	23

续表

区域	2019 年度		2018 年度		2017 年度	
	一级经销商	二级经销商	一级经销商	二级经销商	一级经销商	二级经销商
西南大区	58	45	48	30	32	35
合计	383	258	326	210	287	222

报告期内，发行人新增经销商情况具体如表 2－142 所示：

表 2－142　发行人新增经销商情况

单位：家

经销商分类	2019 年度	2018 年度	2017 年度
一级经销商	12	33	6
协议二级经销商	116	55	46

截至本问询函回复出具之日，发行人报告期内新增经销商注销情况具体如表 2－143 所示：

表 2－143　发行人报告期内新增经销商注销情况

单位：万元

序号	经销商名称	注册时间	注销时间	经销商层级	分销金额		
					2019 年度	2018 年度	2017 年度
1	重庆善雨医药科技有限公司	2015－1－28	2020－6－1	二级	—	11,880.00	—

除上述经销商外，不存在其他报告期内新增经销商注销的情况。

报告期内，发行人经销商退出的原因具体如下：

（1）一级经销商退出原因主要是发行人从客户规模、客户网络覆盖、回款能力等方面进行综合考评后淘汰；

（2）二级经销商退出原因主要是发行人从终端销售网络覆盖以及分销能力等方面综合考评后淘汰。

报告期内，退出的经销商若存在存货，则会继续销售至售完为止。报告期内，不存在退出经销商将存货退还给发行人的情况，退出经销商的存货处置不存在违法违规的情况。

2. 二级经销商的选取标准

发行人经销商分为一级经销商和二级经销商。发行人选择二级经销商，主要考虑其在区域市场的开发和销售能力，选取的标准有如下几点：(1)在当地具有一定的影响力，在同行业中的业绩位居前列，在同行业中的口碑良好；(2)与当地的连锁、单体药店以及第三终端均有业务合作；(3)对当地偏远地区的药店以及第三终端都具备配送能力；(4)有较强终端销售能力的团队；(5)业务人员熟知发行人产品信息，执行力强，能够高度配合发行人的销售活动；(6)具有较强的资金实力。

3. 二级经销商的业务合作方式及原因

发行人不直接和二级经销商发生销售业务，二级经销商从一级经销商进货并向其付款。公司每年度会与一级经销商和自己开发和维护的二级经销商签订年度的《购销协议书》,《购销协议书》赋予经销商指定药品在协议区域内的经销权，并对供货价格、销售价格、经销商销售任务、销售期限、付款方式、结算方式和返利方式等双方权利义务作出约定。发生实际供货需求时，由一级经销商和公司签订订单，对本批次供货的药品名称、数量、规格、价格和结算方式及期限作出明确约定，公司按订单约定供货并取得相关价款。

公司直接与一级经销商签署具体业务合同，由一级经销商预付款，公司向其发货，开具发票。对于公司负责开发和维护的二级经销商，由其与一级经销商签订购货合同和支付款项，其付款不与一级经销商给公司的付款挂钩。发行人要求二级经销商通过一级经销商进行采购主要是因为二级经销商不具备向发行人支付预付款的资金实力，不符合发行人在经销模式下的销售政策。因此，发行人要求二级经销商向一级经销商进行采购具有合理性。

发行人仅向一级经销商发货，不直接向二级经销商发货，因此不涉及和二级经销商的物流及退换货政策。

二级经销商多数为地市级、县级的商业公司，有自己稳定的终端零售客户及诊所客户，在所在地信誉较好，覆盖能力较强。通过开发和维护二级经销商，发行人能够利用二级经销商在当地的良好资源，把产品快速、准确地覆盖到当地的目标客户。

4. 协议二级经销商收入及占比情况

报告期内，协议二级经销商分销金额(含税)及占比情况具体如表 2 - 144 所示：

表 2－144　协议二级经销商分销金额(含税)及占比情况

单位:万元,%

项目	2019 年	2018 年	2017 年
协议二级经销商分销金额	6341.33	3503.71	6440.64
经销模式收入	13,048.98	8906.90	9377.04
协议二级经销商分销金额占经销模式收入比	48.60	39.34	68.69

5. 二级经销商的进入及退出数量、存续数量

报告期内,发行人二级经销商的进入、退出、存续情况具体如表 2－145 所示:

表 2－145　发行人二级经销商的进入、退出、存续情况

单位:家

项目	2019 年度			2018 年度			2017 年
	进入	退出	存续	进入	退出	存续	存续
二级经销商数量	116	68	258	55	67	210	222

6. 一级经销商和二级经销商的价差

经销模式执行发行人统一定价,一级经销商向公司购进价格为 38.7 元/盒,二级经销商向一级经销商购进价格为 39.5 元/盒,终端客户向二级经销商购进价格为 41.5 元/盒,终端客户零售价为 49.9 元/盒。

7. 个人经销商

报告期内,发行人不存在个人经销商。

(十)发行人经销商管理相关内控是否健全并有效执行,是否存在对经销商向最终客户销售过程合法合规性的管理措施,是否存在信息管理系统查看经销商销售情况,如有请披露具体内容;终端消费的产品质量安全管控措施,与经销商之间产品安全责任划分情况,经销商在经营过程中是否存在不正当竞争等违法违规的情形

1. 经销商管理相关的内控制度

公司制定《营销中心经销商管理制度》对经销商进行管理。由营销中心负责对经销商的开发、筛选、认定和谈判,制定完善经销商档案,制定和执行公司产品的价格政策,负责各个区域市场经销商销售支持和经销商维护、管理、控制。营销中心每年对经销商制定销售指标,并在合同中明确。发行人经销商管理相关的内控制度健全且有效执行。

2. 经销商最终销售情况

发行人会在和经销商签订的《购销协议书》中约定销售区域并明确约定了流向管理措施，具体如下：

（1）经销商应当严格按照协议规定区域销售发行人的产品，超越销售区域的任何形式的销售行为均是严重违约行为。

（2）经销商提供网上平台，供发行人自行查询或每月 5 日前以电子邮件的形式将产品进、销、存情况及流向表清晰准确地发往发行人邮箱，经销商应予以配合，如果超过上述期限不提供流向表和进销存表，发行人有权暂缓履行合约。

（3）关于冲货及处理方式

①如经销商以不低于双方共同约定的出货价销售产品，但不在规定区域，此部分将扣除奖励，计入被窜货区域。

②如经销商以低价倾销非规定区域，违反一次发行人书面警告，并扣除年终奖励的一半。如一年内违反两次发行人有权终止合作并取消全部奖励。

目前，发行人能够通过网络方式查看产品流向的经销商具体如表 2－146 所示：

表 2－146　发行人能够通过网络方式查看产品流向的经销商

序号	客户名称	网址
1	国药控股徐州有限公司	wwwl. sinop××××－xz. com/WMDefault. aspx
2	河南九州通医药有限公司	http://219. 139. ××××231:3320/
3	江苏九州通医药有限公司	http://219. 139. ××××231:3320/
4	江苏澳洋医药物流有限公司	LX. ay××××. com
5	南京医药徐州恩华有限公司	www. e××××. com
6	广东九州通医药有限公司	http://219. 139. ××××231:3320/
7	浙江九州通医药有限公司	http://219. 139. ××××231:3320/
8	浙江海派医药有限公司	www. zj××××. com
9	福建九州通医药有限公司	http://219. 139. ××××231:3320/
10	国药控股国大药房内蒙古有限公司	http://222. 74. ××××213: 8088/ModulePlugin/RightManager/PageUI/login. html
11	内蒙古九州通医药有限公司	http://219. 139. ××××231:3320/
12	安徽九州通医药有限公司	http://219. 139. ××××231:3320/
13	国药控股安徽华宁医药有限公司	http://hn××××. com/
14	合肥曼迪新药业有限责任公司	www. sinamedi××××. com/mdx/cn/index. aspx
15	内蒙古凯蒙药品经销有限责任公司	http://nmgkmyy. ××××. io:50417/

续表

序号	客户名称	网址
16	内蒙古仁和堂医药连锁有限公司	www. nm××××. com:8080/
17	赤峰人川大药房连锁有限公司	http://58.18. ××××163:8071
18	赤峰九州通医药有限公司	http://219.139. ××××231:3320
19	内蒙古泽强医药有限公司	http://srm. lbxd××××. com:6066/srm
20	内蒙古惠丰堂医药有限公司	www. hf××××. com:1010/hreport - manager/login/
21	徐州恩华统一医药连锁销售有限公司	http://58.218. ××××70:88/
22	徐州淮海药业有限公司	http://222.187. ××××0:8088/vendor - hhyy/login
23	华润新龙(北京)医药有限公司	http://61.183. ××××78:8090/
24	北京九州通医药有限公司	http://219.139. ××××231:3320
25	陕西现代医药有限公司	www. xdy××××. com
26	陕西九州通医药有限公司	www. sx××××. com
27	云南佳能达医药有限公司	http://183.224.7××××:8060/lxsystem/
28	四川九州通医药有限公司	http://219.139. ××××231:3320/
29	湖北九州通医药有限公司	http://219.139. ××××231:3320/

3. 终端消费的产品质量安全管控措施

发行人终端消费的产品质量安全管控措施主要包括:

(1)依据国家标准或高于国家标准的企业内控标准对终端销售产品的全部生命周期的质量监控检验,包括原料的入库检验、中间过程监控及中间体检验、成品全项厂检报告等。

(2)质量授权人审核放行。

(3)阶段性的省检,确认厂家报告的准确性及产品的稳定性。

(4)上市产品稳定性跟踪及留样观察。

(5)严格审核经销商的仓储、配送、运输等硬件条件和资质,能够保证产品销售过程中的质量安全。

(6)收集药品不良反应并跟踪,并及时修订说明书中不良反应、禁忌、注意事项等安全性信息,对产品安全进行全面管控。

4. 与经销商之间的安全责任划分

发行人与经销商之间产品安全责任划分具体如下:

(1)发行人作为药品上市许可人对药品质量安全全面负责。

(2)经销商对药品在采购、储存、销售、运输等流通环节的质量负责。

5. 不正当竞争

发行人制定《营销中心经销商管理制度》对经销商的市场秩序进行管理。根据《营销中心经销商管理制度》,经销商有维护市场秩序的义务,不得超出授权范围销售,严禁以任何手段窜货销售及一切变相扰乱市场销售的行为。如查实,公司视其情节轻重,有权采取终止供货、没收货款、没收保证金、取消经销资格等权利。经销商严禁销售假货,一经发现,立即终止合同,并追究其法律责任。发行人经销商在销售发行人产品过程中不存在不正当竞争的情况。

(十一)披露对经销商的年度业绩考核指标,是否存在与业绩挂钩的奖励约定,业绩指标是否符合实际情况,对经销商返利的具体实施方法、途径,为现金还是实物返利,相关返利政策和处理方式是否符合行业惯例

1. 对经销商的年度业绩考核指标

公司于每年与经销商签订的《购销协议书》中约定经销商年度业绩考核指标,考核内容包括年度销量、终端开发情况等,经销商须缴纳一定数量市场保证金,以承诺完成当年度业绩考核指标。

具体执行过程中,经销商如无法完成约定销售任务量或无法完成终端开发任务,公司将调整经销商考核指标并有权终止与相关经销商合作。

2. 存在与业绩挂钩的奖励约定,业绩指标符合实际情况

(1)存在与业绩挂钩的奖励约定

公司向一级经销商支付的返利金额,与当年度向一级经销商销售金额相关,除销售金额外,还与一级经销商回款方式相关。其中,一级经销商以银行转账方式回款的部分,按5.5%计算返利金额;以银行承兑汇票方式回款的部分,按3%计算返利金额。

公司向二级经销商支付的返利金额,与当年度二级经销商自一级经销商提货金额相关,按照二级经销商自一级经销商提货金额的3%计算返利金额。

(2)业绩指标符合实际情况

公司对经销商业绩考核指标存在动态调整机制,各期制定业绩指标符合实际情况。

对于长期合作经销商客户,一般基于上年度实际任务完成情况上调30%制定次年度销售任务;对于新增经销商客户,将同时参考本区域上年度总体达成销量情况及本年度销售任务在经销商间进行任务匹配。

如部分经销商客户多次未完成年度约定任务量,公司将采取相应惩罚措施。

3. 对经销商返利的具体实施方法、途径，为现金还是实物返利，相关返利政策和处理方式是否符合行业惯例

（1）对经销商返利的具体实施方法、途径

公司各期末根据经销商当年度销售任务完成情况测算当年应返利金额，在次年向供应商发货时以商业折扣形式支付返利，相关返利金额直接扣减次年对经销商的供货价格。

（2）相关返利政策和处理方式符合行业惯例

同行业上市公司主要采取商业折扣和销售折让形式给予经销商返利，具体情况如表 2－147 所示：

表 2－147　同行业返利政策和会计处理方式

公司名称	返利具体政策	会计处理方式
贵州百灵（002424）	在商业调拨和 OTC 销售模式下，公司根据经销商销售任务的完成情况及其他市场表现，按照一定比例给予经销商一定的销售佣金和奖励	以商业折扣方式支付时，发行人在经销商提货时支付该等款项，因为经销商提货时降低了对经销商的供货价，商业折扣体现在发行人开具的同一张增值税专用发票上，相应地减少了实际支付期的营业收入，因此在账务上不作处理
凯普生物（300639）	发行人给予部分优质经销商一定的销售激励。根据发行人与经销商的合同约定，在经销商完成年度销售任务后，发行人根据经销商的年度销售总金额，给予一定的返利	返利通过价格折让的方式，在下一经销年度兑现
辰欣药业（603367）	根据经销商的资质、实力等具体情况，约定合同期限内（一般是一年）不同的销售目标，并按照相应的销售目标确定药品采购的优惠折扣、信用账期等优惠条件	对于以商业折扣方式给予的优惠，不计入销售价款，根据商业折扣后的销售金额确认收入
普利制药（300630）	公司对符合条件的经销商可以协议返利的形式对其进行激励，其中协议返利采用销售折让形式，即在每个考核期间的最后一次开具发票的销售额中扣除应返利金额	协议返利采用销售折让形式，即在每个考核期间的最后一次开具发票的销售额中扣除应返利金额

报告期内，公司采取商业折扣方式向客户支付返利，会计处理符合行业惯例。

（十二）说明前十大经销商的存货进销存情况、退换货情况及主要客户情况，经销商所购产品是否实现终端客户销售

由于发行人能够取得经销复方醋酸氟轻松酊的经销商的进销存数据，且复方醋酸氟轻松酊的销售收入占报告期各期经销模式营业收入的60%以上。以下前十大经销商的统计口径为复方醋酸氟轻松酊单品的前十大经销商。

1. 前十大经销商存货进销存情况

（1）前十大经销商存货进销存情况

报告期内，发行人前十大经销商购入的公司产品存货进销存情况具体如表2－148所示：

表2－148　发行人前十大经销商购入的公司产品存货进销存情况

单位：盒

序号	经销商名称	期初库存	本期购进	本期售出	期末库存
2019年					
1	石药集团河北中诚医药有限公司	8200	318,098	273,807	44,133
2	西安市新龙药业有限公司	23,217	308,403	250,598	74,184
3	云南腾瑞医药有限公司	35,640	177,969	118,230	76,000
4	广西陈氏药业有限责任公司	19,189	199,474	175,254	44,001
5	河北顺泽医药有限公司	41,780	165,625	109,345	68,315
6	广东九州通医药有限公司	25,690	158,044	174,047	342
7	重庆九州通医药有限公司	49,062	122,343	122,573	57,439
8	华润湖南双舟医药有限公司	178	133,637	114,532	26,594
9	华润新龙（广东）医药有限公司	38,200	90,000	106,525	28,698
10	安徽九州通医药有限公司	23,732	101,691	85,885	57,612
2018年					
1	西安市新龙药业有限公司	38,901	190,318	161,869	23,217
2	重庆九州通医药有限公司	39,347	144,509	116,402	49,062
3	四川九州通医药有限公司（四川中核九州通医药有限公司）	28,663	120,008	114,263	92,412
4	广东九州通医药有限公司	102,571	137,378	198,351	25,690
5	山西九州通医药有限公司	6839	106,610	46,684	12,947
6	深圳市康之源医药有限公司	0	90,400	73,489	16,911
7	四川金仁医药集团有限公司	1000	80,006	55,354	69,043

续表

序号	经销商名称	期初库存	本期购进	本期售出	期末库存
8	河北顺泽医药有限公司	7725	94,125	105,507	41,780
9	湖南九州通医药有限公司	23,571	80,386	71,415	28,312
10	石药集团河北中诚医药有限公司	87,014	66,400	145,205	8200
2017 年					
1	广东九州通医药有限公司	161,568	385,318	390,601	102,571
2	重庆九州通医药有限公司	74,948	313,469	292,402	39,347
3	北京九州通医药有限公司	114,904	292,447	331,435	53,577
4	云南腾瑞医药有限公司	60,336	207,364	203,645	49,831
5	湖南五田医药有限公司	26,600	202,529	206,662	22,048
6	石药集团河北中诚医药有限公司	66,200	188,240	174,399	87,014
7	西安市新龙药业有限公司	15,026	151,220	151,985	38,901
8	安徽华源医药集团股份有限公司	57,280	160,097	161,760	68,997
9	九州通医药集团股份有限公司	76,121	127,422	208,063	64,817
10	重庆鹏英医药有限公司	17,699	102,800	106,250	26,528

注：为根据经销商提供的产品流向整理所得的经销商进销存数据与发行人销售数存在一定差异。

(2)前十大协议二级经销商存货进销存情况(见表2-149)

表2-149　前十大协议二级经销商存货进销存情况

单位：盒

序号	协议二级经销商名称	期初库存	本期购进	本期售出	期末库存
2019 年度					
1	保定中诚汇达医药贸易有限公司	—	87,300	54,136	28,925
2	石家庄市藁城区医药药材公司新特药中心	—	46,292	41,784	3800
3	九州通医药集团重庆万州有限公司	—	36,053	10,209	3191
4	河北恒泰医药有限责任公司	8562	31,982	25,419	200
5	南宁华御堂医药有限责任公司	—	31,290	20,771	218
6	广东振群药业有限公司	3798	25,981	28,253	596
7	安阳恒峰医药有限公司	8000	30,000	52,827	5100
8	河北康悦药业有限公司	1000	26,148	25,546	4600
9	河北华越医药进出口有限责任公司	1000	23,383	13,513	9

续表

序号	协议二级经销商名称	期初库存	本期购进	本期售出	期末库存
10	广东创美药业有限公司	19,821	22,316	38,386	—
2018 年度					
1	华润新龙(广东)医药有限公司	15,000	67,762	48,268	38,200
2	河北悦康志德医药贸易有限公司	3000	49,798	22,379	1600
3	河北恒泰医药有限责任公司	1000	38,598	27,338	8562
4	广东创美药业有限公司	8000	34,200	29,105	19,821
5	河北金天燕霄医药有限公司	400	32,797	14,262	17,905
6	四川合纵医药股份有限公司	4210	55,796	41,010	20,000
7	陕西医药控股集团派昂医药有限责任公司	18,220	43,106	68,693	5467
8	太原市田东药业有限公司	3061	43,800	21,666	20,262
9	北京悦康志德医药贸易有限公司	16,000	34,595	29,096	20,203
10	陕西医药控股集团兴庆医药有限公司	4610	20,444	28,189	1574
2017 年度					
1	四川九州通医药有限公司	5813	209,448	186,995	28,663
2	河北悦康志德医药贸易有限公司	16,000	126,800	148,797	3000
3	陕西医药控股集团派昂医药有限责任公司	8355	104,000	94,144	18,220
4	华润新龙(广东)医药有限公司	3100	99,944	96,054	15,000
5	保定中诚汇达医药贸易有限公司	7156	76,396	91,958	3000
6	河北兰海医药有限公司	10,150	73,000	81,049	1600
7	广东创美药业有限公司(佛山创美药业有限公司)	—	68,000	65,521	8000
8	河北金天燕霄医药有限公司	4645	58,399	62,805	400
9	太原市田东药业有限公司	7000	41,200	46,059	3061
10	广东振群药业有限公司	—	40,984	41,431	376

注:根据经销商提供的产品流向整理所得的经销商进销存数据与发行人销售数量存在一定差异,截至本问询函回复出具之日,发行人协议二级经销商报告期内购入的发行人产品均已实现最终销售,发行人协议二级经销商和一级经销商之间为买断式销售,不存在压货的情形。

2. 前十大经销商退换货情况

报告期内,发行人前十大经销商购入的公司产品退换货情况具体如表 2-150 所示:

表 2-150　前十大经销商退换货情况

单位:万元

序号	经销商名称	销售收入(不含税)	退换货金额(不含税)
2019 年度			
1	石药集团河北中诚医药有限公司	975.24	—
2	西安市新龙药业有限公司	788.73	6.89
3	云南腾瑞医药有限公司	519.83	2.22
4	广西陈氏药业有限责任公司	474.20	1.32
5	河北顺泽医药有限公司	443.10	0.39
6	广东九州通医药有限公司	402.62	0.01
7	重庆九州通医药有限公司	390.73	1.03
8	华润湖南双舟医药有限公司	338.38	—
9	华润新龙(广东)医药有限公司	308.23	—
10	安徽九州通医药有限公司	292.02	—
合计		4933.08	11.86
2018 年度			
1	西安市新龙药业有限公司	334.79	—
2	重庆九州通医药有限公司	323.65	0.07
3	四川中核九州通医药有限公司	307.24	—
4	广东九州通医药有限公司	297.27	0.04
5	山西九州通医药有限公司	255.44	—
6	深圳市康之源医药有限公司	231.11	—
7	四川金仁医药集团有限公司	205.54	—
8	河北顺泽医药有限公司	200.92	—
9	湖南九州通医药有限公司	191.61	—
10	石药集团河北中诚医药有限公司	169.90	—
合计		2517.46	0.11
2017 年度			
1	广东九州通医药有限公司	607.45	—
2	重庆九州通医药有限公司	537.54	—
3	北京九州通医药有限公司	481.37	—

续表

序号	经销商名称	销售收入(不含税)	退换货金额(不含税)
4	云南腾瑞医药有限公司	368.29	—
5	湖南五田医药有限公司	321.11	—
6	石药集团河北中诚医药有限公司	308.11	—
7	西安市新龙药业有限公司	248.72	—
8	安徽华源医药集团股份有限公司	225.16	—
9	九州通医药集团股份有限公司	183.80	—
10	重庆鹏英医药有限公司	177.52	—
合计		3459.07	—

3. 前十大经销商主要客户(见表2-151)

表2-151 前十大经销商主要客户

序号	一级经销商名称	售出对应的二级经销商名称	数量/盒
2019年度			
1	石药集团河北中诚医药有限公司	保定中诚汇达医药贸易有限公司	86,400
		石家庄市藁城区医药药材公司新特药中心	26,292
		河北康悦药业有限公司	26,148
		河北华越医药进出口有限责任公司	22,199
		石家庄藁城新药特药有限公司	20,000
2	西安市新龙药业有限公司	陕西医药控股集团派昂医药有限责任公司	45,190
		陕西医药控股集团兴庆医药有限公司	30,195
		陕西现代医药有限公司	19,791
		陕西新丝路医药有限公司	13,994
		陕西九州通医药有限公司	13,620
3	云南腾瑞医药有限公司	云南同丰医药有限公司	33,002
		云南国药控股东昌医药有限公司	27,679
		昆明三汇通医药有限公司	12,850
		昆明云中药业有限责任公司	8521
		云南博泰药业有限公司	7587

续表

序号	一级经销商名称	售出对应的二级经销商名称	数量/盒
4	广西陈氏药业有限责任公司	南宁华御堂医药有限责任公司	31,290
		广西东龙世纪医药有限公司	21,796
		广西太华医药有限责任公司	14,427
		广西明合药业有限责任公司	9223
		广西梧州市杰迅医药有限公司	8282
5	河北顺泽医药有限公司	衡水新药经营有限公司	9800
		河北冀北医药物流有限公司	9778
		石家庄莱悦医药贸易有限责任公司	8980
		河北悦康志德医药贸易有限公司	8217
		邯郸市新博源医药有限公司	7832
6	广东九州通医药有限公司	广东康爱多连锁药店有限公司	13,000
		广东帝豪药业有限公司	11,600
		深圳市康之源医药有限公司	8000
		广东创美药业有限公司	6200
		广东振群药业有限公司	5999
7	重庆九州通医药有限公司	九州通医药集团重庆万州有限公司	36,053
		贵州九州通达医药有限公司	20,000
		重庆市华烨药业有限公司	14,600
		重庆万鑫药业有限公司	4400
		重庆市全兴药品有限公司	3200
8	华润湖南双舟医药有限公司	湖南益丰医药有限公司	19,998
		湖南和盛医药有限公司	13,600
		湖南怀仁药业有限公司	11,100
		华润湖南医药有限公司	7200
		湖南千金大药房连锁有限公司	5600
9	华润新龙（广东）医药有限公司	广东振群药业有限公司	19,982
		广东创美药业有限公司	16,116
		广东东健医药有限公司	15,200
		广东康爱多连锁药店有限公司	6000
		广东帝豪药业有限公司	4000
10	重庆九州通医药有限公司	九州通医药集团重庆万州有限公司	36,053

续表

序号	一级经销商名称	售出对应的二级经销商名称	数量/盒
2018 年度			
1	西安市新龙药业有限公司	陕西医药控股集团派昂医药有限责任公司	56,000
		陕西现代医药有限公司	16,000
		陕西医药控股集团兴庆医药有限公司	14,395
		陕西九州通康欣医药有限公司	11,366
		陕西兴庆医药有限公司	6881
2	重庆九州通医药有限公司	贵州九州通达医药有限公司	51,996
		重庆九州通医药有限公司万州分公司	17,135
		重庆普健医药有限公司	10,164
		重庆海斛医药有限公司	4400
		重庆乾元医药有限公司	900
3	四川九州通医药有限公司	四川合纵医药股份有限公司	35,796
		四川本草堂药业有限公司	20,000
		四川合纵药易购医药股份有限公司	20,000
		成都西部医药经营有限公司	16,000
		四川粤通医药有限公司	5195
4	广东九州通医药有限公司	华润新龙(广东)医药有限公司	67,786
		广东创美药业有限公司	16,198
		普宁市立丰药业有限公司	11,000
		康泽药业连锁有限公司	9630
		创美药业股份有限公司	7800
5	山西九州通医药有限公司	太原市田东药业有限公司	48,400
		大同市振东仁和医药有限公司	31,600
		山西国邦药业有限公司	10,600
		山西福源药业有限责任公司	6000
		华润新龙(山西)医药有限公司	5400
6	深圳市康之源医药有限公司	广东创美药业有限公司	28,000
		深圳市润泽堂药业连锁有限公司	4100
		普宁市佰利源药业有限公司	1000
		深圳市致健医药有限公司	800
		深圳市瑞草堂药业有限公司	400

续表

序号	一级经销商名称	售出对应的二级经销商名称	数量/盒
7	四川金仁医药集团有限公司	四川龙一医药有限公司	6000
		四川本草堂药业有限公司	2000
		四川金利医药贸易有限公司	2000
		云南同丰医药有限公司	1000
		四川粤通医药有限公司	600
8	河北顺泽医药有限公司	衡水新药经营有限公司	31,600
		河北悦康志德医药贸易有限公司	9200
		石家庄莱悦医药贸易有限责任公司	6000
		河北冀北医药物流有限公司	4800
		河北兰海医药有限公司	3600
9	湖南九州通医药有限公司	华润湖南双舟医药有限公司	16,000
		华润湖南医药有限公司	11,998
		湖南鑫和医药有限责任公司	7800
		国药控股长沙有限公司	6780
		湖南九芝堂医药有限公司	5400
10	石药集团河北中诚医药有限公司	保定中诚汇达医药贸易有限公司	35,999
		河北金天燕霄医药有限公司	32,798
		河北恒泰医药有限责任公司	24,600
		河北神农医药药材有限公司	24,000
		河北康悦药业有限公司	13,600
2017 年度			
1	广东九州通医药有限公司	华润新龙(广东)医药有限公司	99,944
		广东创美药业有限公司	42,000
		普宁市立丰药业有限公司	15,994
		东莞市朝阳药业有限公司	7199
		揭阳宏洲药业有限公司	6800
2	重庆九州通医药有限公司	四川九州通医药有限公司	179,463
		重庆九州通医药有限公司万州分公司	23,800
		贵州九州通达医药有限公司	21,996
		贵州鼎圣药业有限公司	10,000
		贵州康心药业有限公司	6998

续表

序号	一级经销商名称	售出对应的二级经销商名称	数量/盒
3	北京九州通医药有限公司	河北悦康志德医药贸易有限公司	126,800
		河北兰海医药有限公司	29,800
		北京悦康志德医药贸易有限公司	25,249
		河北冀北医药物流有限公司	16,000
		保定中诚汇达医药贸易有限公司	13,999
4	云南腾瑞医药有限公司	云南鸿翔一心堂药业(集团)股份有限公司	82,471
		云南东昌医药股份有限公司	25,374
		云南博泰药业有限公司	23,591
		云南同丰医药有限公司	16,765
		云南佳能达医药有限公司	14,594
5	湖南五田医药有限公司	华润湖南医药有限公司	22,199
		华润湖南双舟医药有限公司	21,997
		湖南康恩特医药有限公司	20,400
		湖南益丰医药有限公司	19,400
		湖南天士力民生药业有限公司	16,000
6	石药集团河北中诚医药有限公司	河北金天燕霄医药有限公司	52,400
		保定中诚汇达医药贸易有限公司	42,797
		河北康悦药业有限公司	37,998
		河北华越医药进出口有限责任公司	8400
		河北众信医药有限公司	8200
7	西安市新龙药业有限公司	陕西医药控股集团派昂医药有限责任公司	98,000
		西安华协医药有限责任公司	13,010
		陕西兴庆医药有限公司	15,000
		陕西现代医药有限公司	14,000
		陕西康欣医药有限公司	9005
8	安徽华源医药集团股份有限公司	安徽省蚌埠安泰医药股份有限公司	8000
		淮南市恒康医药有限公司	6000
		安徽省宣城市医药有限公司	2000
		合肥曼迪新药业有限责任公司	2000

续表

序号	一级经销商名称	售出对应的二级经销商名称	数量/盒
9	九州通医药集团股份有限公司	湖北百惠医药有限公司	9000
		宜昌市康鑫医药经销有限公司	6600
		湖北格林药业有限公司	4800
		湖北金缔药业有限公司	3200
		湖北康辉医药有限公司	2945
10	重庆鹏英医药有限公司	重庆医药集团科渝药品有限公司	36,600
		国药控股重庆有限公司	26,531
		重庆乾元医药有限公司	13,372
		国药控股重庆万州有限公司	8200
		重庆市乾元医药有限公司	3600

发行人经销商报告期内所购商品均已实现最终销售。

（十三）说明发行人《营销中心经销商管理制度》的主要内容，对经销商的选取标准、资质要求、选取过程、每年经销商销售指标的制定原则、信用政策，说明对一级、二级经销商认定标准和管理要求上的具体差异，是否与发行人存在关联关系，是否存在对经销商经销地域范围的限制，是否为独家经销，是否存在不同层级经销商互相转售的情形，经销商在经营过程中是否存在不正当竞争等违法违规的情形，是否存在三级经销商，如存在，说明相关销售和管理机制

1.《营销中心经销商管理制度》的主要内容

发行人《营销中心经销商管理制度》对经销商的选取标准、资质要求、选取过程、销售区域、销售任务管理、价格体系管理、市场秩序管理等均作出了明确规定，具体如下：

（1）经销商筛选及认定流程

①硬件

A. 资质齐全，有独立办公场所。

B. 资金充足，能够保证市场正常运转和业务拓展的需求。

C. 销售网络健全且相对稳定，并具备良好的社会资源和公共关系。

D. 有自己的配送体系，车辆配置能够满足市场开发及销售配送需要，能够保证市场营销活动正常开展。

E. 拥有直营团队，人员稳定综合素质高，具有一定的忠诚度。

F. 仓储设施齐全，能够满足大唐药业产品的正常库存要求及市场周转。

②软件

A. 认同大唐药业市场经营理念、市场营销模式。严格遵守大唐药业市场价格策略以及市场管理制度。

B. 对于经营大唐产品有很高的积极性和忠诚度,能够亲自参与市场营销和管理。

C. 诚信合法经营。

D. 能够积极主动走访市场,主动为客户服务。送货及时、服务周到。

E. 具备区域内有效控制主要终端市场的能力,并能够积极主动去开拓市场。

F. 具有一定的社会关系资源。

(2)流程

经销商申请—区域负责人审核(调研、现场考察、筛选)—事业部负责人审核—客服部经理审核—营销总监审核—合同签订—客服部备案、授权。

(3)销售区域

①可销售的区域,以双方协议签订为准。

②如意向协议签订以外区域销售,必须向大唐药业提出正式书面申请(盖公章),并经过评估、审核,办理相关手续后方可执行。

(4)销售任务管理

①营销中心每年对各经销商制定销售指标,并在合同中明确。

②销售任务每年在上年的销售任务上原则上增加 30%,如果不能完成销售任务,公司有权对新增部分进行重新招标,考核标准以当年度签订协议为准。

③定期向公司反馈产品销售信息与市场信息。

④经销商以预付款形式提前申请定货计划并交纳保证金。

(5)价格体系管理

①供货价格必须严格按照公司产品政策执行,特殊情况需营销中心批准后执行。

②经销商终端销售价格不能低于公司规定的最低终端销售价格,如果低于公司规定的价格销售,公司有权采取扣留货款、停止供货、取消经销资格、罚款等措施。

③经销商参与投标的,投标价格不能低于公司规定的最低中标价,如果低于公司规定的价格销售,公司有权采取扣留货款、取消经销资格、罚款、没收保证金等措施。

(6)市场秩序管理

①窜货管理。经销商有维护市场秩序的义务,不得超出授权范围销售,严禁以任何手段窜货销售及一切变相扰乱市场销售的行为。如查实,公司视其情节轻重,有权采取终止供货、没收货款、没收保证金、取消经销资格等权利。

②经销商严禁销售假货,一经发现,立即终止合同,并追究其法律责任。

③非质量问题,概不退货。

④经销商分级管理,参照营销中心销售政策。

(7)宣传推广

①经销商自行进行产品宣传,须将产品宣传策划方案、宣传途径、宣传产品等报公司审批,经公司同意后方可进行宣传,同时相关宣传资料须报公司备案管理。

②宣传内容真实、诚信,不得擅自夸大。

③可选用公司统一的宣传资料进行产品宣传。

(8)经销商的日常管理

①公司对经销商进行业务指导,跟踪协助各项业务的开展。

②在与经销商的沟通过程中,应全面收集信息与意见,了解经销商的运营情况和市场开发情况,并协助经销商做好销售分析。

③相关负责人应及时、准确传达公司销售政策、策划方案和产品信息,并做好解释工作,确保经销商准确理解,积极配合。

④监督经销商严格履行与公司签订的各项合同,合理分解年度销售任务,并确保按预定任务完成。

⑤对经销商进行业务培训,以便高质量完成公司各项销售任务。

⑥建立经销商档案,并进行管理。

⑦订单、发货、付款等日常工作均严格按照公司业务流程执行。

2. 发行人经销商相关管理机制

(1)销售指标的制定

公司对经销商业绩考核指标存在动态调整机制,对于长期合作经销商客户,一般基于上年度实际任务完成情况上调30%制定次年度销售任务;对于新增经销商客户,将同时参考本区域上年度总体达成销量情况及本年度销售任务在经销商间进行任务匹配。

如部分经销商客户多次未完成年度约定任务量,公司将采取相应惩罚措施。

(2)信用政策

根据公司直接与一级经销商签署的业务合同,一级经销商向发行人预付款,发行人向其发货并开具发票。对于公司负责开发和维护的二级经销商,由其与一级经销商签订购货合同和支付款项,其付款不与一级经销商给公司的付款挂钩。

(3)一级、二级经销商认定标准和管理要求上的差异

一级经销商为向公司直接回款的客户;二级经销商不与公司发生直接交易,而是与一级经销商签订购货合同并支付款项。在经销商认定标准上,发行人更加关注一级经销商的资金实力和付款能力,更加关注二级经销商在当地市场的推广和营销实力。

(4)关联关系

发行人和其一级、二级经销商之间不存在关联关系。

(5)销售区域限制

根据《营销中心经销商管理制度》的规定,发行人经销商的销售区域,以双方协议签订为准。经销商若意向协议签订以外区域销售,必须向大唐药业提出正式书面申请(盖公章),并经过评估、审核,办理相关手续后方可执行。

发行人经销商均不为独家经销。发行人向一级经销商进行直接销售,二级经销商与一级经销商签订合同由一级经销商向二级经销商供货。二级经销商不向一级经销商转售发行人的产品。

(6)不正当竞争

发行人制定《营销中心经销商管理制度》对经销商的市场秩序进行管理。根据《营销中心经销商管理制度》的规定,经销商有维护市场秩序的义务,不得超出授权范围销售,严禁以任何手段窜货销售及一切变相扰乱市场销售的行为。如查实,公司视其情节轻重,有权采取终止供货、没收货款、没收保证金、取消经销资格等权利。经销商严禁销售假货,一经发现,立即终止合同,并追究其法律责任。

发行人经销商在销售发行产品过程中不存在不正当竞争的情况。

(7)三级经销商

报告期内,发行人不存在自己开发维护的协议三级经销商。

(十四)说明销售模式分类是否合理准确,经销模式产品是否参与学术推广活动,是否通过学术推广活动进行经销拓展,如是,说明相关学术推广活动的成本核算方法,相关会计核算是否准确合理

公司的销售模式主要包括经销模式和学术推广模式。在学术推广模式下,

公司直接销售客户为各医药商业公司,公司与医药商业公司签署协议,价格通过全国招标平台确定,通过医药商业公司配送至医院系统。公司销售过程中的学术推广活动主要由公司聘请的合作服务组织和公司销售团队负责。学术推广模式下,药品销售价格依据中标价格而定,中标价格由各省份通过招投标流程确定。

公司的化学制剂药和部分中成药(如舒筋丸等)主要通过经销模式进行销售,公司的中成药(含民族药)主要通过学术推广模式进行销售,部分中成药(含民族药)存在同时通过经销模式和学术推广模式对外销售的情况。

公司主营业务收入按销售模式分类情况具体如表2－152所示:

表2－152　公司主营业务收入按销售模式分类情况

单位:万元,%

项目	2019年度		2018年度		2017年度	
	金额	占比	金额	占比	金额	占比
经销模式	11,562.21	51.73	7543.48	44.88	8530.59	62.89
学术推广模式	10,790.05	48.27	9264.60	55.12	5033.41	37.11
合计	22,352.26	100.00	16,808.09	100.00	13,564.00	100.00

公司成立了销售团队在全国范围开发经销商(医药商业公司),已初步建立起全国性的经销商渠道,经销商体系的发展壮大使公司经销模式收入保持快速增长,2019年公司经销模式销售收入涨幅约53.27%;同时,公司积极推进学术推广模式,并取得了较好的效果,学术推广模式收入快速增长,2018年、2019年公司学术推广模式收入分别较上年增长84.06%、16.47%。2019年,公司经销模式和学术推广模式销售金额占比分别为51.73%和48.27%。

公司主营业务收入按销售模式分类具有合理性且划分准确。公司经销模式产品不参与学术推广活动,不通过学术推广活动进行经销拓展。

第十节　学术推广开展合规性

关注学术研讨会和拜访活动费用的支付对象,主要是关注是否直接支付给一些人员和机构,从而存在商业贿赂和利益输送。学术研讨会的定价依据和结算方式与同行业可比公司是否存在重大差异。关于推广费的支付对象和最终支付路径,核查可比公司的相关情况,是否存在重大差异。核查发票、合同、结算单等会计凭证资料，核查比例超过 40%；对金额大的推广商实施函证程序，函证确认的比例接近 80%；实地走访和视频访谈的推广服务费的比例接近 70%；对学术研讨会进行分层，然后对不同层级进行抽样调查，同时从参会人员中抽取一名人员进行访谈。

关注发行人跟服务商是不是独立的，发行人是否存在通过服务商向其他单位和个人支付费用的情形。支付对象或最终支付对象是否与报告期内已发生的产品销售的终端客户直接相关；学术研讨会和拜访活动跟客户的销售规模和时间是否存在逻辑关系；发行人及推广服务商是否存在向参会人员或拜访人员直接给付现金或报销的行为，发行人是否存在直接向客户及无商业往来第三方账户汇入资金的情况，是否存在带金销售的行为。关注到发行人内控问题。

典型案例 2 – 10　梓橦宫

梓橦宫主要产品的国内销售主要采用学术推广加配送商模式，即公司或公司委托第三方专业推广机构（以下简称推广机构）通过学术推广向市场介绍公司药品的药理药性、适应证、使用方法、安全性以及相关的学术理论和最新临床研究成果，促进终端医疗机构的认可和购买需求，再通过配送商（医药流通企业）向医院和其他医疗终端机构进行药品的销售配送。

参考核查程序

1. 使用“天眼查”等第三方平台，结合国家企业信用信息公示系统（http:/gsxt. gov. cn/），获取了发行人主要合作推广机构的基本情况及工商情况。

2. 对发行人主要的合作推广机构进行了走访，询问合作历史、运营情况等信息，并获取了《无关联关系声明》。

3. 抽查了发行人与主要合作推广机构签订的合同、付款凭证。

4. 对持有发行人 5% 以上股份的股东、董事、监事、高管进行访谈，取得问核表及说明；并与发行人主要合作推广机构股东情况比对。

5. 获取了发行人董监高主要银行账户的流水情况，提取交易对方姓名并与发行人主要合作推广机构股东情况比对，不存在与推广机构及其股东间大额的异常的资金往来情况。

6. 访谈公司销售负责人，了解学术教育会议的相关情况，重点了解公司相关制度管控情况、年度计划情况和实际会议召开情况等；了解发行人销售费用、费用审批支付相关的内部控制，评价其内部控制制度设计是否合理；对费用支付内部控制执行穿行测试，并对关键控制点进行控制测试，评价发行人费用支付内部控制执行是否有效。

7. 取得市场推广费明细账，查验其具体构成、金额及占比情况，访谈公司销售负责人，了解市场推广费与营业收入的匹配关系并进行分析比对。

8. 对发行人销售费用进行细节测试，核查销售费用发生是否真实；对发行人销售费用进行截止性测试，核查销售费用是否存在跨期的情况。

9. 针对与服务商之间发生的市场推广费，检查市场推广费用台账，结合发行人业务开展情况分析合理性，查看相关的合同并根据合同条款确认其费用归集是否正确，针对市场推广费抽查其费用结算单、会议预算、会议签到表、会议现场照片、推广费资料、差旅费报销单、调研报告、工作总结、工作报告等凭证材料，并检查发票、付款审批流程、银行单据的真实性、合规性；对上述凭证实施抽查的比例为：单笔金额在100万元以上的，全部抽查核验，金额在50万～100万元的，每三笔抽取一笔进行核验，金额在50万元以下的，每十笔抽一笔进行核验，核查的金额占各期市场推广费的比例分别为23.98%、22.82%和25.42%。

10. 对主要的服务商进行走访和函证，并询问合作历史、运营情况等信息，并获取《无关联关系声明》，回函确认的核查对象发生的交易金额占各期市场推广费的比例分别为21.43%、41.22%和53.63%；报告期内，经上述凭证抽查以及函证核查的服务商合计与公司发生的交易金额占各期市场推广费的比例分别为45.21%、70.94%和65.09%。

11. 查验市场推广提供方、支付对象情况，对主要服务提供商进行走访，取得其访谈问卷和其主体相关的资质证照。

12. 取得市场推广费明细账，查验其具体构成、金额及占比情况，访谈公司销售负责人，了解市场推广费与营业收入的匹配关系并进行分析比对。

13. 访谈销售负责人，了解报告期内公司营销实现方式及变化情况，分析公司市场推广费明细账，比对学术教育会议实际召开情况、市场调研与管理费用支出情况，分析学术教育会议费减少、市场调研与管理费增加的原因。

14. 与同行业数据进行比较，分析同行业数据与公司数据之间的可比性。

参考回复思路

一、补充披露主要合作的推广机构的设立时间和规模,发行人与其合作历史,是否存在专门为发行人提供服务而设立或者推广机构主要为发行人服务的情形

公司所处的医药行业是一个对专业性要求很高的行业,且公司主要产品属于处方药,处方药的用药需求除取决于市场容量外,还主要取决于该药品的疗效、安全性和医护人员对该药品的认知程度,需要通过产品临床试验资料、询证医学数据和专业的学术指导来提升产品的市场认可度。基于上述情形,为使产品的疗效、安全性、用法用量、药物经济学特点、创新性等特性为医生、患者了解和熟悉,尽快提高市场认可度,通过各类学术会议活动向市场介绍公司药品是医药行业的通行的惯常做法。

除此之外,为了实现产品的顺利销售,公司还需要通过市场调研了解不同市场的需求以及公司产品在不同区域的销售情况、客户对产品的使用情况和满意程度,以此来决定公司的营销策略。因此,市场信息和商品信息对公司的营销策略有着很重要的作用。为了在市场竞争中获得一定的优势,公司需要及时获取各种市场的信息来对市场开拓和市场竞争作出合适应对。因此公司常年聘请专业机构及相关人员对不同区域的市场情况进行调研,包括该区域的市场需求情况、公司产品及竞争性产品的使用情况、重点医院用药情况、尚未覆盖的空白医院和空白终端机构情况等,并基于市场调研结果进一步制订营销方案和推广策略。

因此,发行人每年都会与推广服务提供商合作在全国各地区开展各种营销推广活动。根据发行人制定的《推广服务提供商管理制度》,发行人推广服务商的选取标准如下:

1. 具有实际办公场地,能够配合公司在当地的业务推广服务,与业务开展地要匹配。推广服务商需具备相适应的注册资本及良好的社会信誉。

2. 熟悉推广服务区域内市场,具备完成服务区域内产品宣传、推广服务,咨询,调研,售前、售中、售后服务等工作的能力。

3. 业务经营范围包含市场调研、咨询服务、产品宣传、广告策划、设计、制作、推广服务、会议代理、会议及展览服务。

4. 有一定的财务及推广服务管理能力,有充足的周转资金。

5. 在推广服务区域内,全力配合公司宣传推广服务产品,策划在当地市场的产品宣传和调研调查等活动。

同时公司对推广服务提供商也制定了管控措施,公司会根据推广服务提供商所提供服务的质量、提交的资料情况以及服务商对公司需求的响应速度和工作效率对其进行评价,不合格的服务商就终止合作。

报告期内,发行人的产品销售遍及全国20多个省市的4000家以上的终端机构,为了便于更直接地了解每个区域的市场实时动态和进行一些空白市场的开发和市场渗透,公司一般选择在拟开展营销推广活动的地区寻找推广服务机构,而非通过少数几个服务商全面负责全国的推广服务。但由于"两票制"正式全面实施的时间是在2017年,加上药品知识专业性强,不同药物之间区别很大,因此,在2017年,全国各地并没有太多资本实力雄厚、经验丰富、模式成熟、能力突出、对各种药品都非常熟悉的推广服务商。有较多的服务商是2017年和2018年才新设立,且有较多的服务商企业性质为私人独资企业或个体工商户,故公司遵从客观规律和现实环境,在可供选择的范围内尽量选择合适的推广服务机构。因此,在2017年至2018年的大部分时间内,公司通过扩大考察和接触范围,和较多的服务商接触,并由公司派出专业人员以专业知识和医药营销经验统筹各地营销推广及调研活动,并对能力较弱的服务商给予指导,根据其能力情况分配给其适当的工作,而服务商则主要通过提供人力、场地、物资和当地人脉资源等协助公司开展相关工作。公司通过合作尝试,在实际合作中考察及鉴别出综合实力较强、服务质量更好的推广服务商,并不断培养服务商的能力,逐渐淘汰不符合要求的推广服务商。随着时间的推移,公司主要合作的推广服务商的服务质量随着其经验的积累在不断提升,其能力也在增强。通过一段时间的沉淀后,公司对推广服务商在之前合作的基础上进行调整和集中,继续合作的推广服务商趋于逐渐稳定。

报告期内,公司向其采购的金额累计总额排在前列且自建立合作关系以后一直和公司保持着良好合作关系的主要推广服务商分别为北京君盛莱康科技有限公司、成都辅益商务服务有限公司、成都欣益顺商务服务有限公司、广西鑫香会务服务有限公司、内江置立企业管理咨询有限公司、内江郎兴企业管理咨询有限公司、内江市策新医药科技有限公司、上海欣南商务咨询中心、上海文西市场营销策划中心和上海云北品牌策划中心。

上述推广服务商的成立时间、规模及与发行人的合作历史如下文所示:

1. 北京君盛莱康科技有限公司,成立于2012年8月15日,注册资金50万元,年营业规模为400万~500万元,发行人与北京君盛莱康科技有限公司于

2017年9月开始建立合作关系。北京君盛莱康科技有限公司的主要业务是会议服务、企业策划、技术服务等，是一家致力于为客户提供会议服务、市场调研和营销策划等服务的公司，其拥有专业的服务团队和良好的资源，具有丰富的会议举办经验和营销咨询、调研服务经验，业务范围覆盖北京、上海和辽宁等省市。

2. 成都辅益商务服务有限公司，成立于2013年9月6日，注册资金5万元，年营业规模为300万~500万元，发行人与成都辅益商务服务有限公司于2017年1月开始建立合作关系。成都辅益商务服务有限公司的主要业务是为医药、健康行业的企业提供咨询服务等，是一家从事医药行业咨询的专业性公司，其拥有专业的服务团队和良好的资源，积累了深厚的行业人脉关系，具有丰富的服务经验，业务范围覆盖西南地区。

3. 成都欣益顺商务服务有限公司，成立于2016年10月14日，注册资金5万元，年营业规模为300万~500万元，发行人与成都欣益顺商务服务有限公司于2017年3月开始建立合作关系。成都欣益顺商务服务有限公司的主要业务是会议及展览展示服务、会议代理和设计制作广告等，其致力于为客户提供会务服务、商务咨询和代理展览等多项服务。该公司拥有专业的服务团队和良好的资源，具有丰富的学术会议举办经验和商业服务经验，业务范围覆盖西南地区。

4. 广西鑫香会务服务有限公司，成立于2017年3月28日，注册资金1008万元，年营业规模为300万~500万元，发行人与广西鑫香会务服务有限公司于2017年7月开始建立合作关系。广西馨香会务服务有限公司是一家为客户提供会务服务和商务咨询的公司，其拥有专业的服务团队和良好的资源，具有丰富的学术会议举办经验和商务咨询经验，业务范围覆盖广西、四川和云南等省市。

5. 内江置立企业管理咨询有限公司，成立于2017年2月15日，注册资金1万元，年营业规模为400万元左右，发行人与内江置立企业管理咨询有限公司于2017年4月开始建立合作关系。内江置立企业管理咨询有限公司是一家专门从事医药、健康行业的管理咨询、企业营销策划、市场营销策划、市场信息咨询与调查等服务的公司，其拥有专业的服务团队和良好的资源，并积累了深厚的行业人脉关系，具有丰富的策划和咨询经验，业务范围覆盖四川、云南、贵州和重庆等省市。

6. 内江郎兴企业管理咨询有限公司，成立于2017年2月14日，注册资金1万元，年营业规模为300万~400万元，发行人与内江郎兴企业管理咨询有限公司于2017年4月开始建立合作关系。内江郎兴企业管理咨询有限公司是一家为客户提供会议及展览服务、市场分析调查和营销策划的公司，其拥有专业的服务团队和良好的资源,具有丰富的学术会议举办经验、营销咨询和调研服务经验,业务范围覆盖西南地区和国内一些主要城市。

7. 内江市策新医药科技有限公司,成立于 2017 年 6 月 30 日,注册资金 1 万元,年营业规模为 300 万 ~400 万元,发行人与内江市策新医药科技有限公司于 2018 年 6 月开始建立合作关系。内江市策新医药科技有限公司是一家专门提供营销策划、公关活动策划、企业管理、会务服务和展览展示等服务的公司,其拥有专业的服务团队和良好的资源,具有丰富的学术会议举办经验和营销咨询、调研服务经验,业务范围覆盖西南区域和上海、广州等城市。

8. 上海欣南商务咨询中心,成立于 2018 年 3 月 21 日,个人独资企业,年营业规模为 200 万 ~400 万元,发行人与上海欣南商务咨询中心于 2018 年 11 月开始建立合作关系。上海欣南商务咨询中心是一家为客户提供市场营销策划、公关活动策划、企业管理、会务服务和展览展示等服务的企业,拥有专业的服务团队和良好的资源,具有丰富的学术会议举办经验和商务咨询经验,业务范围覆盖上海、北京和四川等省市。

9. 上海文西市场营销策划中心,成立于 2018 年 8 月 30 日,个人独资企业,年营业规模为 300 万 ~500 万元,发行人与上海文西市场营销策划中心于 2018 年 10 月开始建立合作关系。上海文西市场营销策划中心是一家为客户提供市场信息咨询与调查、商务信息咨询、品牌策划、展览展示服务、会务服务、设计、制作和发布各类广告等多种服务项目的企业,其拥有专业的服务团队和良好的资源,具有丰富的学术会议举办经验和商务咨询经验,业务范围覆盖上海、四川、江苏和北京等多个省市。

10. 上海云北品牌策划中心,成立于 2018 年 8 月 29 日,个人独资企业,年营业规模为 300 万 ~400 万元,发行人与上海云北品牌策划中心于 2018 年 10 月开始建立合作关系。上海云北品牌策划中心是一家为客户提供市场信息咨询与调查、商务信息咨询、品牌策划、礼仪服务、展览展示服务、会务服务、设计、制作、代理和发布各类广告等多种服务项目的企业,其拥有专业的服务团队和良好的资源,具有丰富的学术会议举办经验和商务咨询经验,业务范围覆盖广州、上海、北京、江苏、四川和天津等多个省市。

报告期内,上述主要推广服务商自和公司建立合作关系以来,其服务质量符合公司要求,服务水平得到公司认可,故公司一直和他们保持着良好合作关系,未有合作中断的情况。

通过对主要推广服务商进行走访和函证、使用国家企业信用信息公示系统

(http://gsxt.gov.cn/)等平台对主要合作推广服务商的基本情况及工商情况进行查询和取得服务推广商的说明等方式进行核查,经核查,公司的主要推广服务商都致力于在自身的专长商务领域(如市场策划、会议服务、展览展示设计及服务、商务咨询、商务调研、市场服务等)提供服务,并不断和潜在的客户进行接洽和业务拓展,计划依托其服务能力和资源优势,努力拓展客户,寻求更多的商机,不存在专门为发行人提供服务而设立的情况。但报告期内,存在部分推广服务机构实现的收入主要是来源于发行人的情况,如上海欣南商务咨询中心和内江市策新医药科技有限公司。

二、说明发行人向推广机构采购规模占当期销售费用的比例,发行人是否对推广机构存在重大依赖

报告期内,发行人的产品销售遍布在全国各地4000家以上的终端机构,为了便于更直接地了解每个区域的市场实时动态和进行一些空白市场的开发和市场渗透,公司一般选择在拟开展营销推广活动的地区寻找推广服务机构,一方面,可以凭借这些机构对当地市场的了解和所掌握的当地资源,快速顺利地展开工作;另一方面,本地机构在当地开展业务,协调和反应的速度更快,有助于提高工作效率。报告期内,每年公司合作的服务商数量情况如表2-153所示:

表2-153　每年公司合作的服务商数量情况

单位:家

2020年度			2019年度			2018年度		
学术教育会议	市场调研与管理	合计	学术教育会议	市场调研与管理	合计	学术教育会议	市场调研与管理	合计
85	134	219	108	145	253	388	250	638

公司为了进一步扩大产品的销售力度和广度,在每个销售区域选择当地推广服务商进行合作。但因为"两票制"正式全面实施的时间是在2017年,因此在2017~2018年的大部分时间内,并非在所有公司拟举行营销活动的区域均有较多的经验丰富、模式成熟、能力突出的推广服务商可供选择,因此公司在近段时间内通过和较多的服务商接触,并通过考察及业务合作尝试鉴别出实力较强、服务质量更好的推广服务商,并淘汰不符合要求的推广服务商。随着时间的推移,公司主要合作的推广服务商的服务质量随着其经验的积累不断提升,其能力也在增强。通过一段时间的沉淀后,公司对推广服务商在之前合作的基础上进行调整和集中,继续合作的推广服务商趋于逐渐稳定。2017年开始合作并一直

和公司保持合作关系的推广服务商有 14 家,2018 年开始合作并一直和公司保持合作关系的服务商有 16 家,2019 年开始合作并一直和公司保持合作关系的服务商有 62 家。因为公司进行市场推广活动的区域较多,推广工作也较繁复,所以报告期内有过合作的服务商数量也较多。

海南葫芦娃药业集团股份有限公司在其招股说明书(2019 年 12 月 27 日签署)中披露:“报告期内,发行人推广服务商家数分别为 462 家、776 家及 702 家。2018 年较 2017 年增长较快主要由于 2018 年是‘两票制’实施的元年,发行人开始将部分业务向配送商模式进行转变,合作的推广商逐年增多。至 2019 年随着政策逐渐稳定,与发行人合作的推广服务商的数量亦趋于稳定。”故可知,同行业中的上市公司中存在合作的服务商数量较多的情况。

报告期内,发行人将向推广机构采购的服务分为学术教育会议费和市场调研与管理费进行核算,采购规模占当期销售费用的比例情况如表 2 – 154 所示:

表 2 – 154 采购规模占当期销售费用的比例情况

单位:万元,%

项目	2020 年度		2019 年度		2018 年度	
	金额	比例	金额	比例	金额	比例
市场调研与管理费	11,879.80	69.27	8261.24	49.79	5587.50	40.64
学术教育会议费	4185.19	24.40	7010.28	42.25	6880.68	50.04
合计	16,064.99	93.67	15,271.51	92.04	12,468.19	90.68
销售费用	17,150.01	100.00	16,592.98	100.00	13,749.77	100.00

发行人向推广机构采购主要分为学术教育推广活动服务和市场调研与管理服务。

报告期内,公司向各类型推广服务的前五大服务商的采购情况如下:

(一)学术教育推广活动服务商

学术教育推广活动服务商(见表 2 – 155 ~ 表 2 – 157)。

表 2 – 155 2020 年的前五大学术教育推广活动服务商

序号	学术教育推广服务商名称	采购金额/万元	占当期销售费用比例/%
1	上海柏恩盛市场营销策划中心	351.40	2.05
2	上海贵可市场营销策划中心	224.20	1.31
3	内江文和企业管理咨询有限公司	205.77	1.20

续表

序号	学术教育推广服务商名称	采购金额/万元	占当期销售费用比例/%
4	内江市策新医药科技有限公司	179.40	1.05
5	山西睿凝淑航医药科技有限公司	170.00	0.99
合计		1130.77	6.59

注:上海柏恩盛市场营销策划中心与上海尚岐骏商务咨询中心系隶属于同一控制下的企业;上海贵可市场营销策划中心和上海贵东市场营销策划中心系隶属于同一控制下的企业;山西睿凝淑航医药科技有限公司和上海桦芮市场营销策划中心系隶属于同一控制下的企业;内江文和企业管理咨询有限公司和内江文泰企业管理咨询有限公司系隶属于同一控制下的企业,故其采购金额为向该同一控制下所有企业的合并金额。

表 2-156　2019 年的前五大学术教育推广活动服务商

序号	学术教育推广服务商名称	采购金额/万元	占当期销售费用比例/%
1	成都欣益顺商务服务有限公司	418.17	2.52
2	上海欣南商务咨询中心	408.00	2.46
3	上海文西市场营销策划中心	355.40	2.14
4	上海云北品牌策划中心	324.20	1.95
5	上海迈好企业营销策划事务所	316.60	1.91
合计		1822.37	10.98

注:成都欣益顺商务服务有限公司、重庆宇璜会议展览服务中心与仪陇鑫明康社会咨询服务有限公司系隶属于同一控制下的企业,故其采购金额为向该同一控制下所有企业的合并金额。

表 2-157　2018 年的前五大学术教育推广活动服务商

序号	学术教育推广服务商名称	采购金额/万元	占当期销售费用比例/%
1	成都欣益顺商务服务有限公司	391.26	2.85
2	重庆木创企业管理咨询服务中心	233.59	1.70
3	昆明欣诺生物科技有限公司	204.25	1.49
4	广州皎月广告有限公司	200.00	1.45
5	中山市中利宝广告有限公司	200.00	1.45
合计		1229.10	8.94

注:成都欣益顺商务服务有限公司、重庆宇璜会议展览服务中心与仪陇鑫明康社会咨询服务有限公司系隶属于同一控制下的企业;昆明欣诺生物科技有限公司与广西南宁市睿萱医药科技开发有限责任公司系隶属于同一控制下的企业,故其采购金额为向该同一控制下所有企业的合并金额。

（二）市场调研与管理服务商（见表2－158～表2－160）

表2－158　2020年的前五大市场调研与管理服务商

序号	市场调研与管理服务商名称	采购金额/万元	占当期销售费用比例/%
1	金牛区明江盛市场调研服务部	429.00	2.50
2	上海欣南商务咨询中心	420.00	2.45
3	上海驺吾商务咨询中心	403.60	2.35
4	上海柏恩盛市场营销策划中心	402.00	2.34
5	上海云北品牌策划中心	375.50	2.19
合计		2030.10	11.84

注：上海柏恩盛市场营销策划中心与上海尚岐骏商务咨询中心系隶属于同一控制下的企业，故其采购金额为向该同一控制下所有企业的合并金额。

表2－159　2019年的前五大市场调研与管理服务商

序号	市场调研与管理服务商名称	采购金额/万元	占当期销售费用比例/%
1	上海柏恩盛市场营销策划中心	472.80	2.85
2	金牛区明江盛市场调研服务部	392.00	2.36
3	青神建安医药信息咨询服务部	365.00	2.20
4	内江置立企业管理咨询有限公司	333.90	2.01
5	成都辅益商务服务有限公司	324.01	1.95
合计		1887.71	11.38

注：上海柏恩盛市场营销策划中心与上海尚岐骏商务咨询中心系隶属于同一控制下的企业；金牛区明江盛市场调研服务部和青神梓高医药信息咨询服务部系隶属于同一控制下的企业；青神建安医药信息咨询服务部和金牛区星堆铭市场调研服务部系隶属于同一控制下的企业；内江置立企业管理咨询有限公司、内江利娇企业管理咨询有限公司和内江辰运企业管理咨询服务有限公司系隶属于同一控制下的企业，故其采购金额为向该同一控制下所有企业的合并金额。

表2－160　2018年的前五大市场调研与管理服务商

序号	市场调研与管理服务商名称	采购金额/万元	占当期销售费用比例/%
1	厦门市彬菊企业管理有限公司	420.00	3.05
2	成都辅益商务服务有限公司	378.63	2.75
3	重庆凡凯会议展览服务中心	213.59	1.55
4	北京君盛莱康科技有限公司	186.42	1.36
5	重庆飞超企业管理咨询服务中心	174.76	1.27
合计		1373.40	9.99

报告期内,发行人向前五大学术教育推广服务商采购的服务占当期销售费用的比例为8.94%、10.98%和6.59%,发行人向前五大市场调研与管理服务商采购的服务占当期销售费用的比例为9.99%、11.38%和11.84%,占比较小,公司在不同地区的推广活动会选择当地推广服务机构,因此向公司提供推广服务的机构较多,公司不存在对单一推广机构存在重大依赖的情况。

公司从设置内审机构、制度和流程完善、加强教育培训、规范合同执行等多方面来杜绝商业贿赂行为的发生。公司和服务商不存在关联关系,在和服务提供商签署协议时,合同条款中不存在账外给予回扣、佣金等商业贿赂条款的约定,并要求同时签署廉洁协议,禁止商业贿赂行为。

经查询,医药行业上市公司中存在和较多的服务商合作、向前五大服务商采购的服务占比较小且同时每年前五大服务商变化也较大的情况,具体如下:

1. 特宝生物(证券代码:688278)在申请科创板注册时提交的《发行人及保荐机构关于第三轮问询函的回复意见(2019年半年报财务数据更新版)》中披露:

2019年1~6月公司学术推广费的前五大支付对象分别为厦门高捷达旅行社有限公司、合肥夫尼库商务服务有限公司、港中旅(厦门)国际旅行社有限公司、中国肝炎防治基金会、上海精彩假日国际旅行社有限公司,发生金额分别为279.50万元、124万元、123.37万元、86.47万元、78.61万元,占学术推广费比例分别为2.12%、0.94%、0.94%、0.66%、0.60%;其中,支付给中国肝炎防治基金会的学术推广费主要系参加中国肝炎防治基金会举办的2019年第二届中国感染论坛学术会议、2019年香山科学会议和中华预防医学会感染性疾病防控分会2019年学术年会的相关会议支出。

2018年度公司学术推广费的前五大支付对象分别为厦门高捷达旅行社有限公司、合肥夫尼库商务服务有限公司、中华医学会、港中旅(厦门)国贸旅行社有限公司、上海芸姗酒店管理有限公司,发生金额分别为363.38万元、207万元、177.84万元、172.09万元、171.11万元,占学术推广费比例分别为2.19%、1.25%、1.07%、1.04%、1.03%。

2017年度公司学术推广费的前五大支付对象分别为合肥夫尼库商务服务有限公司、厦门高捷达旅行社有限公司、中华医学会、上海精彩假日国际旅行社有限公司、港中旅(厦门)国贸旅行社有限公司,发生金额分别为299.77万元、236.96万元、112.53万元、94.57万元、89.63万元,占学术推广费比例分别为

2.46%、1.94%、0.92%、0.78%、0.74%。

2016 年度公司学术推广费的前五大支付对象分别为北京青年旅行社股份有限公司、潍坊晟睿广告传媒有限公司、厦门高捷达旅行社有限公司、北京天禄琳琅广告有限公司、长春宇翔酒店管理有限公司，发生金额分别为 741.93 万元、138.03 万元、133.70 万元、122.20 万元、122.15 万元，占学术推广费比例分别为 6.68%、1.24%、1.20%、1.10%、1.10%。"

2.2020 年 10 月，舒泰神（证券代码:300204）申请创业板向特定对象发行 A 股股票的《关于舒泰神（北京）生物制药股份有限公司向特定对象发行 A 股股票的补充法律意见书》（康达股发字[2020]第 0228 - 1 号）中披露其主要推广服务商合作情况如表 2 - 161 所示：

表 2 - 161 主要推广服务商合作情况

期间	推广服务商名称	采购金额/万元	占同期采购总额的比例/%	服务内容
2020 年 1 ~ 6 月	福州庆平祥企业管理咨询有限公司	324.00	4.53	咨询服务
	北票市圣浩市场营销中心	266.00	3.72	咨询服务
	宝应泰菱市场营销服务中心	246.60	3.45	咨询服务
	上高县楠阜商务服务有限公司	188.50	2.63	咨询服务
	成都芳涂密悠商务信息咨询有限公司	177.70	2.48	咨询服务
	合计	1202.80	16.81	
2019 年度	沈丘县佳源信息科技有限公司	483.10	1.78	咨询服务
	宝应易加市场营销服务中心	483.00	1.78	咨询服务
	九江市昌行商务服务有限公司	438.00	1.61	咨询服务
	郸城县腾欣科技有限公司	396.50	1.46	咨询服务
	济南槐荫康悦信息咨询服务中心	375.80	1.38	咨询服务
	合计	2176.40	8.02	
2018 年度	福州亿创嘉信息咨询有限公司	610.50	1.52	咨询服务
	宁波亿程市场营销策划有限公司	553.00	1.37	咨询服务
	上高县锐捷信息咨询服务中心	550.60	1.37	咨询服务
	上海鄢支企业管理中心	502.30	1.25	咨询服务
	哈尔滨市道里区滨堂企业信息咨询服务部	490.23	1.22	咨询服务
	合计	2706.63	6.73	

续表

期间	推广服务商名称	采购金额/万元	占同期采购总额的比例/%	服务内容
2017 年度	江西广豪医药科技有限公司	1316.25	1.64	咨询服务
	上高县翰锐医药信息咨询服务中心	894.01	1.11	咨询服务
	上高县敏涵信息咨询服务中心	888.67	1.11	咨询服务
	樟树市元康信息咨询服务部	751.18	0.93	咨询服务
	深圳市众顺信息咨询有限公司	735.81	0.92	咨询服务
	合计	4585.92	5.70	

从上述医药行业上市公司的相关披露看，医药行业的上市公司中存在和较多的服务商合作，向前五大服务商采购的服务占比较小且每年前五大服务商变化也较大的情况。从舒泰神的情况看，其报告期内每年的前五大服务商全部不相同。因此，公司合作的服务商数量较多、向前五大服务商采购的服务占比较小且每年前五大服务商变化也较大的情况符合行业惯例。

三、说明发行人股东、董监高及其亲属是否持有合作推广机构股份或在推广机构任职的情况，上述主体以及其控制的企业是否与合作推广机构存在交易或资金往来，是否存在关联交易非关联化的情形，推广机构是否存在代公司承担费用的情形

经核查，发行人持股 5% 以上股东、董监高及其亲属并不存在持有合作推广机构股份或在推广机构任职的情况，上述主体以及其控制的企业不存在与合作推广机构存在交易或资金往来，也不存在关联交易非关联化的情形。

四、说明发行人报告期内是否存在商业贿赂行为以及公司的管控措施，发行人与推广机构是否存在纠纷或潜在纠纷，推广机构在学术推广发行人产品中是否存在商业贿赂情形

（一）发行人建立了内控制度和费用核算制度

为保证公司宣传推广费支出真实、合理，不存在商业贿赂情形，公司不断完善内部控制体系建设，建立和完善了《财务预算管理制度》《销售控制制度》《费用报销管理制度》《内部审计制度》《反商业贿赂管理制度》《推广服务提供商管理制度》，推进了公司费用报销流程、合同审核流程、供应商管理系统等的制度化、规范化，严格了公司市场推广活动规划及实施和相关费用报销的内部审核程序，严格审查推广费用支出的真实背景，引导并规范公司销售人员和推广服务提供商的行为，防范公司销售人员和推广服务提供商利用推广活动进行商业贿赂、破坏公司品牌形象，从完善制度、设计流程两方面完善和加强了公司的内部控制体系。

（二）服务提供商的选择和合作

公司在与推广服务提供商确定合作关系时，首先会对推广服务提供商的资质进行审查，确定其服务范围与业务需求符合。在综合考虑专业能力、合作意向等多方面因素后，确定合适的服务提供商。在和服务提供商签署协议时，合同条款中不存在账外给予回扣、佣金等商业贿赂条款的约定，并要求同时签署廉洁协议，禁止商业贿赂行为。

（三）内控制度执行和反商业贿赂措施

公司设立审计监察部，加强公司内部审计和监控管理。公司各部门严格执行反商业贿赂制度和规定，各司其职、分工明确、相互监督。通过执行以上内控管理制度，公司能够有效防范潜在的销售人员的合规风险。公司不断完善反商业贿赂管理制度，落实内部控制管理流程，从完善制度、设计流程、加强教育培训三方面杜绝了商业贿赂行为的发生。

公司在报销和支付推广费用时，对相关费用凭证及活动支持性文件进行复核，确认市场推广费用支出均有相关真实活动发生，所有支出均与市场推广活动相关。公司不接受参会的医生、医护人员及专家的报销，不存在对该等人员支付现金或实施报销的情况。不存在以学术推广或会务咨询名义支付好处费等商业贿赂行为。

（四）公开网络信息的检索

根据中国裁判文书网（http://wenshu.court.gov.cn）、全国法院被执行人信息网（www.zhixing.court.gov.cn）、国家卫生健康委员会网站（www.nhc.gov.cn）检索结果，报告期内，公司及其控股子公司在上述网站上不存在商业贿赂的不良记录，也不存在以其作为被告的商业贿赂方面的诉讼。

综上所述，报告期内，发行人与推广服务机构不存在纠纷或潜在纠纷，推广服务机构在学术推广发行人产品中不存在商业贿赂的情形。

五、补充披露报告期内公司组织学术推广会或其他形式会议的具体情况，包括举办时间、地点、次数、参会人数、协办单位等，会议是否实际召开；说明学术推广的提供方及其资质情况、市场服务的具体对象情况、学术推广费的主要支付对象；补充披露市场推广费的具体构成、金额及占比情况，报告期内各期学术推广费用与营业收入的匹配情况

（一）补充披露报告期内公司组织学术推广会或其他形式会议的具体情况，包括举办时间、地点、次数、参会人数、协办单位等，会议是否实际召开

报告期内，公司组织学术推广会或其他形式会议的具体情况如表2-162所示：

表2-162　公司组织学术推广会或其他形式会议的具体情况

时间	会议级别	地点	次数	每天参会人数	会议天数	平均费用/万元	协办单位	是否实际召开
2018年	全国会议	广东省、辽宁省	5	150~200	3~4天	139.52	重庆木创企业管理咨询服务中心、成都天友国际酒店有限公司等服务机构	是
	省级会议	四川、广东、重庆等5个省市	11	100~150	2~3天	60.89		是
	地区会议	广西、四川、上海等6个省市	39	100~150	平均3天	42.04		是
	科室会议	国内各省市	1400余次	—	平均1天	2.77		是
2019年	全国会议	上海、安徽、山西等7个省市	13	50~100	3天	56.68	上海欣南商务咨询中心、北京君盛莱康科技有限公司等服务机构	是
	省级会议	上海、四川、北京等7个省市	23	50~100	3天	38.68		是
	地区会议	上海、四川、安徽等9个省市	54	50~100	3天	32.48		是
	科室会议	国内各省市	1200余次	—	平均1天	3.02		是

续表

时间	会议级别	地点	次数	每天参会人数	会议天数	平均费用/万元	协办单位	是否实际召开
2020年	全国会议	四川、广东、南京等7个省市	13	100~150	2~3天	49.80	成都欣益顺商务服务有限公司、广州超诚营销策划有限公司、内江辰运企业管理咨询服务有限公司等	是
	省级会议	四川、山西、湖北等6个省市	7	50~100	2~3天	34.50		是
	地区会议	四川、上海北京等8个省市	47	50~100	2~3天	31.70		是
	科室会议	国内各省市	1100余次	—	平均1天	2.65		是

（二）说明学术推广的提供方及其资质情况、市场服务的具体对象情况、学术推广费的主要支付对象

1. 市场服务的具体对象情况

公司市场推广费用核算分类如表2-163所示：

表2-163　公司市场推广费用核算分类

类别	一级分类	二级分类
市场推广费	学术教育会议费	广告宣传费
		学术会议费
	市场调研与管理费	咨询费
		服务费

学术教育会议费主要核算公司与学术教育会议举办相关的各种费用，分为广告宣传费和学术会议费。

广告宣传费主要核算公司学术会议相关的印刷品、条幅、纪念品、广告品及布置与设计等各种支出费用。

学术会议费主要核算公司召开学术会议产生的费用。学术会议活动的具体参加对象除了公司人员外主要为医生、医护人员、医学学会人员等。

市场调研与管理费主要核算公司聘请专业机构或人员进行调研，市场数据收集，品牌宣传，用药信息、疗效及副作用调查等活动所产生的咨询费和服务费。

咨询费主要核算聘请专业机构或相关人员进行市场调研、市场数据收集、药

品疗效和使用信息收集等以及公司自主组织并指导服务机构进行收集市场信息、潜在客户挖掘、市场开拓、客户信誉及信息建档和更新等活动相关费用。

服务费主要核算发行人医院药店价格监测、医疗机构竞品监控、药房盘点、医疗机构档案维护以及其他市场推广相关杂费支出。

2. 学术推广的提供方及其资质情况、主要支付对象(见表2-164)

表2-164 学术推广的提供方及其资质情况、主要支付对象

类别	一级分类	提供方	是否具备资质
市场推广费	学术教育会议费	商务服务公司、酒店管理公司等	是
	市场调研与管理费	企业咨询管理公司、市场调研机构及市场策划公司等	是

公司在与推广服务商确定合作关系前,首先会对推广服务提供商的资质进行审查,确定其服务范围与业务需求相符合。在综合考虑专业能力、合作意向等多方面因素后,确定合适的服务提供商进行合作。公司选取的服务提供商均具备相应经营资质。

公司市场推广费的主要支付对象是各推广服务提供商。推广服务商主要配合公司进行市场推广活动,一般为商务服务公司、酒店管理公司、企业咨询管理公司、市场调研机构及市场策划公司等,其经营主要接受工商行政部门监督。配送商需取得GSP资质,并接受药监部门的监督,是专业的医药商业流通公司。推广服务商和配送商的专业能力也各不相同。报告期内,公司推广服务商和配送商之间不存在重合。

(三)补充披露市场推广费的具体构成、金额及占比情况,报告期内各期学术推广费用与营业收入的匹配情况

1. 公司市场推广费的具体构成、金额及占比情况(见表2-165)

表2-165 公司市场推广费的具体构成、金额及占比情况

单位:万元,%

序号	类别	2020年度		2019年度		2018年度	
		金额	占比	金额	占比	金额	占比
1	市场调研与管理费	11,879.80	73.95	8261.24	54.10	5587.50	44.81
2	学术教育会议费	4185.19	26.05	7010.28	45.90	6880.68	55.19
合计		16,064.99	100.00	15,271.52	100.00	12,468.18	100.00

2020年,因受新冠疫情影响,为遵照当地疫情防控禁止或减少人员聚集性活动的要求,公司当期产生的学术教育会议费以科室会议为主,当期学术教育会议费支出下降较大。

2. 报告期内各期市场推广费用与营业收入的匹配情况(见表2-166)

表2-166 报告期内各期市场推广费用与营业收入的匹配情况

单位:万元,%

项目	2020年度		2019年度		2018年度	
	金额	比例	金额	比例	金额	比例
市场调研与管理费	11,879.80	32.51	8261.24	23.47	5587.50	20.15
学术教育会议费	4185.19	11.45	7010.28	19.91	6880.68	24.81
合计	16,064.99	43.96	15,271.51	43.38	12,468.19	44.96
营业收入	36,543.50	100.00	35,202.82	100.00	27,733.68	100.00

报告期内,公司市场推广费用保持稳定增长趋势,公司市场推广费用与营业收入基本匹配但占比略有降低。主要原因为:(1)公司营业收入增长幅度大于公司对推广费用投入的增长;(2)公司改变了推广策略。比起学术教育活动,市场调研与管理活动对市场把控更加精准有效,营销受众面更广,更有效地促进营业收入增长,营销效率更高,因此公司推广策略逐渐向市场调研与管理活动倾斜,减少学术教育费用支出。

六、补充披露报告期内公司学术教育会议费占销售费用比例逐渐下滑的原因及合理性,并与同行业可比公司相比是否存在重大差异,如有请分析说明具体原因;说明报告期内公司市场调研与管理费及销售费用占比快速增长的原因及合理性

(一)补充披露报告期内公司学术教育会议费占销售费用比例逐渐下滑的原因及合理性

报告期内,公司市场调研与管理费、学术教育会议费情况及占销售费用比例情况如表2-167所示:

表2-167 公司市场调研与管理费、学术教育会议费情况及占销售费用比例情况

单位:万元,%

项目	2020年度		2019年度		2018年度	
	金额	比例	金额	比例	金额	比例
市场调研与管理费	11,879.80	69.27	8261.24	49.79	5587.50	40.64
学术教育会议费	4185.19	24.40	7010.28	42.25	6880.68	50.04
销售费用	17,150.01	100	16,592.98	100	13,749.77	100

报告期内,公司的学术教育会议费占比逐年下降的原因如下:

2017 年是国家全面实施"两票制"的第一个完整年度,也是公司全面推行配送商模式的第一年,为了适应宏观形势、保持市场份额和维持医疗机构及医生对公司产品的熟知程度和增进他们对产品的了解,公司在学术教育会议推广上加大了投入,2017 年的营销工作重点在于通过学术教育会议推广扩大产品(主要针对欣可来)的市场认可度和熟悉度。

学术教育会议营销活动对市场受众针对性强,但营销受众面小;市场调研与管理营销活动对市场把控力度大,营销受众面广,营销效益较高。随着前期学术教育会议推广工作取得了一定的成效,营销渠道与营销路径建设逐渐成熟,为提高营销工作效益,公司在 2018 年开始对营销工作的方式方法进行了必要的调整,减少学术教育会议推广,对市场调研与管理营销活动加大了投入。特别是 2020 年,因受新冠疫情影响,为遵照当地疫情防控禁止或减少人员聚集性活动的要求,公司减少了大型学术教育会议的召开,当期产生的学术教育会议费以科室会议为主,因此当期学术教育会议费大幅下降。

因此,报告期内,公司每年学术教育会议费逐年下降,公司学术教育会议形式以外的市场调研与管理营销活动趋于频繁,市场调研与管理费也逐年增加,营销效率得到提高。

同行业上市公司年报披露销售费用明细时并不一定有披露学术教育会议费这个科目,但从其中有披露会务费、会议费等相关类似科目的公司情况看,存在如表 2-168 所示情况:

表 2-168 相关费用明细

单位:元,%

现代制药(600420)			鲁抗医药(600789)		
项目	2020 年度	2019 年度	项目	2020 年度	2019 年度
会议费	6,019,627.69	8,804,840.71	会务费	6,224,362.03	11,656,028.11
销售费用	3,396,809,932.10	3,609,650,072.40	销售费用	460,207,406.34	543,974,948.67
占比	0.18	0.24	占比	1.35	2.14
沃森生物(300142)			华熙生物(688363)		
项目	2020 年度	2019 年度	项目	2020 年度	2019 年度
会议费	5,927,986.10	9,403,162.13	办公及会议	10,387,871.86	11,284,930.67
销售费用	1,130,195,714.33	499,128,661.09	销售费用	1,099,272,402.77	521,368,360.79
占比	0.52	1.88	占比	0.94	2.16

从表2－168可以看出，上述同行业上市公司的2020年会议费或会务费占销售费用比例与2019年相比均下降，故可知同行业中存在会议费或会务费占销售费用比例下降的情况。故，发行人学术教育会议费占销售费用比例逐渐下滑符合行业惯例。

综上所述，报告期内发行人学术教育会议费占销售费用比例逐渐下滑的原因具有合理性。

（二）学术教育会议费占销售费用比例与同行业可比公司相比是否存在重大差异，如有请分析说明具体原因

在同行业可比上市公司中，在已披露的财务报告中，仅有赛升药业披露了与学术教育会议费相近的学术推广费的金额。

报告期内发行人学术教育会议费占销售费用比例情况及和可比公司相关情况如表2－169所示：

表2－169　发行人学术教育会议费用比例及可比公司相关情况

单位：万元，%

公司	项目	2020年度	2019年度	2018年度
发行人	学术教育会议费	4185.19	7010.28	6880.68
	销售费用	17,150.01	16,592.98	13,749.77
	学术教育会议费占销售费用比例	24.40	42.25	50.04
赛升药业	学术推广费	27,156.20	26,200.04	26,797.32
	销售费用	62,667.11	76,306.01	82,843.12
	学术推广费占销售费用比例	43.33	34.34	32.35

从发行人与赛升药业的对比情况看，总体上发行人的学术教育会议费占销售费用比例较赛升药业要高。但如果把发行人的学术教育会议费和市场调研与管理费统称为市场推广费用，再与同行业可比上市公司（有披露相关数据的公司有赛升药业、海特生物、龙津药业等）的同类口径费用进行对比，则总体上发行人与同行业公司处于同一水平。具体情况如表2－170所示：

表 2-170　市场推广费用占销售费用比例

单位:万元,%

项目	2020 年度		
	市场推广费用金额	销售费用	占销售费用比例
赛升药业	58,761.50	62,667.11	93.77
海特生物	12,945.43	15,179.14	85.28
龙津药业	15,242.15	15,798.12	96.48
平均数	28,983.03	31,214.79	91.84
发行人	16,064.99	17,150.01	93.67
项目	2019 年度		
	市场推广费用金额	销售费用	占销售费用比例
赛升药业	73,182.04	76,306.01	95.91
海特生物	27,894.13	31,107.16	89.67
龙津药业	17,552.03	18,214.79	96.36
平均数	118,628.20	125,627.96	94.43
发行人	15,271.51	16,592.98	92.04
项目	2018 年度		
	市场推广费用金额	销售费用	占销售费用比例
赛升药业	80,102.32	82,843.12	96.69
海特生物	33,585.06	36,566.62	91.85
龙津药业	20,101.74	24,260.77	82.86
平均数	133,789.11	143,670.51	93.12
发行人	12,468.19	13,749.77	90.68

在上面的对比中,因为销售费用的二级明细科目为企业自行定义,且同行业上市公司在财务报告及其附注中也未逐一作定义、解释和分析,再加上学术教育会议费因企业营销策略和重点营销内容的不同而会有所不同,每家公司之间均会存在一定差异。行业监管部门和行业协会也没有对企业该如何行销以及各类销售费用如何分配作出具体规定。因此,医药行业中类似的两家企业在此方面存在差异属于正常范围。

第十一节 实际控制人及其一致行动人认定

根据证监会《上市公司收购管理办法》的规定，一致行动人是指通过协议、合作、关联方关系等合法途径扩大其对一个上市公司股份的控制比例，或者巩固其对上市公司的控制地位，在行使上市公司表决权时采取相同意思表示的两个以上的自然人、法人或者其他组织。

在上市公司的收购及相关股份权益变动活动中有一致行动情形的投资者，互为一致行动人。如无相反证据，投资者有下列情形之一的，为一致行动人：

(1)投资者之间有股权控制关系。

(2)投资者受同一主体控制。

(3)投资者的董事、监事或者高级管理人员中的主要成员，同时在另一个投资者处担任董事、监事或者高级管理人员。

(4)投资者参股另一投资者，可以对参股公司的重大决策产生影响。

(5)银行以外的其他法人、其他组织和自然人为投资者取得相关股份提供融资安排。

(6)投资者之间存在合伙、合作、联营等其他经济利益关系。

(7)持有投资者30%以上股份的自然人，与投资者持有同一上市公司股份。

(8)在投资者处任职的董事、监事及高级管理人员，与投资者持有同一上市公司股份。

(9)持有投资者30%以上股份的自然人和在投资者处任职的董事、监事及高级管理人员，其父母、配偶、子女及其配偶、配偶的父母、兄弟姐妹及其配偶、配偶的兄弟姐妹及其配偶等亲属，与投资者持有同一上市公司股份。

(10)在上市公司任职的董事、监事、高级管理人员及其前项所述亲属同时持有本公司股份的，或者与自己或者前项所述亲属直接或者间接控制的企业同时持有本公司股份。

(11)上市公司董事、监事、高级管理人员和员工与其所控制或者委托的法人或者其他组织持有本公司股份。

(12)投资者之间具有其他关联关系。

典型案例2-11 锦好医疗

根据申报材料及公开信息，王敏直接持有公司35.09%股份、间接控制公司21.63%的表决权，合计控制公司表决权的股份为56.72%，为公司的控股股东。王芳直接持有公司26.29%的股份，王敏与王芳系兄妹关系，两人签订了一致行动协议，王敏和王芳二人及一致行动人直接或间接控制公司83.70%的股权，为公司的实际控制人。王敏配偶刘玲直接持有公司0.6898%的股份，曾于2017年12月18日至2020年4月14日担任公司董事会秘书，于2017年12月18日至2018年10月9日兼任公司财务总监；2020年3月，王敏转让了部分股份给刘玲。王芳配偶郭辉间接持有公司0.0457%的股份，王芳配偶的兄弟郭庆系员工持股平台锦同盛的合伙人。王伟系实际控制人堂妹，任公司董事并间接持有公司0.2734%的股份。发行人未将刘玲、龙勇、王伟、郭庆等实际控制人亲属认定为共同实际控制人，未将龙勇、王伟、郭庆等实际控制人亲属认定为实际控制人的一致行动人。

参考核查程序

1.访谈王敏与刘玲并获取了王敏与刘玲分别出具的书面说明；核查刘玲的证券账户交易权限范围；获取并核查刘玲、彭月初和段皓龄的个人简历和资质文件。

2.查阅王敏、王芳及刘玲（王敏配偶）的证券账户交易明细及出具的关于短线交易的承诺函；查阅公司股东名册、2020年定向发行相关的公开披露文件；查阅王敏、王芳及刘玲（王敏配偶）提供的个人信用报告、无犯罪记录证明，王敏、王芳及刘玲（王敏配偶）填写的调查表，并通过信用中国网站、中国证监会、全国股转公司、证券期货市场失信记录查询平台进行相关核查。

3.查阅《全国中小企业股份转让系统分层管理办法》《关于发布2020年第一批市场层级定期调整决定的公告》《非上市公众公司收购管理办法》《上市公司收购管理办法》等，分析发行人未将实际控制人相关亲属认定为共同控制或一致行动人的合理性。

4.获取并核查公司的员工名册、在发行人任职的实际控制人亲属的劳动合同、发行人股东名册、锦同盛的合伙协议；取得实际控制人及其在发行人任职或持股的亲属分别出具的承诺函和《关联关系自查表》，以及相关人员和锦同盛出具的《关于股份锁定和股份减持意向的承诺函》。

5. 查阅发行人《公司章程》、《公司章程(草案)》、三会议事规则，核查发行人自全国股转系统挂牌以来的历次股东大会决议、董事会决议、监事会决议及相关重要经营决策会议文件；取得发行人实际控制人签署的《一致行动人协议》，分析认定发行人实际控制人为王敏、王芳的合理性及两人的一致行动关系稳定性、有效性。

6. 获取并核查惠州市梦拼赢实业有限公司、醴陵市五洲陶瓷材料有限公司、广东德悦企业管理咨询有限公司和广东德跃企业管理有限公司的营业执照和承诺函等，通过企查查、天眼查等公开网络查询平台查询上述企业相关信息，获取并核查发行人银行流水。

参考回复思路

一、结合公司章程、协议安排、发行人股东大会(股东大会出席会议情况、表决过程、审议结果、董事提名和任命等)、董事会(重大决策的提议和表决过程等)、发行人经营管理的实际情况，以及刘玲、龙勇、王伟等与实际控制人的亲属关系、在发行人的任职情况、持股比例情况，以及《非上市公众公司收购管理办法》关于一致行动人认定相关规定，说明未将上述人员认定为共同实际控制人或一致行动人的理由充分、合理

刘玲、龙勇、王伟等7人与实际控制人的亲属关系、在发行人的任职情况、持股比例情况等，具体如表2-171所示：

表2-171 相关人员情况

姓名	与实际控制人关系	担任职位	直接/间接持有公司股份情况	是否为实际控制人的一致行动人	是否为共同控制人
刘玲	王敏的配偶	总经理助理	直接持有249,000股股份，对应股权比例0.6898%	是	否
刘建	王敏配偶刘玲的弟弟	体系工程师	通过锦同盛间接持有16,499股股份，对应股权比例0.0457%	否	否
王伟	王敏的堂妹	董事、人事主管	通过锦同盛间接持有98,712股股份，对应股权比例0.2734%	否	否

续表

姓名	与实际控制人关系	担任职位	直接/间接持有公司股份情况	是否为实际控制人的一致行动人	是否为共同控制人
王金华	王敏的堂妹	销售经理	通过锦同盛间接持有16,499股股份,对应股权比例0.0457%	否	否
龙勇	王敏堂妹王伟的配偶	计划部经理	通过锦同盛间接持有16,499股股份,对应股权比例0.0457%	否	否
郭庆	王芳配偶郭辉的哥哥	出纳	通过锦同盛间接持有98,714股股份,对应股权比例0.2734%	否	否
丁美林	王芳配偶郭辉的哥哥郭庆的配偶	生产主管	通过锦同盛间接持有9871股股份,对应股权比例0.0273%	否	否

上述人员均不是公司的共同实际控制人,除刘玲系实际控制人王敏的一致行动人外,其余人员均不属于公司实际控制人的一致行动人。

刘玲系王敏配偶,系王敏的一致行动人。鉴于其持股比例仅为0.6898%,持股比例未达5.00%,且现未担任公司董事或高级管理人员,对发行人经营决策和经营管理不施加任何影响,因此,刘玲不被认定为公司的共同实际控制人,认定其为实际控制人王敏的一致行动人。

根据《非上市公众公司收购管理办法》和《上市公司收购管理办法》的规定,一致行动是指投资者通过协议、其他安排,与其他投资者共同扩大其所能够支配的一个非上市公众公司股份表决权数量的行为或者事实;有一致行动情形的投资者,互为一致行动人。

王伟、刘建、王金华、龙勇、郭庆和丁美林6人均通过锦同盛间接持有公司股份,王敏是锦同盛的执行事务合伙人的控股股东,通过控制锦同盛的决策权,从而间接支配锦同盛所持公司股份的表决权,因此,王伟、刘建、王金华、龙勇、郭庆和丁美林6人均无法直接或间接支配锦同盛所持公司股份的表决权,不具备可以与实际控制人共同扩大其所能够支配的一个非上市公众公司股份表决权数量的行为或者事实,因而,不属于实际控制人的一致行动人。王伟虽担任发行人的董事,但公司董事共有7名,其作为公司董事之一无法通过其表决权对公司董事会的决议产生重大影响,且王伟未直接持有发行人股份,也未与公司实际控制人王敏和王芳通过公司章程、协议或者其他安排明确共同控制公司的意思表示或约定相关权利义务责任条款，因此，王伟不认定为公司实际控制人的一致行动人，具有合理性。

发行人《公司章程》和《公司章程（草案）》中不存在刘玲、王伟、刘建、王金华、龙勇、郭庆和丁美林等人共同控制公司的相关条款；根据王敏、王芳、刘玲、王伟、刘建、王金华、龙勇、郭庆和丁美林出具的承诺，刘玲、王伟、刘建、王金华、龙勇、郭庆和丁美林7人均未与公司实际控制人王敏和王芳通过公司章程、协议或者其他安排明确共同控制公司的意思表示或约定相关权利义务责任条款；公司董事会一共7名董事，董事会决议的表决实行一人一票，董事会作出决议必须经全体董事的过半数通过，王伟作为公司董事之一无法通过其表决权对公司董事会的决议产生重大影响；根据刘玲、刘建、王金华、龙勇、郭庆和丁美林目前任职情况，上述人员目前未担任公司的董事、监事和高级管理人员，不参与公司重大事项的经营管理决策，不存在共同控制公司的情形。

综上所述，上述人员均不是公司的共同实际控制人；除刘玲系公司实际控制人王敏的一致行动人外，其余人员均不是实际控制人的一致行动人；公司实际控制人为王敏、王芳。上述关于实际控制人及一致行动人认定的理由充分、合理。

二、分析持有公司股份或在公司任职的实际控制人亲属及其近亲属对外投资或担任董事、高级管理人员、法定代表人的企业是否与发行人及其客户、供应商之间存在关联关系、业务或资金往来，是否与发行人从事相同或类似业务，是否对发行人构成竞争关系，是否存在通过实际控制人认定规避同业竞争、关联交易、资金占用等监管要求的情形

根据企查查、天眼查等公开网络查询情况以及前述持有公司股份或在公司任职的实际控制人亲属出具的《关联关系自查表》以及相关承诺，除公司及其子公司、实际控制人控制的企业以外，持有公司股份或在公司任职的实际控制人亲属及其近亲属对外投资或担任董事、高级管理人员、法定代表人的企业情况如表2－172所示：

表2－172　企业与实际控制人亲属之间的关系情况

序号	企业名称	与公司实际控制人亲属之间的关系	主营业务
1	惠州市梦拼赢实业有限公司	实际控制人王敏的配偶刘玲持股60%，实际控制人王芳持股40%，实际控制人王敏的堂妹王伟的配偶龙勇担任经理兼执行董事兼法定代表人	尚未开展实际业务

续表

序号	企业名称	与公司实际控制人亲属之间的关系	主营业务
2	醴陵市五洲陶瓷材料有限公司	实际控制人王芳的配偶郭辉持股100%，并担任经理兼执行董事兼法定代表人	陶瓷颜料、陶瓷化工原料的生产、加工及销售
3	广东德跃企业管理有限公司	实际控制人堂妹王金华的配偶向超持股30%，并担任经理兼执行董事兼法定代表人	汽车4S店的广告代理和人员培训业务
4	广东德悦企业管理咨询有限公司	实际控制人堂妹王金华的配偶向超持股10%	汽车4S店的广告代理和人员培训业务

除惠州市梦拼赢实业有限公司和醴陵市五洲陶瓷材料有限公司是公司的关联方，并已在公开发行说明书中予以披露以外，上述其他企业与公司不存在关联关系。

经核查上述企业的营业执照及其出具的承诺函，及通过企查查、天眼查等公开网络查询上述企业的经营范围或主营业务，并核查发行人的银行流水等，上述企业与发行人之间不存在业务或资金往来，未与公司从事相同或类似业务，未与公司构成竞争关系，因此，发行人不存在通过实际控制人及一致行动人的有关认定来规避同业竞争、关联方认定及关联交易、资金占用等监管要求的情形；上述企业与发行人的主要客户和供应商之间不存在关联关系、业务或资金往来。

三、控制权的稳定性。请发行人结合前述情况以及王敏、王芳之间一致行动协议的签署时间和主要内容、两方意见出现分歧时的解决机制，分析说明两人之间的一致行动关系在最近两年内以及在未来可预期期限内是否稳定、有效，发行人的股权结构是否影响公司治理、规范运作等方面的有效性

2018年6月25日，王敏和王芳签署了《一致行动人协议》，协议约定为保障公司持续、稳定发展，提高公司经营、决策的效率，王敏和王芳在公司股东大会中采取“一致行动”，以共同控制公司，巩固双方在公司中的实际控制人地位；若双方内部无法达成一致意见，双方应按照王敏的意向进行表决。

2020年11月30日，王敏和王芳签署了更为详细的《一致行动人协议》，协议约定王敏和王芳作为一致行动人，在对公司股东大会或董事会行使提案权及表决权时，双方均保持一致；若双方内部无法达成一致意见，以王敏的意见进行表决；在股东大会、董事会会议中保持“一致行动”是指，双方在公司股东大会、董事会中行使下列职权时保持一致：(1)共同提案；(2)共同投票表决决定公司的经营计划和投资方案；(3)共同投票表决制订公司的年度财务预算方案、决算方案;(4)共同投票表决制订公司的利润分配方案和弥补亏损方案;(5)共同投票表决制订公司增加或者减少注册资本的方案以及发行公司债券的方案;(6)共同投票表决聘任或者解聘公司董事、经理、监事,并根据经理的提名,聘任或者解聘公司副经理、财务负责人,决定其报酬事项;(7)共同投票表决决定公司内部管理机构的设置;(8)共同投票表决制定公司的基本管理制度;(9)共同行使在股东大会、董事会中的其他职权;除协议签署的双方外,如果双方通过其实际控制的关联方投资公司,则双方有义务促使该等关联方遵守本协议的约束,否则,视为其违反本协议之约定;除非法律法规另有相反规定或经双方一致同意,任何一方不得解除本协议,且在直接或间接持有公司的股份期间持续有效;自本协议签署之日,双方于2018年6月25日签署的《一致行动人协议》解除。

报告期内,王敏与王芳在历次股东大会和董事会中行使表决权均保持一致。

综上所述,王敏与王芳签署的《一致行动人协议》,在双方直接或间接持有公司股份期间持续有效,双方之间的一致行动关系在最近两年内以及在未来可预期期限内稳定、有效。发行人的股权结构不会影响公司治理、规范运作等方面的有效性。

第十二节　特殊投资条款合规性及履行情况

关注特殊投资条款的合规性。补充披露特殊投资条款签订的背景、主要内容,参照《挂牌公司股票发行常见问题解答(四)——特殊投资条款》关于特殊投资条款内容、审议程序、披露要求、中介机构意见等的规定说明相关协议是否符合前述要求,是否存在违反相关业务规则的情形,是否存在利益输送情形。

1. 报告期内是否存在触发股份回购或现金补偿等条款的情形,是否实际执行,实际执行的,回购股份、支付补偿款的资金来源;未实际执行的,是否需继续执行。

2. 是否存在其他替代性利益安排,是否存在纠纷或潜在纠纷。

3. 补充披露特殊投资条款对发行人控制权稳定是否存在不利影响,并视情况揭示风险、作重大事项提示。

典型案例 2-12 锦好医疗

根据公开信息及申报材料，2020 年 11 月，保荐机构的全资子公司中信建投投资以 12.46 元/股价格通过大宗交易方式，从发行人实际控制人之一王敏处受让发行人 3.92% 的股权。公司控股股东王敏与中信建投投资签署的《股份转让协议》中所涉及的特殊投资条款约定：公司 2021 年 12 月 31 日之前未在精选层挂牌或 2020 年度经审计之实际扣非净利润低于 4000 万元，中信建投投资有权要求王敏按照合同约定回购相关股份。

参考核查程序

1. 查阅发行人控股股东王敏与中信建投投资签署的股份转让协议及相关补充协议，核查相关协议中的特殊投资条款内容以及相关条款的执行情况；获取王敏与中信建投投资之间的股权转让支付凭证，核查股权转让的款项支付情况。

2. 对发行人控股股东王敏进行访谈，向其了解转让相关股权予中信建投投资的背景、原因及合理性，取得其关于股权转让等事项不存在违法违规情况、其他利益安排及潜在纠纷的相关声明文件。

3. 获取发行人实际控制人之一王敏提供的资产证明，核查其是否具有履行潜在的股份回购义务的资金支付能力，核查特殊投资条款是否会对发行人控制权稳定性构成重大不利影响。

4. 查阅发行人《公司章程》《股东大会议事规则》《董事会议事规则》等文件，就特殊投资条款是否需参照《挂牌公司股票发行常见问题解答（四）——特殊投资条款》的规定履行审议程序、信息披露要求等事项进行核实。

5. 获取发行人实际控制人及一致行动人证券账户交易流水记录，核查相关责任主体的短线交易行为，并就短线交易事项对发行人本次公开发行并在精选层挂牌的影响进行核查。

参考回复思路

一、特殊投资条款的签订背景

公司属于家用及康复医疗器械行业，主要产品助听器的出口数据位于行业前列，拥有较好的发展前景；中信建投投资作为专业投资机构，因长期看好发行人所处行业及发行人自身业务发展前景，有意对公司进行股权投资。同时，王敏作为公司的实际控制人之一，为进一步促进公司的发展有意为公司引入战略资源，中信建投投资作为知名专业投资机构，将其引入作为公司的股东将有利于提高公司的知名度，为公司后续进一步引进其他战略资源打下基础。故经双方商谈后，于2020年11月，王敏与中信建投投资签署《股份转让协议》，王敏将其持有公司3.92%的股权转让给中信建投投资。上述《股份转让协议》约定了回购相关的特殊投资条款，符合专业投资机构对外进行股权投资的行业惯例。

二、特殊投资条款的主要内容

公司控股股东王敏与中信建投投资签署的《股份转让协议》中所涉及的特殊投资约定主要内容如下：

第六条　股权回购条款

1. 发生下列情形之一的，乙方（指中信建投投资）有权要求甲方（指王敏）按照本条第2款约定的条件和条款回购乙方持有的标的公司（指锦好医疗）全部或者部分股权：

（1）标的公司未能在2021年12月31日之前完成全国股份转让系统精选层挂牌；

（2）标的公司2020年度经审计之实际扣非净利润低于4000万元。

本条所指的“实际扣非净利润”是指经具有证券期货相关业务资格的会计师事务所审计的扣除非经常性损益的合并净利润。

2. 乙方提出回购要求的，甲方承诺按照乙方实际已支付的转让价款加上按照8%年利率单利计算资金占用成本的总和，股权转让价格的具体计算公式如下：

股权转让价格 = 乙方实际已支付的转让价款 ×（$1 + 8\% \times N + 365$）。其中，N为从甲方收到乙方实际支付的转让价款之日起至乙方收到全部股权转让价款之日止的天数。

3. 如果乙方根据本条发出书面回购要求的，甲方应当在乙方书面通知发出之日起30日内将上述股权转让价款通过场内或场外支付至乙方指定账户。乙方应自收到上述股权转让价款之日起30日内配合办理股权转让的变更手续。

三、根据特殊投资条款内容、审议程序、披露要求、中介机构意见等的规定说明相关协议是否符合前述要求，是否存在违反相关业务规则的情形，是否存在利益输送情形

根据全国股转公司于2019年4月19日发布的《挂牌公司股票发行常见问题解答（四）——特殊投资条款》［以下简称解答（四）］的规定，该解答适用于投资者参与挂牌公司股票发行时约定特殊投资条款的情形。中信建投投资受让发行人控股股东王敏部分股份(以下简称本次股份转让)系受让发行人原股东股份行为,不属于参与挂牌公司股票发行行为,因此,不适用解答(四)中的相关规定。

同时,公司对照解答(四)中的五项问答要求,说明如下:

(1)关于解答(四)第一项,"一、投资者参与挂牌公司股票发行时约定的特殊投资条款,应当符合哪些监管要求",本次股份转让符合相关要求,即本次股份转让约定的特殊投资条款不存在以下情形:

①挂牌公司作为特殊投资条款所属协议的当事人,但投资者以非现金资产认购或发行目的为股权激励等情形中,挂牌公司作为受益人的除外;②限制挂牌公司未来股票发行融资的价格或发行对象;③强制要求挂牌公司进行权益分派,或者不能进行权益分派;④挂牌公司未来再融资时,如果新投资方与挂牌公司约定了优于本次发行的特殊投资条款,则相关条款自动适用于本次发行认购方;⑤发行认购方有权不经挂牌公司内部决策程序直接向挂牌公司派驻董事,或者派驻的董事对挂牌公司经营决策享有一票否决权;⑥不符合相关法律法规规定的优先清算权、查阅权、知情权等条款;⑦触发条件与挂牌公司市值挂钩;⑧其他损害挂牌公司或者其股东合法权益的特殊投资条款。

(2)关于解答(四)第二项及第四项,即"二、挂牌公司对投资者参与股票发行时约定的特殊投资条款应当如何履行内部审议程序"与"四、主办券商与律师对投资者参与挂牌公司股票发行时约定的特殊投资条款应当如何发表专项核查意见"。

本次股份转让行为是发行人控股股东王敏与中信建投投资之间的股份转让行为,不属于股票发行,根据发行人的《公司章程》和相关业务规则,本次股份转让无须经过发行人董事会、股东大会审议,发行人无须出具股票发行方案及股票发行情况报告书,亦无须发行人主办券商与律师就此出具专项核查意见,不存在违反相关业务规则的情形。

(3)关于解答(四)第三项,"三、挂牌公司对投资者参与股票发行时约定的特殊投资条款应当如何披露",发行人对本次股份转让涉及的特殊投资条款已经充分披露。

2020年11月4日,发行人在全国股转系统信息披露平台发布《惠州市锦好医疗科技股份有限公司关于公司控股股东、实际控制人与投资方签订股份转让协议相关特殊条款的公告》(公告编号:2020-097),披露本次股权转让协议相关特殊条款的主要内容和合同履行对公司的影响。

(4)关于解答(四)第五项,“五、投资者参与挂牌公司股票发行时约定的特殊投资条款在备案审查通过后,是否可以变更或者新增”。

本次股份转让行为不属于股票发行,不需要履行备案审查程序,不适用上述情况。

此外,根据中国证券监督管理委员会于2020年7月31日发布的《监管规则适用指引——机构类第1号》的相关规定,“发行人拟在全国中小企业股份转让系统公开发行并在精选层挂牌的,在保荐机构对发行人提供保荐服务前后,保荐机构或者控股该保荐机构的证券公司,及前述机构的相关子公司,均可对发行人进行投资”,保荐机构的全资子公司中信建投投资对发行人的投资,符合上述监管规定。

综上分析,发行人控股股东王敏将其所持发行人3.92%股份转让给中信建投投资而签署的股份转让协议及约定的特殊投资条款,不存在违反解答(四)及相关业务规则的情形,不存在利益输送的情形。

四、特殊投资条款履行情况。请发行人补充披露:①报告期内是否存在触发股份回购或现金补偿等条款的情形,是否实际执行,实际执行的,回购股份、支付补偿款的资金来源;未实际执行的,是否需继续执行。②是否存在其他替代性利益安排,是否存在纠纷或潜在纠纷。③结合前述情况、发行人主要财务数据以及实际控制人财务状况,分析并补充披露特殊投资条款对发行人控制权稳定是否存在不利影响,并视情况揭示风险、作重大事项提示

根据致同出具的《审计报告》,发行人2020年度经审计的扣除非经常性损益后的净利润为3799.76万元,低于4000万元,触发上述股权回购条款。上述回购条款暂未实际执行。

2021年4月27日,中信建投投资与发行人实际控制人之一王敏签署了《王敏与中信建投投资有限公司关于惠州市锦好医疗科技股份有限公司股份转让协议之补充协议》(以下简称《股份转让协议之补充协议》),对股权回购条款修订如下:

“第二条　股权回购条款

2.1　尽管有《股份转让协议》第六条‘股权回购条款’的约定,双方确认:自本补充协议签署日起,原《股份转让协议》第六条‘股权回购条款’条款1之‘(2)标的公司2020年度经审计之实际扣非净利润低于4000万元’条款暂停(以下简称条款A)执行。如标的公司在2021年12月31日之前完成全国股份转让系统精选层挂牌,则条款 A 予以终止执行;如标的公司未能在 2021 年 12 月 31 日之前完成全国股份转让系统精选层挂牌,则条款 A 予以恢复执行。

2.2　本条约定相应地补充并优先于《股份转让协议》中的相关约定适用,甲方与乙方按照本条约定履行各自义务。"

根据上述《股份转让协议之补充协议》的相关约定,原《股份转让协议》已触发的股权回购条款尚未执行且暂停执行。根据《股份转让协议之补充协议》的约定,上述股权回购条款将在公司 2021 年 12 月 31 日前完成全国股份转让系统精选层挂牌时终止执行,或者在公司未能于 2021 年 12 月 31 日之前完成全国股份转让系统精选层挂牌时恢复执行。

除上述特殊投资约定事项外,发行人不存在其他特殊投资约定,不存在其他替代性利益安排,不存在股权纠纷或潜在纠纷。

五、特殊投资条款对发行人控制权稳定性的影响

根据中信建投投资与发行人控股股东王敏签署的《股份转让协议之补充协议》,原《股份转让协议》触发股权回购事项的条款已暂停执行。同时,根据发行人控股股东王敏提供的资产证明,发行人控股股东王敏有能力支付《股份转让协议》约定的股权回购款,且股权回购义务主体为发行人控股股东王敏而非发行人,王敏直接及间接控制的股份所享有的表决权达到 56.7242%,回购涉及的股权比例仅为发行人股权的 3.92%,回购约定不会对发行人控制权的稳定产生不利影响。

根据《证券发行上市保荐业务管理办法》的规定,保荐机构及其控股股东、实际控制人、重要关联方持有发行人股份的,保荐机构在推荐发行人证券发行上市时,应当进行利益冲突审查;根据《监管规则适用指引——机构类第 1 号》的相关规定,发行人拟在全国中小企业股份转让系统公开发行并在精选层挂牌的,在保荐机构对发行人提供保荐服务前后,保荐机构或者控股该保荐机构的证券公司,及前述机构的相关子公司,均可对发行人进行投资。

中信建投投资作为保荐机构重要关联方(全资子公司),其持有发行人股份事项已履行利益冲突审查程序,审核意见如下:根据《证券发行上市保荐业务管理办法》及《监管规则适用指引——机构类第 1 号》的规定,中信建投投资持有发行人 3.92% 的股份,通过披露可以消除影响,可以独立履行保荐职责。

第十三节　上市公司子公司北交所上市

发行人为上市公司直接或间接控制的公司的，关于其与上市公司之间的独立性、信息披露规范性、股票在北交所上市决策程序合规性等方面的核查及披露要求如下：

1. 是否存在上市公司为发行人承担成本费用、利益输送或其他利益安排等情形，对上市公司是否存在重大依赖，是否具有直接面向市场独立持续经营的能力。

2. 发行人信息披露与上市公司是否一致、同步。

3. 发行人及上市公司关于发行人本次申请股票公开发行的决策程序、审批程序与信息披露等是否符合中国证监会、证券交易所的相关规定，是否符合境外监管的相关规定(上市公司在境外上市的)，如果存在信息披露、决策程序等方面的瑕疵，是否存在影响本次发行的争议、潜在纠纷或其他法律风险。

4. 发行人收入利润等占上市公司合并报表的比重情况。

5. 发行人与上市公司在业务、资产、人员、财务、机构方面的分开情况；发行人高级管理人员、财务人员是否与上市公司存在交叉任职的情形。

6. 上市公司的子公司管理制度及其实际运行情况，上市公司对发行人的资金管理、利润分配等管理的具体情况，发行人的资金管理能否独立于控股股东。

7. 发行人与上市公司是否存在供应商或客户重合的情形；发行人与上市公司、实际控制人及其控制的其他企业间的关联交易情况，关联交易的程序合规性、定价公允性等。

8. 实际控制发行人及其控制的其他企业是否存在可能对发行人持续经营造成不利影响的重大风险，与发行人间是否存在对发行人有重大不利影响的同业竞争。

典型案例 2-13　颖泰生物

颖泰生物控股股东华邦健康(002004)为中小板上市公司。

参考核查程序

1. 保荐机构、发行人律师及申报会计师就报告期内是否存在上市公司为公司承担成本费用、利益输送或其他利益安排等情形与公司财务、业务等相关人员进行了解，与公司业务、财务及管理层就是否对上市公司存在重大依赖，是否具备直接面向市场独立持续经营的能力进行分析讨论。

2. 获取并审阅了公司报告期内经营数据、财务报告、业务资料等文件、公司实际控制人银行流水、公司控股股东财务报表、公司决策制度以及关于本次申请股票公开发行并在精选层挂牌的董事会审议文件及股东大会审议文件等决策文件、上市公司关于公司本次申请股票公开发行并在精选层挂牌的决策制度及审批文件等。

3. 查阅公司及上市公司在全国股转系统及深圳证券交易所的公开披露文件。

参考回复思路

一、不存在上市公司为发行人承担成本费用、利益输送或其他利益安排等情形，对上市公司不存在重大依赖，具有直接面向市场独立持续经营的能力

公司控股股东华邦健康为控股型公司，主要承担管理职能，具体业务由各控股子公司负责运营。华邦健康严格按照《公司法》《深圳证券交易所中小企业板上市公司规范运作指引》等法律法规和规范性文件的要求进行公司治理。公司为华邦健康农化业务板块的运营主体，亦为新三板挂牌公司，在上市公司规范运作的体系下严格按照《非上市公众公司监督管理办法》、《全国中小企业股份转让系统挂牌公司治理规则》及《公司章程》的要求合规运作。公司在业务、资产、人员、财务、机构方面均与上市公司保持独立性，详见本问询函关于本问题之“五、发行人与华邦健康在业务、资产、人员、财务、机构方面的分开情况”之回复。

综上所述，公司不存在上市公司为发行人承担成本费用、利益输送或其他利益安排等情形。公司作为华邦健康一级控股子公司，系华邦健康农化业务板块的经营主体，不存在对上市公司重大依赖的情形，公司具有直接面向市场独立持续经营的能力，符合《全国中小企业股份转让系统精选层挂牌审查问答（一）》（以下简称《审查问答（一）》）问题 23 的要求。

二、发行人信息披露与上市公司一致、同步

本次公开发行股票并在全国中小企业股份转让系统精选层挂牌事项，上市公司及发行人分别按照中国证监会、深圳证券交易所、全国股转公司等相关法律法规及业务规则履行信息披露业务，具体如表 2－173 所示：

表 2－173　信息披露情况

序号	信息披露主要事项	发行人披露日期	发行人发布文件	上市公司披露日期	上市公司发布文件
1	关于本次发行方案	2020 年 2 月 13 日	《第二届董事会第十次会议决议公告》《第二届监事会第七次会议决议公告》	2020 年 2 月 14 日	《关于控股子公司拟向不特定合格投资者公开发行股票并在精选层挂牌的提示性公告》
2	关于本次发行辅导备案情况信息	2020 年 2 月 18 日	《关于向不特定合格投资者公开发行股票并在精选层挂牌辅导备案的提示性公告》	2020 年 2 月 19 日	《关于控股子公司申报向不特定合格投资者公开发行股票并在精选层挂牌辅导备案的提示性公告》
3	关于本次发行辅导验收情况信息	2020 年 3 月 16 日	《关于通过北京证监局向不特定合格投资者公开发行股票并在精选层挂牌辅导验收的提示性公告》	2020 年 3 月 17 日	《关于控股子公司通过北京证监局向不特定合格投资者公开发行股票并在精选层挂牌辅导验收的提示性公告》
4	关于本次发行停牌信息	2020 年 4 月 27 日	《拟公开发行股票并在精选层挂牌的停牌公告》	2020 年 4 月 28 日	《关于控股子公司北京颖泰嘉和生物科技股份有限公司拟公开发行股票并在精选层挂牌的停牌公告》
5	关于本次发行获得全国中小企业股份转让系统有限责任公司受理	2020 年 4 月 28 日	《关于向不特定合格投资者公开发行股票并在精选层挂牌申请获得全国中小企业股份转让系统有限责任公司受理的公告》	2020 年 4 月 29 日	《关于控股子公司北京颖泰嘉和生物科技股份有限公司拟公开发行股票并在精选层挂牌申请获得全国中小企业股份转让系统有限责任公司受理的公告》

注：发行人与上市公司关于本次公开发行股票并在全国中小企业股份转让系统精选层挂牌事项信息披露日期存在差异系全国股转系统与深圳证券交易所信息披露上传、挂网机制不同导致，不存在实质影响。

综上所述，发行人作为深圳证券交易所中小板上市公司华邦健康的控股子公司，关于本次公开发行股票并在全国中小企业股份转让系统精选层挂牌事项重要节点的信息披露与上市公司保持一致、同步，符合《审查问答（一）》问题 23 的要求。

三、发行人及上市公司关于发行人本次申请公开发行股票并在精选层挂牌的决策程序、审批程序与信息披露等符合中国证监会、证券交易所的相关规定，不适用符合境外监管的相关规定（上市公司在境外上市的），不存在信息披露、决策程序等方面的瑕疵，不存在影响本次发行的争议、潜在纠纷或其他法律风险

1. 发行人关于本次发行的决策程序、审批程序与信息披露情况

2020 年 2 月 13 日及 2020 年 2 月 28 日，发行人第二届董事会第十次会议、第二届监事会第七次会议及 2020 年第一次临时股东大会审议通过了《关于申请向不特定合格投资者公开发行股票并在精选层挂牌的方案的议案》《关于公司向不特定合格投资者公开发行股票并在精选层挂牌募集资金运用可行性分析报告的议案》《关于公司前次募集资金使用情况报告的议案》《关于提请股东大会授权董事会全权办理公司向不特定合格投资者公开发行股票并在精选层挂牌相关事宜的议案》《关于制定精选层挂牌后适用的〈北京颖泰嘉和生物科技股份有限公司章程（草案）〉的议案》《关于修订现行有效〈公司章程〉及相关议事规则的议案》等与本次发行相关的议案。公司已于 2020 年 2 月 13 日及 2020 年 3 月 2 日在全国股转系统信息披露平台上履行了披露义务。

2020 年 4 月 10 日及 2020 年 4 月 25 日，公司第二届董事会第十三次会议、第二届监事会第十次会议及 2020 年第二次临时股东大会审议通过了《关于公司向不特定合格投资者公开发行股票并在精选层挂牌的股票发行底价的议案》等与本次发行相关的议案。公司已于 2020 年 4 月 10 日及 2020 年 4 月 27 日在全国股转系统信息披露平台上履行了披露义务。发行人关于本次申请股票公开发行并在精选层挂牌的董事会、监事会及股东大会的召集、召开、表决程序符合法律、法规、规范性文件和公司内部制度的规定，所作决议真实、合法、有效。发行人已按照中国证监会、全国股转公司等相关规定及时履行了信息披露义务。

2. 上市公司关于发行人本次发行的决策程序、审批程序与信息披露

公司作为上市公司华邦健康的一级控股子公司，根据相关法律法规及中国证监会、深圳证券交易所等相关规则以及上市公司华邦健康《公司章程》等管理制度文件，本次向不特定合格投资者公开发行股票并在精选层挂牌无须经上市公司华邦健康董事会、股东大会审议，华邦健康按照内部制度已履行总经理决策程序。华邦健康以公司股东身份出席发行人审议有关本次发行事项的股东大会，以投票表决方式参与决策，关于公司本次发行的所有相关议案均投票“赞成”。

上市公司已按照中国证监会、深圳证券交易所等相关规定及时履行了信息

披露义务,上市公司与发行人信息披露一致、同步,具体参见本问题之“二、发行人信息披露与上市公司一致、同步”之回复。

综上所述,上市公司华邦健康在深圳证券交易所上市,不属于境外上市情形。公司及上市公司华邦健康关于公司本次申请股票公开发行并在精选层挂牌的决策程序、审批程序与信息披露等符合中国证监会、证券交易所的相关规定,不存在信息披露、决策程序等方面的瑕疵,不存在影响本次发行的争议、潜在纠纷或其他法律风险。

四、发行人收入、利润等占华邦健康合并报表的比重情况

报告期内,发行人收入、利润占控股股东华邦健康合并报表的比重情况如表2-174所示:

表2-174 发行人收入、利润占控股股东华邦健康合并报表的比重情况

单位:万元,%

科目		2017年度	2018年度	2019年度
营业总收入	发行人	613,966.87	623,231.43	529,518.54
	华邦健康	910,890.04	1,057,362.75	1,009,137.05
	占比	67.40	58.94	52.47
营业利润	发行人	38,338.81	61,821.52	31,994.66
	华邦健康	70,984.21	109,096.02	115,596.69
	占比	54.01	56.67	27.68
归母净利润	发行人	29,163.19	44,348.45	28,168.53
	华邦健康	50,790.56	51,133.76	62,020.58
	占比	57.42	86.73	45.42

发行人作为华邦健康的一级控股子公司,业务运营情况成熟且较为稳定,具有较强的盈利能力,系华邦健康农化板块的经营主体。虽然公司2019年受外部环境等影响收入、利润出现一定程度的下滑,但整体上未对上市公司造成不利影响。除公司所经营的农化业务板块外,华邦健康主营业务还覆盖医药、新材料、旅游、医疗等多个业务板块,各业务板块独立运作且情况良好,2017年、2018年及2019年华邦健康归母净利润分别为50,790.56万元、51,133.76万元及62,020.58万元,呈持续上升的态势,具备较强的持续经营能力及盈利能力。

五、发行人与华邦健康在业务、资产、人员、财务、机构方面的分开情况；发行人高级管理人员、财务人员是否与华邦健康存在交叉任职的情形

1. 公司业务独立

公司与控股股东及其下属企业间在业务上相互独立，不存在同业竞争关系，且公司实际控制人已承诺未来不经营与公司可能发生同业竞争的业务。

公司是独立从事生产经营的企业法人，拥有独立、完整的业务承接、材料采购、产品生产和售后服务体系。产品生产所需的商标、专利技术等知识产权为公司合法拥有或使用，没有产权争议。

公司独立对外签订所有合同，具有独立作出承接业务的决策能力，独立从事生产经营活动，任何一个业务环节均不存在依赖控股股东的情况。

2. 公司资产独立

公司具有开展生产经营所必备的资产，与生产经营相关的房产设备等固定资产、土地使用权、商标、专利、专有技术等无形资产的权属均为公司所有，目前不存在股东单位及其他关联方占用发行人资金、资产和其他资源的情形，不存在依赖股东单位及其他关联方进行生产经营的情况，具有开展生产经营所必备的独立完整的资产。截至本回复出具之日，公司的资产未以任何形式被控股股东、实际控制人、其他股东及其关联方占用，亦不存在为控股股东、实际控制人、其他股东及其关联方提供担保的情形。

3. 公司人员独立

公司已建立了独立的劳动、人事和工资管理体系。公司员工与公司签订了《劳动合同》。公司董事、监事、高级管理人员严格按照《公司法》《公司章程》的有关规定，通过合法程序产生和聘任。高级管理人员由董事会聘任；高级管理人员、核心技术人员均在公司专职工作并领取薪酬；高级管理人员没有在控股股东及其关联企业兼任除董事、监事外的其他职务。

4. 公司财务独立

公司已按照《企业会计准则》建立了独立核算体系，制定了完善的财务管理制度。公司设立了独立的财务部门，配备了独立的财务人员，财务负责人和其他财务人员不在控股股东及其控制的单位任职。公司成立时即开设了独立的银行账号，资金独立运作并独立纳税，与股东单位无混合纳税现象。公司独立作出财务决策，不存在控股股东干预公司资金使用的情况，不存在以资产、权益或信誉为控股股东提供担保的情况，不存在资产、资金被其控股股东占用而损害公司和其他股东利益的情况。

5. 公司机构独立

公司设立了股东大会、董事会和监事会，形成了有效的法人治理结构。公司已经建立了完整独立的组织机构，并制定了相应的内部管理和控制制度，使各部门之间分工明确、各司其职、相互配合，从而构成了一个有机的整体，保证公司的依法运作。公司职能部门与控股股东的职能部门之间不存在上下级关系。公司与控股股东各自拥有独立的办公和生产经营场所。公司与控股股东、实际控制人及其控制的其他企业不存在合署办公、混合经营的情况。

综上所述，发行人在业务、资产、机构、人员、财务方面与控股股东及其关联方相互独立，拥有完整的业务体系和面向市场独立经营的能力。

发行人高级管理人员包括总经理陈伯阳先生、副总经理王满先生、财务总监叶顶万先生以及董事会秘书刘晓亮先生。上市公司华邦健康高级管理人员包括总经理张海安先生、财务总监王剑先生以及董事会秘书彭云辉女士，发行人高级管理人员与华邦健康不存在交叉任职的情形。发行人在业务、资产、机构、人员、财务方面与华邦健康保持相互独立，各自建立了独立的财务管理制度及财务部门，配备了专门的财务人员。综上所述，发行人高级管理人员、财务人员与华邦健康不存在交叉任职的情形。

六、华邦健康的子公司管理制度及其实际运行情况，华邦健康对发行人的资金管理、利润分配等管理的具体情况，发行人的资金管理能否独立于控股股东

华邦健康作为控股型上市公司，主营业务覆盖医药、农化、新材料、旅游、医疗等多个业务板块，发行人作为华邦健康的一级控股子公司，系华邦健康农化板块的经营主体。华邦健康根据《公司法》《上市公司治理准则》《深圳证券交易所股票上市规则》《深圳证券交易所中小企业板上市公司规范运作指引》等法律、法规、部门规章和《公司章程》规定了《华邦生命健康股份有限公司控股子公司内部控制制度》，该制度意旨在遵循国家法律、中国证监会、深圳证券交易所、全国中小企业股份转让系统等监管要求下，加强华邦健康对控股子公司的管理，确保控股子公司规范、高效、有序运作，切实保护投资者利益。控股子公司在华邦健康总体方针目标下，独立经营和自主管理，合法有效地运作法人财产。华邦健康按照有关法律法规和上市公司规范运作要求，行使对控股子公司重大事项的管理权，不存在干涉子公司经营管理和独立经营的情况。

发行人为在新三板挂牌的公司，严格遵守国家法律、中国证监会及全国股转公司的监管要求，已按照《公司法》《证券法》等有关法律法规的要求，参照上市公司的要求，建立了科学和规范的法人治理结构，制定和完善了相关内部控制制度，公司股东大会、董事会、监事会、独立董事、董事会秘书制度逐步完善，依法规范运作，管理效率不断提高，保障了公司经营管理的有序进行。公司先后对股东大会、董事会、监事会的职权进行了规范，制定了《公司章程》《股东大会议事规则》《董事会议事规则》《监事会议事规则》《关联交易管理制度》《对外担保管理制度》《对外投资管理制度》《信息披露管理制度》《投资者关系管理制度》等，并能够有效执行上述制度。报告期内，公司治理情况良好，不存在重大缺陷；公司股东大会、董事会、监事会依法规范运作，相关人员能切实履行各自的权利、义务与职责。

在重要事项决策方面，发行人控股股东华邦健康主要通过股东大会行使股东权利。日常经营管理由发行人自主负责，发行人总经理、副总经理、财务总监等高级管理人员均由发行人董事会自主聘任。

在财务及资金管理方面，华邦健康在充分保证子公司财务独立性的前提下，对控股子公司财务实行全面预算管理，严格控制与其关联方之间资金、资产及其他资源往来，避免关联方非经营性占用控股子公司资源情形的发生。报告期内，未发生控股股东、实际控制人及其关联方违规占用公司资金的情形。发行人控股股东华邦健康根据公司业务需要，在法律法规及业务规则允许的情况下，参照市场贷款利率为基准向公司提供借款，为公司提供无偿担保。控股股东对子公司提供借款及担保的行为在上市公司中较为普遍。

在利润分配方面，华邦健康鼓励控股子公司按照其年度合并财务报表归属于母公司所有者净利润的一定比例以现金方式向母公司分配利润。发行人按照当期经营成果，在不影响公司自身经营需要的前提下与股东共享当期经营效益，报告期内公司利润分派均按照相关法律法规及业务规则合规履行审议及披露程序后向股东实施。

综上所述，华邦健康对发行人的资金管理、利润分配等管理均按照相关法律、法规、业务规则以及上市公司及公司《公司章程》等内部制度执行，发行人能够保持在业务、资产、机构、人员、财务方面与控股股东及其关联方相互独立，发行人资金管理能够独立于控股股东。

七、发行人与华邦健康是否存在供应商或客户重合的情形；发行人与华邦健康、实际控制人及其控制的其他企业间的关联交易情况，关联交易的程序合规性、定价公允性等

华邦健康系一家控股型上市公司，其主要承担管理职能，具体经营业务已下沉至子公司。发行人系华邦健康的一级控股子公司，作为华邦健康农化板块的经营主体，与华邦健康及其控制的其他业务板块经营主体不存在同业竞争情况。但因控股股东医药、新材料等业务板块公司生产所需原材料与公司生产所需原材料均属于基础化工品类，发行人与华邦健康及其控制的其他公司存在极小部分供应商重合的情形。报告期内，发行人向与华邦健康控制的公司重合的少数供应商合计采购的金额分别为413.74万元、702.48万元和144.40万元，占公司当期采购总额的比重分别为0.08%、0.16%和0.04%，占比极低。其中，主要系向江苏怡达化学股份有限公司（以下简称怡达股份）采购。报告期内，公司主要从怡达股份采购丙二醇甲醚用于生产酰胺类除草剂；华邦健康控制的公司主要从怡达股份采购乙二醇单丙醚用于生产氯醚。除怡达股份外，公司及华邦健康控制的企业从其他个别供应商处采购不同的基础化学原料及五金配件等辅材，用于生产不同的产品和设备维修。虽然公司与华邦健康及其控制的企业存在少部分重叠供应商的情形，但采购的具体原料不同、生产的主要产品不同，且均独立作出采购决策，不存在同业竞争。发行人与华邦健康及其控制的其他公司独立运作，独立从事采购、生产、销售等经营行为，即使存在极小部分供应商重合的情形，也不会对发行人生产经营产生影响。

报告期内，发行人除与公司子公司及参股公司发生的关联交易外，与华邦健康、实际控制人及其控制的其他企业间的关联交易主要为向华邦健康子公司凯盛新材采购商品、接受华邦健康关联担保、向华邦健康投入资金及与华邦健康子公司华邦融汇开展商业保理业务等，具体如下：

1. 向华邦健康子公司凯盛新材采购商品

凯盛新材系华邦健康一级控股子公司，报告期内公司向凯盛新材采购化工原材料等商品，该等关联采购属于日常性关联交易，公司每年对日常性关联交易进行年度预计，报告期内，公司及子公司预计向凯盛新材采购化工原材料，总金额每年不超过4000万元。2017年、2018年、2019年，公司向华邦健康子公司凯盛新材关联采购金额分别为2952.09万元、2529.95万元、3021.05万元，关联采购金额均在每年度预计范围内，不存在未经审批决策而开展关联交易的情形。上述公司向凯盛新材采购氯醚等化工原材料具体关联交易价格情况及公允性分析详见本回复“问题26：关于关联交易”之“（2）结合报告期内公司向关联方采购的原材料类型、数量、单价及金额，与向独立第三方采购的同类型产品进行对比分析，补充披露关联交易价格的公允性和必要性”。

综上所述，报告期内，公司与华邦健康子公司凯盛新材之间的关联交易程序合规、定价公允，符合原材料市场价格水平，不存在损害公司及公司股东利益的情形。

2. 接受华邦健康关联担保

报告期内，控股股东华邦健康为公司及子公司部分借款以及公司债券提供担保，截至2019年12月31日关联担保情况具体如表2－175所示：

表2－175　关联担保情况

序号	担保人	科目	担保额度/万元
1	华邦健康	短期借款	161,247.829
2	华邦健康	长期借款	48,138.12

除上述接受控股股东华邦健康关联担保外，经中国证券监督管理委员会证监许可[2016]2851号文核准，公司于2017年11月面向合格投资者公开发行公司债券12亿元（债券简称"17颖泰01"，债券代码：143383），票面利率6.80%，发行日为2017年11月8日，债券期限5年，附债券发行后第3年年末发行人调整票面利率选择权和投资者回售选择权。控股股东华邦健康为上述公司债券的本金、相应票面利息、违约金、损害赔偿金和实现债权的费用等提供不可撤销的连带责任保证。截至本回复出具日，上述公司债券未发生违约情形，控股股东华邦健康担保责任仍在履行中。

控股股东华邦健康为公司提供的关联担保主要系满足为公司提供贷款的商业银行审批程序及内部风控管理要求，由控股股东为公司银行融资及债权融资提供担保。上述控股股东为公司提供关联担保未收取费用，有利于公司经营发展，详见本回复"问题26：关于关联交易"之"（4）说明报告期内关联方为发行人担保的原因、担保方式、担保状态，是否履行了必要程序，是否合法合规，是否存在影响发行人独立性的情形"。

3. 关联方资金拆借

挂牌前公司为上市公司华邦健康的全资子公司，因自身经营资金需求及业务发展需要向华邦健康拆入资金。自2015年公司在全国股转系统挂牌后，公司严格遵守中国证监会及全国股转公司相关法律法规及业务规则的要求，在业务、资产、人员、财务、机构方面与控股股东严格保持独立，未新增向华邦健康拆入资金。

2017年、2018年、2019年公司应支付华邦健康本金及利息余额为148,036.95万元、109,883.83万元、39,293.72万元，报告期内公司经营情况稳定，利用闲置资金逐步偿还上述拆借资金，拆借资金余额历年递减，未发生向控股股东新增拆借的情形。

4. 关联商业保理业务

报告期内,公司与控股股东下属子公司华邦融汇开展商业保理业务,截至2019 年 12 月 31 日,关联商业保理业务余额为 11,917.20 万元。控股股东下属子公司华邦融汇经营范围"商业保理",注册资本及实缴资本 20,000 万元人民币。公司及子公司与华邦融汇开展商业保理业务系基于公司资金状况及业务发展需求而进行的融资周转,属于正常商业行为,具有合理商业背景。上述关联商业保理业务借款利率为 6.85%,主要参照正常商业保理市场利率进行定价,不存在损害公司及公司股东利益的情形。

5. 上述关联交易程序合规情况

为确保公司关联交易正常开展,公司按照《公司法》、中国证监会及全国股转公司等主管部门制定的法律法规、业务规则及公司内部管理制度对上述关联交易履行了决策程序和信息披露义务,具体如表 2 – 176 所示:

表 2 – 176　履行决策程序和信息披露义务情况

股东大会届次	召开时间	议案名称
2017 年第一次临时股东大会	2017 年 1 月 13 日	《关于预计 2017 年度日常性关联交易的议案》
2018 年第一次临时股东大会	2018 年 1 月 15 日	《关于预计 2018 年度日常性关联交易的议案》
2018 年第二次临时股东大会	2018 年 4 月 9 日	《关于开展商业保理业务暨关联交易的议案》
2019 年第一次临时股东大会	2019 年 1 月 18 日	《关于公司 2018 年度增加日常性关联交易预计及预计 2019 年度日常性关联交易的议案》

上市公司华邦健康按照《公司法》、中国证监会及深圳证券交易所等主管部门制定的法律法规、业务规则及上市公司内部管理制度,对为公司提供关联担保履行了决策程序和信息披露义务,具体如表 2 – 177 所示:

表 2 – 177　华邦健康履行决策程序和信息披露义务情况

股东大会届次	召开时间	议案名称
2016 年第一次临时股东大会	2016 年 2 月 18 日	《关于公司及控股子公司 2016 年度向银行申请授信额度及担保事项的议案》
2017 年第一次临时股东大会	2017 年 1 月 16 日	《关于公司及控股子公司 2017 年度向银行申请授信额度及担保事项的议案》

续表

股东大会届次	召开时间	议案名称
2017年第二次临时股东大会	2017年12月29日	《关于公司及控股子公司2018年度向银行申请授信额度及担保事项的议案》
2018年第四次临时股东大会	2018年12月24日	《关于公司及控股子公司2019年度向银行申请授信额度及担保事项的议案》

综上所述，公司与华邦健康、实际控制人及其控制的其他企业间关联交易均基于公司实际经营需要发生，具有真实、必要的商业背景，按照市场价格确定交易价格，程序合规、定价公允，不存在损害公司及公司股东利益的情形。

八、华邦健康、实际控制人及其控制的其他企业是否存在可能对发行人持续经营造成不利影响的重大风险，与发行人间是否存在对发行人有重大不利影响的同业竞争

华邦健康自2004年在深圳证券交易所上市以来，以医药生产、销售为基础，经过十几年的发展逐步成为一家集医药、农化、新材料、旅游、医疗等多个业务板块为一体的控股型上市公司。在深圳证券交易所上市期间，华邦健康规范运作，严格遵守相关法律法规及业务规则。除此之外，发行人是上市公司华邦健康农化业务板块的经营主体，专注于农化业务的发展，与华邦健康、实际控制人及其控制的其他企业在业务、资产、人员、财务、机构方面均保持独立运作，具体情况详见本问询函关于本问题之“五、发行人与华邦健康在业务、资产、人员、财务、机构方面的分开情况”之回复。华邦健康、实际控制人及其控制的其他企业不存在可能对发行人持续经营造成不利影响的重大风险。

发行人在农化行业深耕多年，系一家以研发为基础、以市场需求为先导的农化产品供应商，主要从事农药原药、中间体及制剂产品的研发、生产、销售和GLP技术服务，产品涵盖除草剂、杀虫剂、杀菌剂三大类。根据《国民经济行业分类》（GB/T 4754－2011），公司属于农药制造业中的农药制造行业，行业代码为C263，细分行业为化学农药制造行业，行业代码为C2631。

华邦健康经营范围包括从事投资业务（不得从事吸收公众存款或变相吸收公众存款、发放贷款以及证券、期货等金融业务），精细化工、生物化学、试剂产品开发及自销（国家法律法规规定需前置许可或审批的项目除外），药品研究，新型农药产品研发及相关技术开发、转让及咨询服务，销售化工产品及原料（不含危险化学品）、香精、分析仪器、电子计算机及配件、日用百货、普通机械、建筑材料及装饰材料（不含危险化学品）、五金、交电，货物及技术进出口，房屋租赁。

华邦健康为控股型公司，主要业务下沉至各子公司，业务涵盖医药及农化产品的研发、生产、销售、医疗服务、旅游投资及运营等板块，公司系华邦健康的农化业务板块的经营主体。

华邦健康、实际控制人及其控制的其他企业除主营业务为医药、兽药化工原药生产企业外，凯盛新材从事精细化工产品及新型高分子材料的研发、生产及销售，与发行人从事的农药产品的生产和销售不存在同业竞争情况，具体分析如下：

凯盛新材为新三板挂牌公司（证券代码：839711），主营业务为精细化工产品及新型高分子材料的研发、生产和销售，主要产品为氯化亚砜、间/对苯二甲酰氯、对硝基苯甲酰氯、聚醚酮酮、氯醚等。经过多年的发展，凯盛新材建立了以氯、硫基础化工原料为起点，生产精细化工中间体氯化亚砜，进一步延伸到高性能纤维芳纶的聚合单体间/对苯二甲酰氯及对硝基苯甲酰氯等，再到高性能高分子材料聚醚酮酮（PEKK）及其相关功能性产品的特色鲜明的立体产业链结构。

凯盛新材与发行人生产经营依赖的关键资源不同、产品用途不同、主要客户和供应商不同，不存在互相替代及竞争关系，与发行人间不存在对发行人有重大不利影响的同业竞争。

1. 生产经营依赖的关键资源不同

根据全国股转公司《挂牌公司管理型行业分类指引》，凯盛新材所属行业为化学原料和化学制品制造业中的合成纤维单（聚合）体制造，其生产经营受主要受安全生产监督管理局等监管，核心生产资质为《全国工业产品生产许可证》《安全生产许可证》《危险化学品登记证》。

根据全国股转公司《挂牌公司管理型行业分类指引》，发行人所属行业为制造业中的化学农药制造业，其生产经营主要受农业农村部监管，生产经营需取得的核心资质为《农药生产许可证》《农药经营许可证》《农药登记证》。此外，凯盛新材与发行人的专利、商标等主要核心知识产权均不同。

综上所述，凯盛新材和发行人生产经营依赖的关键资源不同。

2. 产品用途不同，相互间不存在替代关系

凯盛新材主要产品包括氯化亚砜（亚硫酰氯）、高纯度芳纶聚合单体（间/对苯二甲酰氯）、对硝基苯甲酰氯、氯醚、聚醚酮酮等。其产品应用于高性能纤维、医药、食品添加剂、农药及高分子新材料等行业。其中，凯盛新材核心产品高纯度芳纶聚合单体主要用于生产高性能纤维芳纶，终端应用于国防军工、安全防

护、工业环保、航空航天、汽车制造、电子信息等领域。

发行人主要产品为除草剂、杀虫剂、杀菌剂等农药产品及中间体，其中农药产品最终用于农作物防治病虫害，中间体主要包括氟苯和3－氯－2－甲基苯胺，可用于生产农药产品或染料等。

综上所述，凯盛新材与发行人产品用途不同，相互不存在替代关系。

3. 主要客户及供应商不同

凯盛新材的下游客户主要集中在芳纶纤维、医药、食品添加剂、染料等行业。凯盛新材核心产品高纯度芳纶聚合单体主要用于生产高性能纤维芳纶，终端应用于国防军工、安全防护、工业环保、航空航天、汽车制造、电子信息等领域，主要客户包括美国杜邦特种产品有限公司、日本东丽工业株式会社等芳纶生产企业，主要供应商包括浙江皇马科技股份有限公司、恒力石化（大连）有限公司等。

发行人主要从事农药原药、中间体及制剂产品的研发、生产、销售和GLP技术服务，主要产品包括除草剂、杀菌剂、杀虫剂和中间体。下游客户主要为农化企业，主要包括安道麦、科迪华、纽发姆等，上游供应商主要为卓辰实业（上海）有限公司、双阳化工淮安有限公司、江苏长青农化股份有限公司等。

综上所述，凯盛新材和发行人的主要客户和供应商不同。

为进一步维护公司及股东的合法权益，保证公司业务及未来持续经营不受同业竞争影响，实际控制人作出关于避免和消除同业竞争的承诺，详见公开发行说明书“第四节　发行人基本情况”之“九、重要承诺”之“1. 实际控制人关于避免和消除同业竞争的承诺”。

综上所述，华邦健康、实际控制人及其控制的其他企业不存在可能对发行人持续经营造成不利影响的重大风险，与发行人间不存在对发行人有重大不利影响的同业竞争。

第三章　终止审核项目

北交所自2021年11月15日开市以来,截至2022年10月2日,北交所上市企业数量共130家。有109家企业终止审核,82家过会。

上述终止审核企业分布在14个行业,其中软件和信息技术服务业终止审核企业数量最多为16家;计算机、通信和其他电子设备制造业、生态保护和环境治理业8家;医药制造业7家;电器机械和器材制造业、化学原料和化学制品制造业、专用设备制造业各6家。终止审核的原因如下:

1. 财务规范性和持续盈利能力是北交所审核的关注重点。

2. 中小企业管理结构不完善,在选择辅导的券商和准备材料时经验不足。

3. 技术含量和创新能力不足。

一、泰达新材,2022年9月22日被否决

1. 主营业务

重芳烃氧化系列产品研发、生产与销售。公司主要产品偏苯三酸酐是生产绿色、环保型增塑剂、高端粉末涂料、高级绝缘材料等产品的重要原料。

2. 报告期业绩(见表3-1)

表3-1　报告期业绩

项目	2022年中报	2021年年报	2020年年报	2019年年报
每股指标				
每股收益-基本/元	0.65	1.51	0.81	0.13
每股收益-期末股本摊薄/元	0.65	1.51	0.81	0.13
利润表摘要				
营业总收入/亿元	1.81	2.82	2.09	1.39
净利润/亿元	0.28	0.65	0.35	0.06
归属母公司股东的净利润/亿元	0.28	0.66	0.35	0.06
资产负债表摘要				
资产总计/亿元	3.58	3.17	2.53	2.08
股东权益/亿元	2.46	2.33	1.69	1.48
经营活动产生的现金净流量/亿元	0.21	0.61	0.18	0.20

3. 否决原因

上市审核中心在审核问询中重点关注了公司毛利率显著高于同行业公司及业绩大幅波动的合理性等问题。发行人及中介机构未就报告期内毛利率显著高于同行业上市公司的合理性、净利润连续大幅增长的合理性进行充分的解释、说明。

二、嘉利通,2022年10月17日终止

1. 主营业务

以城市治理创新应用为核心,深耕智慧城市领域,专注于为政府相关部门提供数字政府、智慧城管、社会治理、智慧公安、智慧交通等一站式信息化解决方案,涵盖项目方案设计、实施和运维服务。

2. 报告期业绩(见表3-2)

表3-2　报告期业绩

项目	2022年中报	2021年年报	2020年年报	2019年年报
每股指标				
每股收益-基本/元	-0.20	1.70	1.67	0.68
每股收益-稀释/元	-0.20	1.70	1.67	0.68
资产负债率/%	39.08	44.60	59.26	66.99

续表

项目	2022 年中报	2021 年年报	2020 年年报	2019 年年报
利润表摘要				
营业总收入/亿元	0.39	2.58	2.44	1.32
净利润/亿元	-0.06	0.51	0.50	0.20
资产负债表摘要				
资产总计/亿元	2.89	3.28	3.21	2.44
股东权益/亿元	1.76	1.82	1.31	0.80
经营活动产生的现金净流量/亿元	0.08	0.14	-0.06	0.00

3. 主要反馈问题

问题 1. 业务模式披露不清晰、不充分

(1)业务模式披露是否准确。(2)信息系统集成业务披露是否准确。(3)拓展软件开发业务的可行性。

问题 2. 订单获取合规性及业务是否可持续

(1)是否存在市场区域集中且业务拓展不及预期风险。(2)是否存在业绩大幅下滑风险。(3)是否存在对单一不确定重大项目依赖的风险。(4)订单获取的合规性。

问题 3. 关联交易合规性及公司是否有独立持续经营能力

(1)2019 年至 2021 年,发行人向实际控制人李刚租赁房产,租金分别为 14.4 万元、156.99 万元、156.99 万元。(2)报告期内,实际控制人及黑龙江省鑫正融资担保集团有限公司、哈尔滨科创融资担保有限公司多次为发行人融资提供担保。

问题 4. 收入的真实性及业绩增长的可持续性

报告期各期发行人营业收入分别为 13,240.47 万元、24,406.61 万元、25,822.64 万元,扣非后归母净利润分别为 2018.89 万元、4991.86 万元、5063.69 万元。其中,信息系统集成业务收入占比较高,各期收入分别为 9937.68 万元、19,953.16 万元、16,469.46 万元;2021 年软件开发收入大幅增长,各期收入分别为 319.16 万元、261.11 万元、5148.05 万元。

问题 5. 收入确认合规性和季节性波动的合理性

(1)发行人自 2020 年开始执行新收入准则,对信息系统集成、信息设备销售、软件开发业务由之前的完工百分比法变更为终验法确认收入。发行人对

2019年度收入确认政策进行了追溯调整，营业收入由13,773.38万元调减至13,240.47万元，差异率3.87%；净利润由2370.71万元调减至2046.67万元，差异率13.67%。（2）2021年公司信息系统运维业务根据合同规定在服务期间内按直线法确认收入，报告期各期信息系统运维业务收入分别为0万元、0万元、441.51万元。（3）受政府机构年度财政预算季节性和项目建设周期的影响，项目验收工作主要集中在第四季度，第四季度主营业务收入占比分别为62.20%、58.94%、41.13%，呈下降趋势。

问题6.“和林格尔县城市安全及交通设备项目”会计处理的合规性

根据申请文件，2017年发行人在推进“和林格尔城市安全及交通设备项目重新规划IP重新组建平台”及“和林格尔县城市安全及交通设备”两个项目一期工程的过程中，与项目甲方签订了《和林格尔城市安全及交通设备项目（合同外部分设备）主材认购单》，即在原合同范围外额外采购一批设备。发行人交付设备后，因工程量核算、甲方预算等原因，甲方有意变更合同金额，截至2020年年底，发行人尚未收回该部分款项，全额计提了存货跌价准备420.49万元。2021年年底，甲方同意对发行人进行补偿，同意以247.92万元出具《竣工结算审定签署表》，发行人已收讫上述款项，并已确认收入247.92万元，核销了以前年度全额计提的存货跌价准备，项目毛利率为100%。

问题7.毛利率高于可比公司的合理性

报告期内，发行人综合毛利率分别为40.58%、40.36%、40.85%，同行可比公司毛利率均值分别为35.09%、35.28%、30.64%，公司整体毛利率高于同行业可比公司。

问题8.现金流是否存在断裂风险及对生产经营的影响

（1）经营活动现金流远低于净利润且长期为负。（2）应收账款是否存在规模扩大或无法回收风险。（3）预收账款/合同负债大幅降低的原因及合理性。

问题9.成本核算的准确性

发行人采购内容包括硬件、软件和劳务，其中各期施工劳务采购金额分别为1605.01万元、1790.53万元、1975.88万元。发行人成本主要由外购软硬件、直接人工、施工劳务构成，其中施工劳务成本占比逐年上升，各期金额分别为1601.61万元、2398.39万元、3877.31万元，成本构成中施工劳务金额远大于各期采购的施工劳务金额。

问题10.存货持续下降的合理性

发行人存货全部为合同履约成本，各报告期期末账面价值分别为11,395.43

万元、9697.36万元、2084.97万元，主要系信息系统集成及软件开发两项业务所产生的合同履约成本，具体包括工程建设过程中所需要的外购硬件、外购软件、外购服务及直接人工等。各报告期内，发行人存货周转率分别为0.82、1.35、2.50，远低于同行业可比公司的平均水平。

三、大地股份，2022年10月14日终止

1. 主营业务

饲料产品的研发、生产与销售。公司生产的饲料产品根据类型可分为预混料、浓缩料、配合料与发酵料，根据畜种可分为反刍料、猪料、禽料与特种料。

2. 报告期业绩（见表3－3）

表3－3　报告期业绩

项目	2022年中报	2021年年报	2020年年报	2019年年报
每股指标				
每股收益－基本/元	0.06	0.21	0.17	0.16
关键比率				
资产负债率/%	44.96	44.04	39.41	35.71
利润表摘要				
营业总收入/亿元	13.92	32.33	21.96	16.53
净利润/亿元	0.36	1.22	0.88	0.78
资产总计/亿元	17.16	16.40	13.46	9.84
股东权益/亿元	9.44	9.18	8.15	6.33
归属母公司股东的权益/亿元	7.69	7.45	6.62	5.57
经营活动产生的现金净流量/亿元	0.52	1.44	0.54	1.03

3. 主要反馈问题

问题1. 是否存在股权代持及控制权是否稳定性

（1）控股股东、实际控制人马红刚及其一致行动人合计直接持有公司62.70%的股份，一致行动协议将于2023年12月31日到期。（2）现发行人股东（持股5.95%）、原公司董事马忠乐，2020年受让发行人四家子公司的少数股权，同时辞去发行人董事、副总经理职务，前述一致行动人未包括马忠乐。（3）胡晓东直接持有公司0.90%的股份，系公司第五大股东内蒙古天地牛业股份有限公司（直接持股4.29%）的第一大股东、董事、总经理、法定代表人，系公司第七大

股东内蒙古草原天地牛业研究中心（有限合伙）（直接持股4.18%）的持有出资份额最多的合伙人、执行事务合伙人；胡晓东、内蒙古天地牛业股份有限公司、内蒙古草原天地牛业研究中心（有限合伙）合计持有的股份为9.37%。此外，内蒙古天地牛业股份有限公司的董事长系杨禾、监事系郭文和。（4）公司董事傅仲、监事会主席郭文和、监事弓瑞珠以及董秘齐娜分别持有北京京农规划管理中心（有限合伙）28.00%、20.00%、16.00%、4.00%的份额。北京京农规划管理中心（有限合伙）持有公司0.33%股份。（5）公司第六大股东刘鸣鸣持有公司4.22%的股份。

问题2.发行人、董事与供应商大额资金往来的合理性

（1）报告期内发行人与河滩饲料、禹顺万通、天津奥斯坦丁企业管理有限公司、大同市永成畜牧有限责任公司、喀喇沁旗聚元农牧业专业合作社存在大额预付款或拆出款。其中，天津奥斯坦丁企业管理有限公司前股东为天津九州大地饲料有限公司（发行人控股子公司）、鲁建鑫（发行人控股子公司监事），公开信息显示企业联系电话与发行人子公司相同。（2）2020年4月，发行人原董事胡晓东向公司供应商禹顺万通借入360.00万元。（3）报告期内，内蒙古天地牛业股份有限公司（原董事胡晓东持股35.85%并任董事、总经理）与发行人及其主要股东、董监高、供应商、客户存在以下资金往来：①向公司拆入资金，拆入资金的期初余额为137.07万元，报告期内新增向公司拆入资金金额为22.19万元；②从禹顺万通借款727.00万元。（4）内蒙古草原天地牛业研究中心（有限合伙）（原董事胡晓东持股45.00%并担任执行事务合伙人）与发行人及其主要股东、董监高、供应商、客户存在以下资金往来：①向公司拆入资金，报告期内合计向公司拆入资金612.90万元；②从公司供应商禹顺万通借款994.32万元；③收到永成畜牧、河滩奶牛拟投资款1606.88万元，后全部退回。

问题3.第三方回款的收入真实性及应收账款回款风险

（1）2019年至2021年发行人第三方回款分别为31,639.98万元、47,288.43万元、30,562.42万元，主要为经销商最终客户回款。个别经销商最终客户回款比例较高。（2）第三方回款主要产生于饲料产品业务，饲料产品业务的下游客户以中小型个人养殖户或经销商居多。

问题4.存货、生物资产核查充分性及与业务规模匹配性

（1）本次公开发行的申报会计师首次接受委托为2021年，无法对2019年年末及2020年年末的存货执行监盘。监盘范围方面，2021年保荐机构、申报会计师选取部分重要公司执行监盘，申报会计师监盘比例为56.27%、保荐机构监盘

比例为44.23%，发出商品未监盘且函证对象为承运的物流公司。监盘方式方面，2021年饲料板块存货数量为6.83万吨，监盘日期均为1天，中介机构未说明具体盘点方式、监盘人员。(2)2021年年末生产性生物资产账面余额为42,308.65万元，中介机构监盘比例为31.48%；消耗性生物资产余额为4091.57万元，中介机构监盘比例为1.64%。部分养殖业务板块重要公司存货监盘时间为2022年3月、4月，其中大同永成为2022年4月27日，发行人2021年审计报告签署日为2022年4月27日。(3)发行人2021年饲料板块第一季度小麦采购价格高于公开市场价格9.75%、养殖板块第一季度玉米采购价格高于公开市场价格5.02%，中介机构未量化分析差异原因。

问题5. 期后业绩下滑风险及收入核查充分性

(1)2022年1～6月发行人营业收入同比下降9.15%；净利润同比下降33.43%。根据公开信息，生鲜乳价格在2022年呈下降趋势。(2)2019年至2021年发行人饲料产品业务自提或代办运输客户的毛利率分别高于送货上门客户毛利率0.14%、1.74%、3.40%。(3)报告期内发行人饲料产品的自用及外销价格存在较大差异，特别是2021年配合料、发酵料差异率超过20%。(4)报告期内饲料业务板块的非法人客户数量分别为2688个、2476个、2603个，牛养殖业务板块的非法人客户数量分别为112个、118个、128个，其中饲料业务板块的非法人客户的收入占比分别为44.16%、40.94%、37.22%。

问题6. 公司治理规范性及有效性

报告期内税务违规处罚十余项、安全生产违规处罚4项、产品质量违规处罚1项、统计数据违规处罚1项、自律监管措施1项。此外，公司还存在转贷、未按规定缴纳社保公积金情况等不规范情形。

问题7. 信息披露质量及中介机构执业质量

根据申请及回复等文件，部分问题的基本事实及核查结论前后存在明显矛盾，部分问题经问询仍核查不清或披露不充分，部分问题核查或论证不充分。部分问题存在漏答情形。此外，相关文件还存在披露不准确、未按要求回复、风险揭示不充分等问题。

四、讯众股份，2022年10月10日终止

1. 主营业务

电信增值业务的服务提供商。

2. 报告期业绩(见表3－4)

表3－4　报告期业绩

项目	2022年中报	2021年年报	2020年年报	2019年年报
每股指标				
每股收益－基本/元	0.34	0.87	0.72	0.67
关键比率				
净资产收益率－扣除/%	4.45	13.55	13.10	12.81
资产负债率/%	24.91	30.76	27.36	25.21
利润表摘要				
营业总收入/亿元	3.81	9.94	9.66	8.48
净利润/亿元	0.29	0.74	0.63	0.55
资产总计/亿元	8.93	7.83	6.43	5.44
股东权益/亿元	6.70	5.42	4.67	4.07
归属母公司股东的权益/亿元	6.67	5.38	4.64	4.03
经营活动产生的现金净流量/亿元	－0.77	－0.03	－0.58	－0.33

3. 主要反馈问题

问题1. 控制权稳定性

(1)实际控制人朴圣根发行前持股数量2498.46万股,持股比例为27.36%,发行后持股比例降为21.30%。(2)发行人股权结构较分散,除朴圣根外,单一股东直接持股比例未超过7%。(3)公司第三大股东苏州名城集团的全资子公司苏州名城创投持有公司2,960,000股股份,持股比例为3.24%,二者为一致行动人,持股比例合计为8.90%。

问题2. 经营合法合规性

(1)公司涉及提供聚屏业务,即利用百度的客户画像平台、广告控制平台,集成讯众的广告主服务平台,连接讯众整合的媒体资源伙伴ADX能力,完成一个互联网广告投放业务的闭环。(2)发行人从事的云通信业务上游对接基础电信运营商、下游对接终端客户,涉及方面较多、链条较长,同时某些监管政策尚不明朗。

问题3. 关联交易的合规性

(1)华利达兴原为彭亮100%持股的企业,发行人于2018年收购华利达兴51%的股权,彭亮任公司法定代表人、董事兼总经理。(2)2019年因营口华利达兴业绩未达标，发行人收业绩未达标补偿款169万元。(3)北京光嵘咨询服务有限公司是朴圣根配偶饶芳持股10%并担任监事，饶芳的父亲饶燮卿持股90%并担任执行董事、经理的关联公司，发行人自2020年分2笔向北京光嵘咨询服务有限公司拆出资金合计240万元，经双方协商约定利率参考当年平均贷款利率计算拆借利息。

问题4.收入确认的准确性

发行人存在云通信能力平台、云联络中心服务、呼叫中心运营服务和数字权益业务。发行人对SaaS与PaaS业务按总额确认收入并结转相关成本，数字权益业务按净额法确认收入并结转相关成本。

问题5.收入变动合理性及增长持续性

发行人报告期内营业收入分别为84,820.03万元、96,601.50万元、99,351.46万元，净利润分别为5529.82万元、6253.61万元、7438.75万元，业绩保持稳定增长。报告期各期，发行人第四季度收入占比分别为26.18%、25.80%、37.03%。根据审阅报告，2022年1～3月发行人营业收入为19,244.43万元，净利润为1429.99万元，分别较上期同期变动-5.69%、53.92%。

问题6.毛利率变动的合理性

报告期内，云通信能力平台毛利率由2019年的17.97%下降到2020年的11.01%，云联络中心服务毛利率由2019年的38.05%上升到2020年的60.43%，其他业务毛利率由2019年的67.47%上升到2020年的93.27%，呼叫中心运营服务毛利率报告期内持续下滑。报告期内，毛利主要由云通信能力平台、云联络中心服务和其他业务贡献。

问题7.应收账款坏账准备计提的充分性

报告期各期末，应收账款账面余额分别为17,296.88万元、38,058.91万元、43,503.05万元，分别计提应收账款信用减值损失为884.46万元、1992.78万元、2514.18万元，应收账款增长大幅高于营业收入增长。

问题8.采购价格及供应商变动的风险

发行人对外采购的主要为电信资源，报告期内发行人各类资源采购单价呈上升趋势，其中2020年短信采购单价上涨约24%，2021年语音采购单价上涨约26%。发行人主要供应商青岛恒跃2020年9月1日成立，9月28日即与发行人合作，当年度成为第二大供应商，采购金额为6689.83万元，占比8.38%；2021年成为第一大供应商，采购金额为22,895.31万元，占比28.28%。

五、中兵通信，2022 年 9 月 30 日终止

1. 主营业务

军用、军民两用通信及电子设备的生产和销售。

2. 报告期业绩（见表 3－5）

表 3－5　报告期业绩

项目	2022 年中报	2021 年年报	2020 年年报	2019 年年报
每股指标				
每股收益－基本/元	0.09	0.58	1.05	0.50
每股收益－稀释/元	0.09	0.58	1.05	0.50
关键比率				
净资产收益率－扣除/%	1.72	10.32	11.15	10.09
资产负债率/%	32.85	33.53	29.19	19.66
利润表摘要				
营业总收入/亿元	1.39	6.27	5.92	4.50
净利润/亿元	0.17	1.11	2.02	0.96
归属母公司股东的净利润/亿元	0.17	1.11	2.02	0.96
资产负债表摘要				
资产总计/亿元	14.94	15.69	14.77	11.28
股东权益/亿元	10.03	10.43	10.46	9.06
归属母公司股东的权益/亿元	10.03	10.43	10.46	9.06
经营活动产生的现金净流量/亿元	-0.03	1.11	1.26	-0.03

3. 主要反馈问题

问题 1. 坏账准备计提是否充分

2019 年年末至 2021 年年末，发行人应收账款账面价值分别为 38,335.84 万元、48,769.54 万元、50,098.57 万元，发行人将应收账款分为账龄组合和其他组合，对于其他组合的应收款项（占比 99% 以上）均不计提坏账准备，仅对个别无法收回款项进行单项计提。同行业可比公司海格通信、七一二、烽火电子对应收账款均按照账龄计提坏账准备，未区分客户类型。同时，根据公开信息，其他军工集团下属上市公司除因重组上市的航天彩虹和国睿科技外，其他上市公司均对应收军品业务客户账款计提了坏账准备。此外，公司存在应收账款无法按期

收回的情形，2019 年年末至 2021 年年末，发行人逾期应收账款金额分别为 3882.07万元、6637.25 万元、4794.61 万元。

问题 2. 信息披露合规性与一致性

公司主要从事军品业务，部分信息涉及国家秘密，公司按照有关要求对申请文件中的涉密信息进行了脱密处理或豁免披露，可能影响投资者对公司价值判断。

问题 3. 存款资金安全性

发行人在兵工财务公司的存款金额较大，且与兵工财务公司无贷款业务。

六、英派瑞，2022 年 9 月 23 日终止

1. 主营业务

改性塑料制品研发、设计、生产和销售，主要产品包括尼龙扎带、钢钉线卡、接线端子、高分子合金电缆桥架等。

2. 报告期业绩（见表 3－6）

表 3－6　报告期业绩

项目	2022 年中报	2021 年年报	2020 年年报	2019 年年报
每股指标				
每股收益－期末股本摊薄/元	0.1028	0.1417	0.2067	0.2176
关键比率				
净资产收益率－扣除/%	6.29	7.58	10.99	10.66
资产负债率/%	38.40	41.03	34.02	34.41
利润表摘要				
营业总收入/亿元	2.79	6.12	4.71	5.76
净利润/亿元	0.25	0.34	0.50	0.53
归属母公司股东的净利润/亿元	0.25	0.34	0.50	0.53
资产负债表摘要				
资产总计/亿元	5.79	6.12	5.68	5.88
股东权益/亿元	3.57	3.61	3.75	3.86
归属母公司股东的权益/亿元	3.57	3.61	3.75	3.86
经营活动产生的现金净流量/亿元	0.27	0.08	0.71	1.01

3. 主要反馈问题

问题 1. 经销商终端销售真实性及内控有效性

主要经销商与发行人实际控制人存在同学或亲属关系、资金往来、工商联系电话相同等情况，说明经销商销售的真实性、销售价格的公允性，是否实现终端销售。结合发行人通过英得宏等多家供应商预付账款的形式进行关联方资金占用、转贷等情况，说明相关供应商的基本情况、与发行人的合作历史，相关供应商及其关联方与发行人及其关联方之间是否存在关联关系或潜在的利益往来；发行人向相关供应商的采购及成本是否真实、准确、完整，采购价格是否公允，是否存在利益输送或代垫成本费用等情形。存在第三方回款、转贷、关联方资金占用等财务及内控不规范问题。

问题2. 销售服务费比例较高的原因及合理性

(1)报告期内，发行人通过销售服务商开拓电缆桥架业务，主要销售服务商销售服务费用分别为271.97万元、244.35万元、628.62万元，其中北京乐赢大成科技有限公司等三家主要销售服务商的成立时间均晚于开始合作时间。(2)报告期各期，公司计提销售服务费占销售服务商模式对应销售收入的比例分别为19.74%、25.05%、14.92%，其中发行人通过投标获取的中国石化、中国中铁等客户的销售服务费比例约15%。

七、思柏科技，2022年8月29日终止

1. 主营业务

通信线缆、电力线缆、光电复合缆、光纤光缆、特种电缆等线缆产品的研发、生产及销售。

2. 报告期业绩(见表3-7)

表3-7　报告期业绩

项目	2022年中报	2021年年报	2020年年报	2019年年报
每股指标				
每股收益-基本/元	0.1200	0.3900	0.3500	0.3600
每股收益-稀释/元	0.1200	0.3900	0.3500	0.3600
关键比率				
净资产收益率-扣除/%	3.90	14.09	14.34	16.43
资产负债率/%	61.44	57.68	58.04	25.98
利润表摘要				
营业总收入/亿元	2.83	4.77	3.82	4.59

续表

项目	2022 年中报	2021 年年报	2020 年年报	2019 年年报
净利润/亿元	0.13	0.40	0.36	0.36
归属母公司股东的净利润/亿元	0.13	0.40	0.36	0.36
资产总计/亿元	7.31	6.36	5.46	2.89
股东权益/亿元	2.82	2.69	2.29	2.14
归属母公司股东的权益/亿元	2.82	2.69	2.29	2.14
经营活动产生的现金净流量/亿元	-0.13	0.53	0.40	0.79

3. 主要反馈问题

问题 1. 与珠江电缆等是否存在关联关系及交易真实性

发行人实际控制人、董事、监事及高级管理人员与珠江电缆、陈育生、沈义杰等存在资金往来。

问题 2. 其他问题

(1)主要客户合作稳定性及期后订单获取情况。(2)应收款项回款情况。

八、时代银通,2022 年 8 月 26 日终止

1. 主营业务

面向金融行业从事应用软件产品销售、技术开发、专业技术服务的供应商，主要为银行、证券等金融机构的资金业务提供软件服务及整体解决方案。

2. 报告期业绩(见表 3 - 8)

表 3 - 8　报告期业绩

项目	2022 年中报	2021 年年报	2020 年年报	2019 年年报
每股指标				
每股收益 - 基本/元	0.04	0.82	0.69	0.55
每股收益 - 稀释/元	—	0.82	0.69	0.55
关键比率				
净资产收益率 - 扣除/%	0.89	21.30	20.41	20.30
资产负债率/%	38.31	49.95	42.11	41.65
利润表摘要				
营业总收入/亿元	0.79	2.24	1.79	1.65
净利润/亿元	0.02	0.36	0.31	0.24

续表

项目	2022 年中报	2021 年年报	2020 年年报	2019 年年报
归属母公司股东的净利润(扣除非经常性损益)/亿元	0.01	0.34	0.27	0.23
资产负债表摘要				
资产总计/亿元	2.58	3.15	2.29	1.93
股东权益/亿元	1.59	1.58	1.32	1.13
经营活动产生的现金净流量/亿元	-0.48	0.12	0.09	0.07

3. 主要反馈问题

问题1. 对中国银行重大依赖风险及毛利率较高的合理性

(1)报告期内,发行人存在对主要客户重大依赖的风险。(2)报告期内,发行人主营业务毛利率分别为49.40%、49.12%、50.44%,其中向中国银行的销售毛利率分别为51.35%、66.03%、65.21%,显著高于发行人向非中国银行客户的销售毛利率,亦显著高于同行业可比公司平均毛利率水平。

问题2. 发行人与银通工程之间的关系及是否具有独立性

发行人与关联方之间存在关联租赁、关联借款、关联担保;关于发行人与银通工程之间的关系、是否存在代垫成本费用等问题,前期回复文件涉及的基本事实、核查结论等存在明显矛盾。

问题3. 信息披露质量及中介机构执业质量问题

部分问题的基本事实及核查结论前后存在明显矛盾,部分问题经问询仍核查不清,部分问题核查或论证不充分,相关文件存在披露不准确、援引内容错误、内容重复等问题。

九、泰源环保,2022年7月25日终止

1. 主营业务

水环境治理的专业服务商,主营业务为智能模块化集成污水处理系统业务、污水处理投资运营业务、水处理产品销售业务及水环境治理工程业务。

2. 报告期业绩(见表3－9)

表3－9　报告期业绩

项目	2022年中报	2021年年报	2020年年报	2019年年报
每股指标				
每股收益－基本/元	0.27	0.67	0.57	0.30
每股收益－稀释/元	—	—	0.57	0.30
关键比率				
净资产收益率－扣除/%	4.27	24.40	29.40	20.20
资产负债率/%	50.82	51.30	64.79	57.18
利润表摘要				
营业总收入/亿元	0.49	2.11	2.08	1.15
净利润/亿元	0.14	0.34	0.29	0.14
归属母公司股东的净利润/亿元	0.14	0.34	0.29	0.14
非经常性损益/亿元	0.08	0.03	0.01	0.01
归属母公司股东的净利润(扣除非经常性损益)/亿元	0.06	0.31	0.28	0.14
资产总计/亿元	2.81	2.61	2.71	1.58
股东权益/亿元	1.38	1.27	0.96	0.68
归属母公司股东的权益/亿元	1.38	1.27	0.95	0.68
经营活动产生的现金净流量/亿元	0.18	0.17	0.24	-0.10

3. 主要反馈问题

问题1. 订单获取的稳定性及合规性

随着公司经营规模的不断扩大,公司将承接前期投资成本更高的大型污水处理项目,承接大型污水处理项目可能导致收入和利润占比向单一项目集中。报告期内公司主要通过参与招投标、商务谈判的方式来获取业务订单并实现销售。

问题2. 外包、分包的基本情况及合规性

2019年至2022年1～6月,公司分别采购土建及安装外包服务636.25万元、1603.39万元、4830.84万元、1967.43万元,分别占当年营业成本10.81%、18.94%、27.88%、34.76%,公司在进行水环境治理项目过程中存在聘用个别无建筑施工资质分包商进行土建施工的情况。

问题3. 关联交易的合理性、合规性

报告期内发行人与发行人员工控制的企业、实际控制人及其亲属控制或代持股份的企业存在交易，且均未在事前履行审议程序及信披义务。发行人与实际控制人及其亲属、主要供应商之间存在资金拆借。本次公开发行申报前多家关联方注销或对外转让。

问题4. 资金链紧张对持续经营的影响

报告期各期末，货币资金余额92.46万元、205.53万元、3952.13万元、733.01万元，公司短期借款余额分别为2300万元、2800万元、4600万元、4600万元，应付账款余额分别为3157.06万元、2611.75万元、6365.59万元、5449.78万元，除2020年年末因融资租赁获得现金金额较高外，其余各期末货币资金余额较低，但负债余额较高。同时，报告期内还存在融资租赁，向关联方、非关联方拆借资金的情况。

问题5. 应收账款快速增加的风险

发行人报告期各期末应收账款账面余额分别为6375.46万元、7739.27万元、11,902.50万元、13,767.88万元，应收账款持续大幅增长。

十、隆基电磁，2022年7月22日终止

1. 主营业务

磁选机、除铁设备、光伏设备、非铁分选设备及其他工业磁力应用设备的设计、生产、销售及服务。

2. 报告期业绩（见表3－10）

表3－10　报告期业绩

项目	2021年3月31日/2021年1～3月	2020年12月31日/2020年度	2019年12月31日/2019年度	2018年12月31日/2018年度
资产总额/元	782,531,794.36	770,853,519.80	713,170,128.36	666,365,062.69
股东权益合计/元	496,611,575.08	494,737,572.54	531,151,212.05	486,370,175.23
归属于母公司所有者的股东权益/元	496,611,573.77	494,737,570.92	531,151,210.32	486,370,174.23
资产负债率（母公司）/%	36.20	35.65	25.50	26.99
营业收入/元	90,994,154.05	407,485,757.20	388,797,488.29	365,709,792.04

续表

项目	2021 年 3 月 31 日/2021 年 1～3 月	2020 年 12 月 31 日/2020 年度	2019 年 12 月 31 日/2019 年度	2018 年 12 月 31 日/2018 年度
毛利率/%	25.99	39.20	39.85	39.74
净利润/元	1,512,989.18	74,128,104.16	74,080,130.58	44,214,636.83
归属于母公司所有者的净利润/元	1,512,989.36	74,128,104.14	74,080,129.84	44,214,636.24
扣除非经常性损益后的净利润/元	228,310.88	66,245,467.08	55,478,517.35	44,247,971.36
归属于母公司所有者的扣除非经常性损益后的净利润/元	228,311.06	66,245,467.06	55,478,516.61	44,247,970.77

3. 主要反馈问题

问题 1. 实际控制人涉及股权代持及监管相关事项

(1)公司由五位兰州大学校友创办,在公司的发展过程中,各自持股比例及业务重心发生变化,钟宝申的业务领域主要聚焦在上市公司隆基股份,李春安、王学卫的业务领域主要在连城数控,张承臣、赵能平的业务领域主要在隆基电磁。(2)张承臣持有公司 33.46% 的股份,为公司第一大股东,并担任董事长;赵能平持有公司股份 22.78%,并担任董事、总经理,且两人签订有一致行动协议,为公司实际控制人。钟宝申、李春安为发行人前五大股东,分别持有发行人 5.74%、17.12% 的股份。(3)2021 年 2 月至 5 月,公司实际控制人张承臣和赵能平分别收到李春安(及其配偶翁娥、同学赵新卯、下属汇智投资员工刘喜梅)大额资金转入 19.59 亿元、19.37 亿元。李春安的资金源自其持有的隆基股份转让所得。

问题 2. 财务负责人兼董秘离职

报告期内,公司财务负责人兼董事会秘书石光因个人原因任职和离职较为频繁,于 2018 年 2 月、2021 年 3 月先后两次离职。

问题 3. 与隆基股份关联交易的必要性及合理性

报告期各期,发行人向隆基股份关联销售占当期营业收入的比例分别为 1.24%、5.02%、5.50%、1.74%,占当期同类型(单晶硅除尘器及配件)交易的比重分别为 9.44%、86.21%、80.09%、46.28%。

问题 4. 市场推广费远高于可比公司

报告期内,发行人业务推广费分别为730.04万元、644.34万元、741.18万元、148.94万元,其中咨询服务费占比较高。

十一、优炫软件,2022年7月21日终止

1. 主营业务

自主知识产权的数据库及生态应用产品、安全产品的研发、生产销售和服务,并提供数据库及数据安全方面的整体解决方案。

2. 报告期业绩(见表3-11)

表3-11 报告期业绩

项目	2021年6月30日/2021年1~6月	2020年12月31日/2020年度	2019年12月31日/2019年度	2018年12月31日/2018年度
资产总计/元	1,490,450,920.34	1,268,613,251.91	1,039,622,677.53	664,053,720.85
股东权益合计/元	1,039,011,021.31	749,493,225.68	742,549,126.54	421,311,543.84
归属于母公司所有者的股东权益/元	1,038,742,331.15	749,133,863.53	736,501,145.32	419,016,841.99
资产负债率(母公司)/%	25.19	34.62	27.99	35.38
营业收入/元	192,360,413.45	567,399,893.79	550,854,820.62	457,717,483.78
毛利率/%	34.92	37.89	41.63	38.60
净利润/元	-59,751,992.29	20,505,336.50	43,245,905.76	30,408,556.80
归属于母公司所有者的净利润/元	-59,661,320.30	21,455,523.80	42,166,500.38	30,568,261.79
归属于母公司所有者的扣除非经常性损益后的净利润/元	-58,543,724.14	19,899,857.10	39,917,302.90	28,156,079.00
加权平均净资产收益率/%	-6.7524	2.8917	7.0818	8.5324
扣除非经常性损益后净资产收益率/%	-6.6259	2.6820	6.7041	7.8591
基本每股收益/元/股	-0.2597	0.0975	0.1984	0.3547

3. 主要反馈问题

问题1. 关于与部分客户或供应商的资金往来商业合理性

(1)报告期内发行人向19家客户或供应商累计拆出资金3846.83万元,借款时间多在2~3年,截至2022年3月31日未归还金额约为400万元,相关客户或供应商多为成立时间较短的小微企业且报告期内部分已注销,8家最终未形成合作成果。(2)报告期内发行人其他应收款中备用金余额分别为873.39万元、1375.78万元、1295.61万元,主要为出纳及销售人员借支,期后结算以现金归还为主,费用报销金额较小。(3)报告期内发行人控股股东、实际控制人、董监高及关键岗位人员与客户或供应商存在较多的流水往来。

问题2. 研发支出资本化率高于同行业可比公司及一致性

(1)发行人8家可比公司中仅2家存在研发支出资本化的情况。(2)发行人资本化起点为项目立项,2019年1月19日,数据库V10.0通过项目立项审批并开始资本化;2021年10月26日取得外部专家的成果评价意见,对2019年至意见出具日的资本化情况进行确认并出具评价意见。(3)发行人报告期内电子工时系统尚未全面实施和运行,部分员工全年参与研发工时低于50天,部分董监高参与研发工作,各年参与工时波动较大。(4)数据库V2.1主要对开发阶段的职工薪酬进行资本化,数据库V10.0资本化范围比V2.1增加委外开发费及折旧房租,如按照数据库V2.1的资本化范围进行调整,对各期净利润影响金额为-3567.64万元、-1825.18万元、-1331.38万元,占调整前净利润比例为-82.50%、-89.01%、11.55%。

问题3. 产业园投资风险及募投项目合理性、可行性

(1)发行人武汉子公司武汉优炫持有武汉市蔡甸区10.85万平方米工业用地;成都子公司成都优炫信创持有成都市新都区3.64万平方米商务金融用地,拟累计投入18.63亿元建设优炫(武汉)产业园、成都金融信创产业中心。截至2022年5月31日,园区建设合计资金缺口14.67亿元,并且武汉产业园已确定无法按时完成全部建设工作,产业园用地存在因无法履行合同约定而被收回及赔偿违约金的风险。(2)发行人拟在武汉、成都园区开展募投项目实施,合计投入32,067.69万元用于办公楼建设及设备购置;截至2021年12月31日,公司固定资产账面价值仅为1983.16万元。实际控制人另控制了位于武汉、成都的园区开发经营企业,分别为武汉优炫科技信息产业园有限公司、成都胜炫置业发展有限公司。

问题4.经营活动合规性

(1)报告期内,发行人存在部分业务合同应履行招投标而未履行招投标程序的情形,合同金额占当年营业收入的比例分别为3.45%、3.07%、4.91%,相关合同存在被司法机关认定为违反法律法规强制性规定而归于无效或被客户要求暂停、终止执行项目合同等风险。(2)报告期内,发行人在外采技术服务的项目销售合同中,有部分合同存在禁止、限制或需事先取得客户同意方可转分包的情形,上述合同项下确认收入金额占当年营业收入的比例分别为14.71%、14.36%、19.35%。

问题5.关于中介机构执业质量

一是研发投入归集准确性方面:(1)申报时将研发支出资本化形成的无形资产(数据库V2.1)摊销累计金额139.98万元全部记入研发投入,存在重复计算情形,首轮回复时中介机构修改申请文件中研发投入及占比。(2)首轮问询回复披露发行人"研发部及产品部专注于研发工作",但招股说明书披露"公司的生产及服务体系由技术支撑部、产品部、商务部等部门组成",产品部主要协调自有产品的技术支持。二轮回复时中介机构已修改招股说明书中涉及产品部相关情况,认为产品部不参与技术开发、技术服务以及项目实施等生产过程。

二是应收票据财务核算方面,中介机构2021年年末将商业承兑票据划分应收款项融资,与可比期间处理方式不一致且不符合《企业会计准则》规定。

三是合同资产列报方面,中介机构未将2020年年末及2021年年末剩余到期期限在1年以上的质保金在其他非流动资产列报,不符合《企业会计准则》规定。

四是问询回复存在多处错误或前后表述不一致的情形。

十二、清大天达,2022年7月21日终止

1.主营业务

电子工业专用自动化设备的研发、设计、制造、销售及服务。

2.报告期业绩(见表3-12)

表3-12　报告期业绩

项目	2022年中报	2021年年报	2020年年报	2019年年报
每股指标				
每股收益-基本/元	0.42	0.77	0.80	0.82
每股收益-稀释/元	0.42	0.77	0.80	0.82

续表

项目	2022 年中报	2021 年年报	2020 年年报	2019 年年报
关键比率				
净资产收益率 - 扣除/%	6.49	11.90	13.39	10.44
资产负债率/%	40.89	39.22	35.82	25.52
利润表摘要				
营业总收入/亿元	2.87	5.93	4.07	3.89
净利润/亿元	0.39	0.72	0.74	0.74
归属母公司股东的净利润/亿元	0.39	0.72	0.74	0.74
非经常性损益/亿元	0.03	0.10	0.08	0.19
归属母公司股东的净利润(扣除非经常性损益)/亿元	0.36	0.62	0.66	0.55
资产负债表摘要				
资产总计/亿元	9.50	8.58	7.71	7.13
股东权益/亿元	5.61	5.21	4.95	5.31
归属母公司股东的权益/亿元	5.61	5.21	4.95	5.31
经营活动产生的现金净流量/亿元	-0.41	0.32	1.13	0.91

3. 主要反馈问题

问题 1. 控制权与管理团队稳定性

根据招股说明书,实际控制人林长森出生于 1946 年,通过北京北量和北量企管间接控制公司的 28.88% 股份。2021 年 8 月 18 日,北京北量、北量企管、焦炳华、焦炳武四方签订《一致行动协议》,通过该一致行动协议,林长森合计控制公司 37.13% 的股份。

问题 2. 补充披露主要客户情况和销售模式

在销售方面,发行人一般以直销为主,直接面向客户销售产品和提供技术服务。2018 年、2019 年、2020 年、2021 年 1 ~ 6 月,发行人对京东方的销售占比分别为 66.47%、64.12%、38.88%、87.52%,对华星光电销售占比分别为 18.70%、26.78%、25.80%、2.23%。经中国光学光电子行业协会液晶分会统计,公司超声波干式清洗设备在京东方、华星光电同类设备占比已超过 95%。由于下游客户受新冠疫情影响调整投资建设计划,发行人 2021 年 1 ~ 6 月营业收入为 6205.66万元,同比下降 42.45%;净利润为 299.94 万元,同比下降 71.92%,扣除非经常性损益后归属于母公司所有者的净利润为 118.57 万元,同比下降

85.14%。

问题3.与京东方、TCL交易的可持续性

(1)由于下游客户受新冠疫情影响投资建设计划调整,发行人2021年1~6月营业收入为6205.66万元,同比下降42.45%;净利润为299.94万元,同比下降71.92%,扣除非经常性损益后归属于母公司所有者的净利润为118.57万元,同比下降85.14%。2021年四季度营业收入将大幅提升。发行人2021年业绩预告营业收入下滑34.56%~40.02%。(2)报告期内,2018年至2021年6月公司收入分别为19,446.79万元、13,270.02万元、18,338.60万元、5449.44万元,其中OLED、TFT-LCD生产线干式清洗设备销售收入合计分别为17,889.63万元、12,506.29万元、17,743.12万元、4501.00万元,报告期各期归母扣非净利润分别为1948.17万元、1036.59万元、2677.07万元、525.25万元。(3)报告期内对京东方的销售占比分别为66.47%、64.12%、38.88%、87.52%,对华星光电销售占比分别为18.70%、26.78%、25.80%、2.23%。经中国光学光电子行业协会液晶分会统计,公司超声波干式清洗设备在京东方、华星光电同类设备占比已超过95%。(4)发行人客户合肥维信诺为上市公司维信诺联营企业,2021年中报显示,该客户亏损7亿元左右。

问题4.关联方认定的完整性和关联交易公允性

(1)报告期内,公司副总经理王跃光的配偶董友梅曾在京东方集团担任董事,2019年6月退休。公司董事张百哲2015~2018年任合肥维信诺、武汉华星光电技术有限公司(公司主要客户TCL华星光电的子公司)董事,2018年辞去公司董事职务。(2)发行人仅将京东方、武汉华星光电认定为公司关联方,未将京东方旗下子公司、TCL华星光电及旗下其他子公司认定为关联方。按照此关联方认定标准,公司报告期内关联方交易金额较小。

问题5.收入、成本核算准确性与毛利率高于行业均值的合理性

(1)发行人收入确认方式为初验法(客户在安装调试完成时点确认收入),而非终验法(整个生产线达到量产状态后出具终验证明)。(2)报告期内发行人综合毛利率高于同行业平均水平,2021年1~6月MEMS传感器设备毛利率由34.89%下滑至26.60%。(3)公司期间费用占营业收入的比例分别为27.12%、32.56%、21.43%、27.42%,2020年发行人期间费用率降幅较大。报告期内销售费用中的售后服务费占比分别为27.32%、19.44%、36.27%、34.24%,2020年起大幅增加。

十三、水治理,2022年7月20日终止

1. 主营业务

水环境生态保护,以水生态修复技术为核心,向客户提供水环境生态治理、水生态系统维护和技术咨询服务在内的水体污染治理综合解决方案。

2. 报告期业绩(见表3-13)

表3-13　报告期业绩

项目	2022年中报	2021年年报	2020年年报	2019年年报
每股指标				
每股收益-基本/元	0.0700	0.4300	0.4200	0.2400
每股收益-稀释/元	0.0700	0.4300	0.4200	0.2400
关键比率				
净资产收益率-扣除/%	2.08	14.40	15.02	9.22
资产负债率/%	49.15	50.17	49.75	48.58
利润表摘要				
营业总收入/亿元	0.49	2.01	1.75	1.57
净利润/亿元	0.06	0.35	0.34	0.19
归属母公司股东的净利润/亿元	0.06	0.35	0.34	0.19
非经常性损益/亿元	0.01	0.00	0.01	0.01
归属母公司股东的净利润(扣除非经常性损益)/亿元	0.05	0.35	0.33	0.18
息税前利润EBIT(东方财富计算)/亿元	0.09	0.47	0.48	0.29
息税折旧摊销前利润EBITDA(东方财富计算)/亿元	0.10	0.49	0.49	0.31
资产负债表摘要				
资产总计/亿元	5.38	5.38	4.95	4.33
股东权益/亿元	2.74	2.68	2.49	2.23
归属母公司股东的权益/亿元	2.47	2.41	2.22	1.96
经营活动产生的现金净流量/亿元	0.10	0.04	0.10	-0.51

3. 主要反馈问题

问题1. 联合中标兴隆湖项目原因及是否作特殊利益安排

(1)兴隆湖项目系由发行人与成都建工集团有限公司、中国建筑西南设计

研究院有限公司组成联合体共同中标的项目。发行人主要负责该项目约280万平方米水生态系统修复重构工程及运营,涉及合同金额2.93亿元。(2)成都中达远工程机械租赁有限公司成立于2018年5月,注册资本100万元人民币,于2020年9月开始与发行人合作,2020年、2021年均系发行人第一大工程分包供应商且无任何资质。(3)四川国力田园劳务有限公司成立于2010年3月,系中标联合体牵头人成都建工集团有限公司的供应商,于2020年9月开始与发行人合作,2021年系发行人第一大劳务分包供应商。

问题2. 收入与成本核算的真实准确性

(1)暂估材料及分包成本入账相关核算的真实准确完整性。(2)主要项目实际总成本与初始预计总成本差异显著。(3)业务与财务数据匹配性。(4)分包数据披露存在差异。(5)关于"设计类服务等业务收入确认是否取得外部证据"。(6)关于收入及毛利率变动的说明及披露不充分。

问题3. 信息披露质量及中介机构执业质量问题

首轮询回复文件内容存在:部分问题漏答、未按要求回答、论证不充分,部分披露内容和数据前后不一致或矛盾、数据统计口径不清晰或不严谨,部分核查结论与事实描述不一致或矛盾、结论不明确或答非所问,较多数据或文字错误、表述不规范或不准确等问题。

十四、鼎欣科技,2022年7月14日终止

1. 主营业务

解决方案、信息技术服务及软件开发服务的供应商。

2. 报告期业绩(见表3-14)

表3-14　报告期业绩

项目	2022年中报	2021年年报	2020年年报	2019年年报
每股指标				
每股收益-期末股本摊薄/元	0.2564	0.8500	0.7076	0.4788
关键比率				
净资产收益率-扣除/%	5.69	19.55	17.28	14.61
资产负债率/%	51.70	48.41	46.52	45.76
利润表摘要				
营业总收入/亿元	3.41	7.12	5.86	5.78

续表

项目	2022 年中报	2021 年年报	2020 年年报	2019 年年报
净利润/亿元	0.16	0.55	0.44	0.30
归属母公司股东的净利润/亿元	0.16	0.55	0.44	0.30
非经常性损益/亿元	0.00	0.00	0.00	0.00
归属母公司股东的净利润(扣除非经常性损益)/亿元	0.16	0.55	0.44	0.30
息税前利润 EBIT(东方财富计算)/亿元	0.19	0.58	0.48	0.34
息税折旧摊销前利润 EBITDA(东方财富计算)/亿元	0.23	0.67	0.57	0.44
资产负债表摘要				
资产总计/亿元	5.92	5.41	4.74	3.79
股东权益/亿元	2.86	2.79	2.54	2.05
归属母公司股东的权益/亿元	2.85	2.79	2.54	2.05
经营活动产生的现金净流量/亿元	-0.30	0.13	0.37	0.39

3. 主要反馈问题

问题 1. 主要股东之间的关系及发行人的独立性

(1)同方股份全资子公司同方金融控股(深圳)有限公司持有嘉融投资 50% 股份且同方股份对嘉融投资可以施加重大影响,同方股份持有发行人的股份已限售、嘉融投资持有发行人的股份未限售。(2)恒世投资于 2015 年 7 月 15 日成立,经嘉融投资推荐,张琦、闫安琪决定通过恒世投资入股鼎欣科技。2015 年 11 月,恒世投资引入新合伙人张琦和闫安琪,同时受让了同方股份持有的同方鼎欣 27% 的股权,目前恒世投资仅投资了鼎欣科技。(3)自恒世投资设立至 2016 年 7 月 28 日,上海嘉泽为恒世投资的合伙人之一,在该期间上海嘉泽的合伙人包括徐烨东、朱云山、田爱锋、陈青云,这几位人士在该期间亦在嘉融投资或嘉融投资控制的下属企业担任高级管理人员或董事、监事。恒世投资普通合伙人蒋敏在 2011 ~ 2020 年任嘉融投资公司财务。(4)未按要求回复"最近一期与同方股份关联销售金额大幅增长的原因及合理性"。

问题 2. 对外采购技术服务的原因及合理性

(1)2019 ~ 2021 年,发行人对外采购技术服务费占公司成本的比重分别为

30.61%、41.06%、44.25%。其中,对外采购金额占成本比例超过50%的项目占比分别为24.12%、42.53%、41.58%,“完全依靠技术服务采购执行的项目”收入占比分别为5.52%、21.32%、25.70%,均呈现逐年上升趋势。(2)根据保荐工作报告,发行人针对外采技术服务等行为,制定了业务外协供应商管理规定细则,将供应商分为WX-1类至WX-5类,其中WX-4和WX-5类供应商为由客户指定或客户指定收取供应商管理费(挂靠)的情形。(3)根据首轮问询回复,报告期内,公司不存在由客户指定或介绍供应商的情形,不存在依赖供应商获取项目的情形。

问题3. 收入核查的充分性

在收入函证中,报告期各期明示不回函的金额分别为37,840.22万元、28,448.26万元、27,588.09万元,明示不回函的客户主是IBM、北京伯凯科技有限公司、慧与中国有限公司、中国电信和中国移动等大型跨国公司和央企集团,由于函证程序无法有效执行,但因其信用良好,主要通过执行替代程序确认其真实性,如检查工作量确认单、验收单、通知公司开具发票及期后回款等程序。除明示不回函的收入外已发函金额分别为3249.33万元、16,875.32万元、29,980.41万元,针对收入的访谈检查金额占比分别为71.95%、70.38%、66.65%,针对采购的访谈检查金额占比分别为56.86%、69.16%、61.25%。

问题4. 经营业绩的持续稳定性

根据问询回复,报告期各期,与IBM合作产生的收入中,执行5亿元运维合同的收入分别为13,033.78万元、13,325.64万元、13,181.98万元,执行框架合同下的订单的收入分别为9367.71万元、4455.47万元、3349.67万元。2021年收入增长主要源于新增客户。

十五、合顺兴,2022年7月5日终止

1. 主营业务

室内空气净化日用品的研发、生产和销售,主要产品包括除湿类、芳香类、清洁类、除味类四大系列。

2. 报告期业绩(见表3-15)

表3－15　报告期业绩

项目	2022年中报	2021年年报	2020年年报	2019年年报
每股指标				
每股收益－基本/元	0.2200	0.5300	0.9500	0.9900
每股收益－稀释/元	0.2200	0.5300	0.9500	0.9900
关键比率				
净资产收益率－扣除/%	3.92	13.05	26.59	30.93
销售净利率/%	7.83	9.24	19.57	16.29
资产负债率/%	33.04	32.44	29.07	24.35
利润表摘要				
营业总收入/亿元	0.95	1.76	1.52	1.47
净利润/亿元	0.07	0.16	0.30	0.24
归属母公司股东的净利润/亿元	0.07	0.17	0.30	0.24
非经常性损益/亿元	0.02	0.01	0.02	－0.02
归属母公司股东的净利润（扣除非经常性损益）/亿元	0.05	0.17	0.27	0.26
息税前利润EBIT（东方财富计算）/亿元	0.09	0.19	0.34	0.27
息税折旧摊销前利润EBITDA（东方财富计算）/亿元	0.14	0.27	0.36	0.29
资产负债表摘要				
资产总计/亿元	2.08	1.95	1.45	1.09
股东权益/亿元	1.39	1.32	1.03	0.83
归属母公司股东的权益/亿元	1.36	1.28	1.03	0.83
经营活动产生的现金净流量/亿元	0.10	0.12	0.34	0.33

3.主要反馈问题

问题1.经营业绩下滑风险

（1）发行人2021年1～9月营业收入较上年同期增长20.77%，受美元兑人民币平均汇率较上年同期下降及搬迁至新厂区后生产成本中直接人工、制造费用上升影响，毛利率较上年同期下降9.60个百分点，净利润较上年同期下降40.15%。（2）发行人在2020年9月搬迁至新厂区后，产能、厂房设备、生产及管理人员增加，生产成本中直接人工及制造费用增长。受新冠疫情及海外运输不畅影响,产销量增长缓慢,产能未能完全消化。

问题 2. 境外销售真实性

报告期内发行人 ODM 模式下客户可分为品牌商、批发商两类,其中沃尔玛、KOOPMAN 等客户为品牌商,SHIN – EI、HEROMAX 等客户为批发商。JUMBO、SHIN – EI 等部分批发商或品牌商客户未列示客户品牌。

问题 3. 发行人内部控制健全有效性

(1)2020 年 9 月前,因发行人无自有产权的厂房,故发行人向实际控制人卢武明租赁其所有的厂房。发行人最后一期租赁实际控制人上述厂房价格为 0.34 元/平方米/天。经对公开信息查询,位于珠海市金湾区平沙镇厂房挂牌出租价为 0.33 ~ 0.80 元/平方米/天。因发行人租赁实际控制人厂房为毛坯房,发行人对其进行了装修,同时发行人租赁时间较长也比较稳定,因此厂房租赁价格处于市场价的较低水平。(2)发行人与实际控制人共同借款是因发行人被借款银行认定为中小微企业,且发行人贷款为信用贷款,未提供抵押担保,根据借款银行的相关规定,实际控制人需作为共同借款人承担还款责任。(3)卢熙作为发行人的实际控制人,在发行人任董事、副总经理,同时在其控制的合顺兴投资任执行事务合伙人。

十六、瑞科汉斯,2022 年 7 月 1 日终止

1. 主营业务

电采暖设备及配电设备的研发、生产和销售业务。

2. 报告期业绩(见表 3 – 16)

表 3 – 16 报告期业绩

项目	2021 年 6 月 30 日/2021 年 1 ~ 6 月	2020 年 12 月 31 日/2020 年度	2019 年 12 月 31 日/2019 年度	2018 年 12 月 31 日/2018 年度
资产总额/元	340,925,210.90	306,309,226.74	239,467,829.33	189,802,681.71
股东权益合计/元	234,178,180.56	231,177,536.53	145,651,913.62	119,506,482.28
归属于母公司所有者的股东权益/元	234,178,180.56	231,177,536.53	145,651,913.62	119,506,482.28
资产负债率(母公司)/%	31.31	24.53	39.18	37.04
营业收入/元	76,297,778.62	175,299,970.32	131,973,542.38	81,801,841.89

续表

项目	2021年6月30日/2021年1~6月	2020年12月31日/2020年度	2019年12月31日/2019年度	2018年12月31日/2018年度
毛利率/%	23.72	44.65	42.75	32.49
净利润/元	3,000,644.03	40,636,235.04	26,145,431.34	4,591,063.44
归属于母公司所有者的净利润/元	3,000,644.03	40,636,235.04	26,145,431.34	4,591,063.44
扣除非经常性损益后的净利润/元	2,748,923.38	39,716,853.84	25,507,848.97	2,728,594.66
归属于母公司所有者的扣除非经常性损益后的净利润/元	2,748,923.38	39,716,853.84	25,507,848.97	2,728,594.66
加权平均净资产收益率/%	1.29	23.43	19.72	4.06
扣除非经常性损益后净资产收益率/%	1.18	22.90	19.24	2.41
基本每股收益/元/股	0.03	0.44	0.29	0.05
稀释每股收益/元/股	0.03	0.44	0.29	0.05
经营活动产生的现金流量净额/元	-39,335,704.27	11,322,270.61	20,947,827.76	-29,188,611.96
研发投入占营业收入的比例/%	5.68	4.20	4.570	5.15

3.主要反馈问题

问题1.实际控制人关系密切人员曾在经销商处持股任职

山西壹先、山西黎中为受同一自然人（陈某欣）控制的企业，2019年、2020年为发行人电采暖设备第一大客户，山西壹先设立时由发行人实际控制人控制的其他企业的高管、发行人员工代持股权并担任董监高，2020年6月上述两人向陈某欣转让股权并辞去职务。2019年4月26日至2020年6月4日，山西壹先一直由陈某欣实际控制并主导经营管理。报告期内，山西壹先、山西黎中在发行人电采暖中标区域内开展经销业务。个别类型产品由于采购数量等原因给予山西壹先较大的折扣而导致销售价格略有降低。

问题2. 电采暖设备业务可持续性

(1)发行人2021年净利润同比下降23.25%。(2)民用电锅炉和工业电锅炉的电价补贴占其真实运行成本的比例达60%,第一批试点城市在中央财政补贴到期后,由地方政府陆续发布运行补贴支持政策。(3)2021年,发行人在原有市场继续开展业务的同时,逐步在内蒙古、新疆、黑龙江等地设立分公司,加强市场开拓力度。截至2022年1月31日,公司在执行的电采暖设备订单114.68万元。(4)发行人本次募集资金扩产项目规划产能为5000套电采暖设备。

问题3. 电采暖产品收入真实性及坏账准备计提充分性

(1)发行人电采暖业务收入在2019年、2020年分别增长347.44%、139.02%,报告期内各期的应收账款周转率为3.18、1.81、1.64、0.05,2021年销售收入比例下降至57.58%。(2)发行人电采暖产品的销售模式主要为经销商销售、直销两种。经销商模式下,公司电采暖产品直接向经销商进行销售,其定价标准在销售指导价的基础上给予一定折扣。根据经销协议的主要条款,公司对经销商销售均为买断式销售,报告期内经销收入分别为32.88万元、1119.50万元、3235.33万元和82.62万元;经销商应收账款期后回款比例由2019年的75.27%下降至2020年、2021年1~6月的18.67%。(3)发行人参与"煤改电"实施模式之一,为上级政府按标准将补贴拨付给下辖的乡镇,发行人作为电采暖供应商入围"煤改电"名单目录后,由经销商进行市场推广并负责安装、售后服务;居民安装电锅炉后,由所在村的村委会或乡政府与经销商进行结算。由于"煤改电"项目中电采暖设备销售最终的回款来源基本为财政资金,政府部门违约风险较小,因此发行人民用电采暖销售实际发生坏账的可能性较低。

十七、天济草堂,2022年6月13日终止

1. 主营业务

中成药的研发、制造与销售,主要产品分为清热解毒类、心脑血管类、泌尿类等中成药系列,产品线涵盖丸剂(水丸、浓缩丸)、硬胶囊剂、片剂三大剂型的20个中药品种。

2. 报告期业绩(见表 3 - 17)

表 3 - 17 报告期业绩

项目	2022 年中报	2021 年年报	2020 年年报	2019 年年报
每股指标				
每股收益 - 基本/元	0.17	0.62	0.42	0.48
每股收益 - 稀释/元	0.17	0.62	0.42	0.48
关键比率				
净资产收益率 - 扣除/%	4.62	16.93	13.72	17.71
资产负债率/%	12.40	14.33	18.75	29.53
利润表摘要				
营业总收入/亿元	1.49	3.34	2.91	3.20
净利润/亿元	0.12	0.44	0.29	0.33
资产负债表摘要				
资产总计/亿元	2.86	2.77	2.41	2.47
股东权益/亿元	2.50	2.38	1.96	1.74
归属母公司股东的权益/亿元	2.50	2.38	1.96	1.74
经营活动产生的现金净流量/亿元	0.21	0.46	0.31	0.31

3. 主要反馈问题

问题 1. 请保荐机构、申报会计师进一步核查发行人收入的真实性,包括但不限于对终端客户的走访、调研、函证情况。

问题 2. 请发行人说明销售费用占比较高的具体原因、合理性及真实性,请保荐机构及申报会计师说明对市场推广费各明细项目的具体核查方式和核查结论。

问题 3. 请发行人结合委外研发的相关合同、项目进展、验收情况,说明研发费用的具体核算方式,是否符合《企业会计准则》相关要求,研发费用列支是否真实,是否存在利用研发费用调节利润的情况,请保荐机构和申报会计师核查并发表意见。

问题 4. 请发行人充分阐述公司的核心竞争力和未来经营计划,若市场条件发生变化,无高额市场推广费用支撑下,发行人是否能保持现有市场份额,充分说明发行人募投项目的可行性及准备情况,量化分析募投项目对发行人未来业绩的影响。

十八、嘉缘花木,2022 年 5 月 27 日终止

1. 主营业务

园林景观设计、施工、养护、研发和环境生态修复工程。

2. 报告期业绩(见表 3 – 18)

表 3 – 18　报告期业绩

项目	2022 年中报	2021 年年报	2020 年年报	2019 年年报
每股指标				
每股收益 – 基本/元	0.1900	0.6010	0.6300	0.3400
每股收益 – 稀释/元	0.1900	0.6010	0.6300	0.3400
关键比率				
净资产收益率 – 扣除/%	2.88	8.54	11.53	7.30
资产负债率/%	42.96	48.33	44.95	53.84
利润表摘要				
营业总收入/亿元	0.82	2.50	2.71	2.23
净利润/亿元	0.09	0.31	0.31	0.16
归属母公司股东的净利润/亿元	0.09	0.31	0.31	0.16
非经常性损益/亿元	0.00	0.04	–0.02	–0.01
归属母公司股东的净利润(扣除非经常性损益)/亿元	0.09	0.27	0.33	0.18
息税前利润 EBIT(东方财富计算)/亿元	0.12	0.38	0.38	0.20
息税折旧摊销前利润 EBITDA(东方财富计算)/亿元	0.13	0.40	0.40	0.22
资产负债表摘要				
资产总计/亿元	5.70	6.11	5.18	5.23
股东权益/亿元	3.25	3.15	2.85	2.42
归属母公司股东的权益/亿元	3.25	3.15	2.85	2.42
经营活动产生的现金净流量/亿元	–0.16	–0.15	–0.05	0.09

3. 主要反馈问题

问题 1. 是否具备创新性及成长空间

(1)是否具备创新性。(2)是否具备成长空间。

问题 2. 2021 年新增订单大幅增长的真实性

发行人2021年新增订单5.71亿元，大幅高于2020年同期，截至报告期期末货币资金余额为2491.90万元，2020～2021年经营活动产生的现金流量净额持续为负。

问题3. 收入和成本核算准确性

（1）审定结案项目审增净额大幅增长。（2）苗木存货核算准确性。

十九、华创合成，2022年4月29日终止

1. 主营业务

中成药研发、生产、销售，化学小分子药研发和技术转让，医药中间体研发和销售。

2. 报告期业绩（见表3－19）

表3－19　报告期业绩

项目	2022年中报	2021年年报	2020年年报	2019年年报
每股指标				
每股收益－基本/元	0.10	0.29	0.31	－0.42
每股收益－稀释/元	0.10	0.29	0.31	－0.42
关键比率				
净资产收益率－扣除/%	4.55	13.61	17.49	－33.28
销售净利率/%	18.84	28.35	36.14	－122.46
资产负债率/%	10.71	8.16	13.72	20.94
资产周转率/倍	0.24	0.50	0.48	0.17
利润表摘要				
营业总收入/亿元	0.52	1.00	0.86	0.33
净利润/亿元	0.10	0.28	0.31	－0.41
归属母公司股东的净利润/亿元	0.10	0.28	0.31	－0.41
非经常性损益/亿元	0.01	0.02	0.02	0.03
归属母公司股东的净利润（扣除非经常性损益）/亿元	0.09	0.26	0.29	－0.44
息税前利润EBIT（东方财富计算）/亿元	0.12	0.27	0.28	－0.42
息税折旧摊销前利润EBITDA（东方财富计算）/亿元	0.14	0.31	0.33	－0.38

续表

项目	2022 年中报	2021 年年报	2020 年年报	2019 年年报
资产负债表摘要				
资产总计/亿元	2.25	2.09	1.89	1.68
股东权益/亿元	2.01	1.92	1.63	1.33
归属母公司股东的权益/亿元	2.01	1.92	1.63	1.33
经营活动产生的现金净流量/亿元	0.09	0.23	0.10	-0.20

3. 主要反馈问题

问题 1. 挂牌后募集资金使用存在异常

发行人 2017 年 1 月、2017 年 8 月、2019 年 4 月分别募集资金 7690 万元、8112 万元、5678 万元，合计 21,480 万元。募集资金用途主要用于公司在研项目的临床研究、临床申报。后多次通过股东大会改变募集资金用途，将 12,839 万元用于收购海普药业，收购时海普药业净资产账面价值 694.80 万元，评估值 14,030万元，评估增值 1919.29%。海普药业 2015～2019 年持续亏损，2020 年净利润 1632 万元。三次募集资金认购对象共 19 名，5 名为海普药业股东，募集资金金额为 8304 万元，其余认购对象出资 13,176 万元。第一次收购海普药业时，发行人召开的 2017 年第二次临时股东大会决议否决直接购买海普药业股份，第三次临时股东大会同意向江苏药之源增资 6300 万元，之后发行人召开第一届董事会第二十五次会议同意以药之源 100% 股份置换海普药业部分股权。

问题 2. 保荐机构等执业质量相关问题

保荐机构、申报会计师、发行人律师及资产评估师对以下问题未进行充分核查论证：(1) 发行人多次变更募集资金用途高溢价收购海普药业的原因、商业合理性、交易价格的公允性。(2) 收购资金最终用途，收购时海普药业股东及其关联方，股东的实际控制人、董监高、关键岗位人员及其关联方与发行人报告期内销售对象是否存在关联关系或其他利益关系。(3) 报告期内市场推广商仅徐州优健一家，2020 年销售费用率同比下滑 16.55%，导致海普药业当年实现盈利，销售收入真实性、销售费用合理性及销售人员资金流水核查情况。

问题 3. 设立华创精准检测又入股南京迈拓的合理性

发行人于 2015 年 8 月设立全资子公司西安天地人和医药科技有限公司（华创精准检测的前身），拟专门为公司提供新药的临床试验服务，2015 年 11 月实缴出资 500 万元，该公司自成立后未开展实际经营业务。因开展临床试验技术专业性较强、技术门槛较高，在华创精准检测设立后，公司于2015年11月投资入股南京迈拓，以解决磷酸左奥硝唑酯二钠项目开展I期临床试验项目临近及短期内无法组建符合新药临床试验要求的专业技术团队等问题。

问题4. 技术采购及转让的价格公允性

（1）技术采购价格的公允性。发行人2018年使用2017年8月募集资金向关联方马耀茹控制的公司购买4项6类中药独家品种临床批件及相关临床试验2421.25万元；2019年使用2019年4月募集资金1980万元向江苏新创联合购买HCP005临床前研究技术成果；2021年向2019年股票发行认购对象威信制药购买硝酸异山梨酯葡萄糖注射液等6个品种830万元。请发行人：①补充说明江苏新创联合的主要情况，包括但不限于成立时间、注册地址、与发行人合作的主要背景，是否与发行人及其控股股东、实际控制人、董监高存在关联关系。②补充披露受让相关技术、临床批件后的继续研发、取得批件等情况，说明发行人向关联方及认购对象采购技术服务的必要性、价格公允性，相关方是否存在为发行人承担成本费用或调节利润的情形。

（2）技术转让价格的公允性。发行人2020年收入8553.30万元，其中中成药销售收入5841.98万元，技术转让收入2311.89万元。技术转让收入主要为向关联方金丝利转让左旋泮托拉唑钠原料、肠溶片、注射剂3个临床批件，确认收入1620万元。发行人报告期内向凯因科技（688687）转让雷美替胺原料及片剂2个临床批件收入金额480万元、泮托拉唑镁原料及肠溶片2个临床批件收入500万元。请发行人：说明向关联方金丝利转让临床试验批件价格显著高于发行人向上市公司凯因科技转让临床试验批件价格的原因及合理性。

二十、高德信，2022年4月12日终止

1. 主营业务

增值电信运营商及服务商，主要为客户提供互联网接入、专线组网等服务。

2. 报告期业绩（见表3－20）

表3－20　报告期业绩

项目	2022年中报	2021年年报	2020年年报	2019年年报
每股指标				
每股收益－基本/元	0.31	0.72	0.62	0.62

续表

项目	2022 年中报	2021 年年报	2020 年年报	2019 年年报
每股收益－稀释/元	0.31	0.72	0.62	0.62
关键比率				
净资产收益率－扣除/%	6.47	16.15	16.19	18.11
资产负债率/%	26.08	21.09	18.09	12.20
利润表摘要				
营业总收入/亿元	0.99	2.05	1.83	2.07
净利润/亿元	0.30	0.70	0.61	0.57
归属母公司股东的净利润/亿元	0.30	0.70	0.61	0.57
息税前利润 EBIT(东方财富计算)/亿元	0.36	0.84	0.71	0.68
息税折旧摊销前利润 EBITDA(东方财富计算)/亿元	0.48	1.06	0.91	0.81
资产负债表摘要				
资产总计/亿元	6.15	5.51	4.45	3.55
股东权益/亿元	4.55	4.34	3.64	3.12
经营活动产生的现金净流量/亿元	0.27	0.97	1.22	0.69

3. 主要反馈问题

问题 1. 线路等资产核算准确性及减值计提充分性

(1)截至 2021 年 6 月 30 日,发行人线路资产净值合计 3.85 亿元,为发行人的核心资产,发行人不同线路资产金额差异较大,最低为 1.68 万元,最高为 8995.33 万元。(2)深圳市圳通通信有限公司、深圳宏运美科技有限公司为发行人主要的工程施工供应商,发行人存在报告期内与深圳市圳通通信有限公司签订光缆采购合同但报告期前已确认相应资产的情形,同时存在报告期内与深圳市圳通通信有限公司、深圳宏运美科技有限公司所签光缆采购合同签订日期晚于合同履行截至日期的情形。(3)2020 年年末、2021 年 6 月末发行人线路资产均同比增长,但专用设备如服务器、光传送网设备、路由器、安全设备、防火墙等均同比减少。(4)发行人变更后的线路资产折旧年限与鹏博士相当,但高于中国联通等其他电信运营商,线路资产、专用设备的预计净残值率大幅高于行业平均水平。(5)发行人各期对线路资产和专用设备的盘点比例较低,其中 2019 年年末盘点比例仅为 5.46%,主要是受新冠疫情影响。(6)发行人互联网接入业务收入2020年较2019年下滑明显,但未对相应线路资产计提减值准备。

问题2.客户供应商重合情形下交易的公允性

报告期内,发行人存在客户与供应商重合的情形,这部分客户、供应商主要是与公司同属于电信行业或上下游相关行业,在行业内经营多年,积累了一定的客户资源或渠道资源,双方在业务开展过程中基于业务需求、合作关系、成本控制等因素考虑,存在采购同时销售、销售同时采购的情形。

问题3.收入确认合规性

发行人互联网接入和专线组网业务的收入确认政策为"每月按合同约定的固定金额确认收入",发行人存在部分合同实际收入确认情况与披露的收入确认政策不一致的情形。

问题4.应收账款坏账计提是否充分

发行人2018年变更应收账款坏账计提比例,将账龄6个月以内(含6个月)应收款项坏账准备计提比例变更为0%;账龄6个月至1年应收款项坏账准备计提比例仍为5%。2019年1月1日起,公司执行新金融工具准则,对应收款项按照整个存续期预期信用损失的金额计量应收账款损失准备,公司对1年以内的应收账款预期信用损失率确定为3%,低于同行业公司鹏博士、铜牛信息等。

问题5.合作商模式下交易的真实性和公允性

发行人综合性社区家庭宽带业务主要采用合作商模式,由合作商在公司指导下安排专业人员以公司名义负责所在区域家庭宽带的安装、账号开通、网络测试和运行维护,公司按收入金额的40%支付给合作商作为用户维护成本。发行人选择的合作商对所在综合性社区物业管理和住户情况较为熟悉,并具有一定的运维经验。2020年4月24日之前,公司为快速推进综合性社区家庭宽带业务的增长,简化收款流程,由合作商代收款后统一转账给公司。2020年4月,公司与第三方托收平台——联动优势合作,家庭宽带业务的收款委托该第三方托收平台进行,不再由合作商负责收款。中介机构主要通过函证报告期内与家庭宽带合作商的结算数据验证家庭宽带收入真实性、准确性。

问题6.新增光纤建设是否匹配市场需求解释不充分

本次募投项目投资于深圳市宝安区、光明区、龙华区及广州市四地的宽带接入网光纤建设及机房设备升级,涉及扩大已有公司少部分的网络覆盖社区和公司网络空白社区,主要用于新铺设光纤、新建机房及光交箱等。(1)未说明新增建设光纤与光纤覆盖区域实际需求的匹配性。(2)新建光纤覆盖区域是否存在成熟性社区。(3)募集资金用于补充流动资金核算的准确性。

问题7. 是否存在经营合规风险

发行人在广东省外存在相关业务，部分客户来自北京、上海。根据相关报道，目前在广州市白云区马务经济联合社符合驻地网资质的运营商有中国电信、中国移动、中国联通和盈通科技四家，发行人未取得驻地网运营许可资质且发行人注册的商标品牌“环城宽带”在未取得盈通科技同意情形下，即在当地开展运营。

二十一、绿联智能，2022年4月1日终止

1. 主营业务

交互智能显示模组、智能控制器等智能终端核心组件和物联网操作系统、智慧楼宇管理系统、变频软件等软件产品的设计、研发及销售。

2. 报告期业绩（见表3-21）

表3-21 报告期业绩

项目	2022年中报	2021年年报	2020年年报	2019年年报
每股指标				
每股收益-基本/元	-0.14	-0.13	0.50	0.46
每股收益-稀释/元	-0.14	-0.13	0.50	0.46
关键比率				
净资产收益率-扣除/%	-5.84	-5.31	22.93	25.30
资产负债率/%	58.44	54.19	51.33	61.32
利润表摘要				
营业总收入/亿元	0.62	1.61	1.55	1.89
净利润/亿元	-0.06	-0.05	0.18	0.17
归属母公司股东的净利润/亿元	-0.05	-0.05	0.18	0.17
非经常性损益/亿元	0.00	0.00	0.01	0.01
归属母公司股东的净利润（扣除非经常性损益）/亿元	-0.06	-0.05	0.17	0.16
息税折旧摊销前利润EBITDA（东方财富计算）/亿元	-0.05	-0.05	0.21	0.19
资产负债表摘要				
资产总计/亿元	2.34	2.19	1.52	1.61
股东权益/亿元	0.97	1.00	0.74	0.62

续表

项目	2022 年中报	2021 年年报	2020 年年报	2019 年年报
归属母公司股东的权益/亿元	0.96	1.00	0.74	0.62
经营活动产生的现金净流量/亿元	0.02	-0.32	-0.14	0.26

3. 主要反馈问题

问题 1. 与主要客户共同投资及相关关联交易的合理性

公司共有 6 家控股子公司、1 家控股孙公司，3 家参股公司。其中，参股公司上海优悦的实际控制人为主要客户海尔集团，参股公司广东点触的实际控制人为主要客户云米科技，参股因为科技系从发行人股东时羽投资处以 1422 万元的价格受让 9% 的股份。报告期内，上海优悦委托发行人子公司上海邃谷代理采购智能家电；2019 年至 2021 年 1～6 月，发行人对广东点触的销售收入分别为 3288.09万元、1482.43 万元和 1029.45 万元。

问题 2. 各业务板块市场空间及竞争力

发行人业务主要分为交互智能显示模组、智能控制器、软件开发，下游应用场景主要为智能家居、新能源车等。2013～2018 年发行人盈利较少，2019 年、2020 年盈利情况转好。

问题 3. 主要原材料价格持续上涨

发行人采购的原材料主要为芯片、分立器件、液晶屏等，发行人采购方式分为直接采购、通过供应链公司代理采购两种。2020 年以来中美贸易摩擦、新冠疫情导致芯片等原材料供应紧张，原材料价格持续上涨，供应商缩短与发行人的结算账期甚至采取款到发货的方式销售。

问题 4. 不符合发行上市财务条件的风险

发行人选择第一套标准申报，2019 年、2020 年归属于母公司所有者的扣除非经常性损益后的净利润分别为 1570.99 万元、1698.16 万元。2021 年 1～6 月发行人净利润为 -214.04 万元，同比下滑 217.51%，加权平均净资产收益率 -2.39%。

问题 5. 报告期内业绩波动较大且最近一期业绩亏损

报告期内，发行人主营业务收入分别为 14,377.21 万元、18,908.12 万元、15,533.52 万元、7357.06 万元，软件产品销售主要集中于 2019 年、2020 年；归母扣非净利润分别为 103.02 万元、1570.99 万元、1698.16 万元、-211.30 万元；经营活动产生的现金流量净额分别为 -42.54 万元、2588.63 万元、-1401.40 万元、-915.61万元。发行人报告期内经营业绩波动较大。

二十二、太川股份,2022年4月1日终止

1. 主营业务

面向楼宇对讲门禁、智能家居等智慧社区领域的产品与解决方案提供商。

2. 报告期业绩(见表3-22)

表3-22 报告期业绩

项目	2022年中报	2021年年报	2020年年报	2019年年报
每股指标				
每股收益-基本/元	0.26	0.56	0.73	0.59
每股收益-稀释/元	0.26	0.56	0.73	0.59
关键比率				
净资产收益率-扣除/%	2.23	15.30	20.68	18.31
资产负债率/%	50.32	58.87	48.65	47.76
利润表摘要				
营业总收入/亿元	0.78	2.83	2.60	2.07
净利润/亿元	0.11	0.21	0.29	0.24
归属母公司股东的净利润/亿元	0.11	0.23	0.30	0.24
非经常性损益/亿元	0.08	0.01	0.01	0.00
归属母公司股东的净利润(扣除非经常性损益)/亿元	0.03	0.22	0.29	0.24
息税前利润EBIT(东方财富计算)/亿元	0.11	0.31	0.38	0.34
资产负债表摘要				
资产总计/亿元	3.15	3.50	2.76	2.50
股东权益/亿元	1.57	1.44	1.42	1.31
归属母公司股东的权益/亿元	1.57	1.47	1.43	1.31
经营活动产生的现金净流量/亿元	-0.06	-0.24	0.43	0.37

3. 主要反馈问题

问题1. 应收账款逾期原因及主要客户经营风险

(1)主要客户普遍存在应收账款逾期。截至2021年6月末,发行人主要客户均存在应收账款逾期。多个客户将部分应收账款转换为应收票据。请发行

人:①结合合同约定,补充披露与主要客户的结算安排、信用期,主要客户的付款流程,报告期内各客户信用政策是否发生变化。②说明相关客户应收账款逾期的具体原因,2021 年上半年万科等客户逾期金额大幅增长的原因,地产行业政策是否会对下游客户付款周期进一步产生不利影响。③说明应收账款转换为应收票据的原因及确定方式,相关票据账龄和减值计提的计算方式,应收账款的付款主体和票据开具主体是否发生变化,是否存在兑付风险。

(2)新力地产出现债务违约对发行人的影响。

(3)富力地产等客户经营风险对发行人的影响。

问题 2. 采集、储存、使用个人信息是否合法合规

发行人存在采集、储存、使用业主个人的身份证、手机号和人脸图像等敏感信息的情形,App 明确提供用户隐私协议,业主认可协议或需要使用相应功能时才需要上传。首轮问询回复显示:"目前,发行人云平台的注册用户数超过 50 万户,且随着发行人经营的持续发展,这一数字还在持续提升,这种较为庞大的用户群,形成了一种互联网生态圈,为后续的价值挖掘提供了可能,具体包括:①使用门禁出入时,用户可以看到设备屏幕广告;②基于所产生的用户数据,可以获知小区人员成分,包括平均年龄、男女比例等,有利于进行广告的精准投放;③可以基于这些数据分析日常门禁人员出入活动情况,包括峰值,为后续商业发展提供数据支撑。"

问题 3. 经销商数量与销售变化趋势不一致

报告期各期经销商数量分别为 16 家、23 家、21 家、17 家,但经销收入持续增长。经销商一般为以销定采,从下游拿到订单后向公司下达订单。

问题 4. 材料耗用及价格波动与产品销售匹配性

报告期各期发行人各项主要原材料价格成本波动较大,毛利率持续下降。

问题 5. 募投项目产能消化风险

发行人本次募投项目的投资回收期(税后)为 7.72 年,因此,按照 8 年进行测算,以 2022 年为第一年,按照营业收入和销量复合增长率 20% 计算未来 8 年发行的产能利用率。其中,募投项目投产后,2023 年至 2025 年发行人主要产品的产能利用率均低于 80%。

二十三、杭州路桥,2022 年 3 月 31 日终止

1. 主营业务

市政工程业务,主要包括市政工程的施工、维修和养护,具体可分为市政工

程施工服务和市政工程养护服务。

2. 报告期业绩(见表3-23)

表3-23　报告期业绩

项目	2022年中报	2021年年报	2020年年报	2019年年报
每股指标				
每股收益-基本/元	0.50	0.86	0.84	1.20
每股收益-稀释/元	0.50	0.86	0.84	1.20
关键比率				
净资产收益率-扣除/%	9.40	16.41	17.15	18.48
资产负债率/%	80.85	80.14	80.15	78.93
利润表摘要				
营业总收入/亿元	12.41	23.29	19.95	19.21
净利润/亿元	0.53	0.88	0.85	0.82
归属母公司股东的净利润/亿元	0.53	0.91	0.88	0.82
非经常性损益/亿元	0.02	0.04	0.04	0.02
归属母公司股东的净利润(扣除非经常性损益)/亿元	0.51	0.87	0.84	0.80
息税折旧摊销前利润EBITDA(东方财富计算)/亿元	1.07	1.93	1.88	1.78
资产负债表摘要				
资产总计/亿元	29.86	28.16	26.22	22.27
负债合计/亿元	24.14	22.56	21.02	17.58
股东权益/亿元	5.72	5.59	5.21	4.69
经营活动产生的现金净流量/亿元	-0.21	0.87	3.53	1.21

3. 主要反馈问题

问题1. 关于创新性特征

发行人属土木工程建筑业,主要从事市政工程施工及市政设施养护业务。(1)发行人4项发明专利中有2项为共有发明专利,共有专利系发行人技术体系中的一个组成部分,并非发行人重要或关键的技术。(2)报告期内,公司总工程师办公室负责制订研发活动的具体计划,然后将研发任务分解并分配至对应的部门、分公司或子公司执行。公司从事研发活动的人员在履行各自所在部门职责的同时亦开展研发工作。2021年7月,发行人将总工程师办公室的日常管理职能剥离,专门从事研发及研发成果的应用推广工作,发行人将总工程师办公室负责统筹协调的此前分散在公司各部门、分公司和子公司的技术人员组成四个研发团队,并进一步明确了其各自的研发方向。(3)发行人将各数字化管理模块进行集成,打造全方位的“智慧养护平台”,并运用数字化成果为市政设施管理单位提供全方位、数字化管理方案。(4)发行人申报的多项科技创新成果获2021年度杭州市市政行业科技创新成果奖,其中,除全天候冷补沥青混合料研制外,其他均非发行人独立申请取得。发行人冷补料已累计在杭州市城区如同协路、丁兰路等多条道路上使用,整体情况良好,反馈优异。

问题2.关于是否存在转包行为

报告期内发行人34名员工与发行人发生缴纳项目保证金相关资金往来。员工缴纳项目保证金相关项目为发行人承接项目后,与项目部主要人员签订项目管理责任书,约定由项目部全面实施项目管理,项目实施“结余归己”的考核奖励方式,项目实际发生成本低于公司预控总成本的金额作为相应考核员工奖金进行考核发放。

二十四、银山股份,2022年3月29日终止

1.主营业务

棉纤维深加工产品的生产、销售及棉花贸易业务,主要产品包括特种棉浆、纯棉家纺产品等。

2.报告期业绩(见表3-24)

表3-24　报告期业绩

项目	2022年中报	2021年年报	2020年年报	2019年年报
每股指标				
每股收益-基本/元	0.05	0.62	0.72	0.40
每股收益-稀释/元	0.05	0.62	0.72	0.40
关键比率				
净资产收益率-扣除/%	0.46	18.86	22.24	13.75
资产负债率/%	48.66	49.42	51.88	62.00
利润表摘要				
营业总收入/亿元	0.94	3.27	2.63	2.62
净利润/亿元	0.02	0.27	0.32	0.16

续表

项目	2022 年中报	2021 年年报	2020 年年报	2019 年年报
归属母公司股东的净利润/亿元	0.02	0.28	0.32	0.16
非经常性损益/亿元	0.02	0.03	0.04	0.03
归属母公司股东的净利润(扣除非经常性损益)/亿元	0.01	0.25	0.28	0.13
资产负债表摘要				
资产总计/亿元	2.32	2.64	2.60	2.49
股东权益/亿元	1.19	1.34	1.25	0.94
归属母公司股东的权益/亿元	1.19	1.33	1.24	0.95
经营活动产生的现金净流量/亿元	0.43	0.36	0.21	0.18

3. 主要反馈问题

问题 1. 出疆补贴实际确认与会计政策不符

发行人披露文件中 2018 年出疆补贴金额数据存在矛盾,2019 ~ 2020 年发行人确认补贴金额分别为 161.50 万元、917.40 万元。发行人出疆棉运费补贴的具体确认依据为通过全国棉花交易市场出疆棉运费补贴审核公示后确认补贴收入。根据公开资料,发行人 2020 年申请的出疆补贴公示时间为 2021 年 1 月,晚于发行人补贴确认时间。

问题 2. 其他问题

家纺和贸易业务函证比例较低。请保荐机构、申报会计师说明相关业务部分期间函证和回函比例较低的具体原因,中介机构采取的具体替代措施,通过函证、访谈等核查手段整体覆盖的核查金额和比例,相关收入是否真实。

二十五、鼎丰股份,2022 年 3 月 29 日终止

1. 主营业务

刨花板研发、生产和销售。

2. 报告期业绩(见表 3 - 25)

表 3 - 25　报告期业绩

项目	2022 年中报	2021 年年报	2020 年年报	2019 年年报
每股指标				
每股收益 - 基本/元	0.63	0.76	0.52	0.74

续表

项目	2022 年中报	2021 年年报	2020 年年报	2019 年年报
每股收益－稀释/元	0.63	0.76	0.52	0.74
关键比率				
净资产收益率－扣除/%	9.38	12.36	9.42	13.80
资产负债率/%	24.65	19.59	17.84	16.34
利润表摘要				
营业总收入/亿元	3.31	6.15	4.50	5.22
净利润/亿元	0.56	0.66	0.44	0.63
资产负债表摘要				
资产总计/亿元	7.88	6.69	5.74	5.42
股东权益/亿元	5.93	5.38	4.71	4.53
经营活动产生的现金净流量/亿元	0.33	1.48	0.03	1.60

3. 主要反馈问题

问题 1. 非公司员工持有持股平台份额的合理性

兴泰科技、顺泰科技、信泰科技分别持有发行人 7.43%、6.97%、5.14% 的股份，均未限售。三家合伙企业均未实际经营，注册地均为发行人全资子公司鼎丰木业院内，均系专门为持有发行人股份而设立，执行事务合伙人均为发行人董事或监事。三家合伙企业的合伙人包括发行人及其子公司的员工（前员工）及家属，发行人客户的实际控制人、员工（前员工），实际控制人的亲属及朋友，实际控制人曾经控制的企业的员工（前员工）等。未披露部分合伙人任职情况。

问题 2. 补充披露与原关联方的交易情况

（1）2016 年 12 月实际控制人将持有的鼎立木业和鼎盛木业的股权转出，2018 年起不再将相关主体作为关联方披露。发行人客户商丘市鼎盛新型装饰材料有限公司与鼎盛木业均为鼎盛实业的全资子公司，鼎盛实业控制的多家公司与发行人从事相同或相似业务。（2）实际控制人之子卜玄于 2016 年 3 月取得鼎易木业 33.30% 股权，于 2018 年 2 月将鼎易木业 33.30% 股权对外转让，2019 年 3 月以后发行人与鼎易木业的交易不再作为关联交易披露。2018 年至 2021 年 1～9 月，公司向鼎易木业销售货物的金额分别为 1719.90 万元、597.73 万元、682.60 万元和 468.56 万元，E0 级板销售价格相比于贴面厂平均单价差异率分别是 11.24%、－5.93%、－7.96%、－5.88%。

问题 3. 是否存在继续关停 E1 级刨花板生产线风险

公司目前将E0级刨花板和无醛刨花板划分为高端产品；将以连续平压生产线生产的E1级刨花板划分为中端产品；将以多层热压生产线生产的E1级刨花板划分为低端产品。公司报告期期末无醛板、E0级板、E1级板的收入占比分别为1.21%、70.98%、27.82%；因鼎泰木业使用的为多层热压生产线，其生产的产品品质相对较低，2018年12月公司作出暂时停产鼎泰木业的决定；无醛刨花板2020年产能为8073.18立方米，而2021年1～9月产能仅为1673.87立方米。

二十六、伊斯佳，2022年3月25日终止

1. 主营业务

化妆品的研发、生产及销售。

2. 报告期业绩（见表3－26）

表3－26　报告期业绩

项目	2022年中报	2021年年报	2020年年报	2019年年报
每股指标				
每股收益－基本/元	－0.14	0.75	0.55	0.81
每股收益－稀释/元	－0.14	0.75	0.55	0.81
关键比率				
净资产收益率－扣除/%	－2.88	15.32	10.58	15.75
资产负债率/%	22.60	28.86	21.71	21.42
利润表摘要				
营业总收入/亿元	0.54	2.40	1.67	1.87
净利润/亿元	－0.05	0.29	0.21	0.32
资产负债表摘要				
资产总计/亿元	2.39	2.67	2.58	2.56
股东权益/亿元	1.85	1.90	2.02	2.01
经营活动产生的现金净流量/亿元	－0.05	0.47	0.25	0.57

3. 主要反馈问题

问题1. 生产经营合规性风险

（1）功效宣称评价是否合规。发行人部分相关产品暂未安排功效宣称评价。（2）主要客户涉嫌传销风险对发行人的影响。

问题2. 关联租赁公允性及租赁房产抵押对发行人的影响

公司租赁关联方房产总面积39,117.58平方米,其中被抵押房产的面积为38,956.08平方米,抵押面积占租赁关联方物业总面积的比例为99.59%。如果关联方未能按期偿还银行本息,被抵押的房产存在被处置的风险。

问题3.运输费用核算的准确性

发行人从2020年开始实行新收入准则,根据新准则规定,构成合同履约义务的商品运输费不再计入销售费用而是计入营业成本核算,因此2020年和2021年1~6月分别有173.97万元和134.13万元运费计入大客户定制业务营业成本,使2020年和2021年1~6月大客户定制业务毛利率分别下降1.31%和1.49%。发行人2020年和2021年1~6月营业成本构成中并未列示运费金额,同行业可比上市公司珀莱雅2020年和2021年1~6月的营业成本均单独列示了运费金额。此外,发行人大客户定制相关销售费用明细中包含快递物流费,其中2020年快递物流费金额为157.93万元,超过2020年销售费用－运费总额23.56万元。

二十七、光谷信息,2022年3月25日终止

1.主营业务

公司主要以自主研发的地理信息技术、大数据技术及系统融合技术形成的产品及服务,面向能源、自然资源、交通、农业、金融等领域的政企客户,提供时空数据服务、应用开发及服务、系统集成及服务,为用户的数字化转型提供技术支撑。

2.报告期业绩(见表3－27)

表3－27　报告期业绩

项目	2022年中报	2021年年报	2020年年报	2019年年报
每股指标				
每股收益－基本/元	－0.2200	0.6100	0.9800	0.6200
每股收益－稀释/元	－0.2200	0.6100	0.9800	0.6200
关键比率				
净资产收益率－扣除/%	－5.25	9.42	19.13	14.33
资产负债率/%	44.37	44.24	44.22	54.71
资产周转率/倍	0.16	0.69	0.71	0.71
利润表摘要				
营业总收入/亿元	0.80	3.27	2.97	2.52

续表

项目	2022 年中报	2021 年年报	2020 年年报	2019 年年报
净利润/亿元	-0.12	0.31	0.52	0.31
归属母公司股东的净利润/亿元	-0.11	0.30	0.49	0.31
非经常性损益/亿元	0.04	0.04	0.04	0.05
归属母公司股东的净利润(扣除非经常性损益)/亿元	-0.14	0.26	0.45	0.26
息税前利润 EBIT(东方财富计算)/亿元	-0.13	0.31	0.55	0.35
息税折旧摊销前利润 EBITDA(东方财富计算)/亿元	-0.12	0.32	0.56	0.36
资产负债表摘要				
资产总计/亿元	4.99	5.13	4.34	4.04
股东权益/亿元	2.78	2.86	2.42	1.83
归属母公司股东的权益/亿元	2.72	2.79	2.35	1.79
经营活动产生的现金净流量/亿元	-0.44	-0.37	0.11	0.19

3. 主要反馈问题

问题 1. 最近 24 个月内实际控制人是否发生变更

(1)2017 年 10 月,赛微电子发布公告拟收购发行人 80.42% 股份,姜益民等 6 人拟出售所持全部股权,目前 6 人合计持股 16.81%。2020 年 5 月,6 名一致行动人中张凯、李炘从董事会退出,且已从发行人处离职。(2)第一大股东赛微电子 2018 年完成初步收购后持股 30.95%,2018 年 12 月持股达到 34.95%,2019 年 12 月将后续收购事项转让给星燎投资、星燎基金和天晓云驰等后续收购主体,2020 年 12 月完成减持后持股 29.9952%。(3)2021 年 9 月 30 日,赛微电子将其持有的公司股份的表决权委托给姜益民等 6 人,表决权委托期间,姜益民等 6 人实际支配的表决权达到了 46.80%。

问题 2. 后续业绩是否存在大幅波动

(1)业务构成变动及新业务类型对后续经营的影响。(2)华南区域收入大幅下降的合理性。(3)收入确认政策变更对后续业绩的影响。

二十八、汇群中药,2022 年 3 月 25 日终止

1. 主营业务

中药饮片的研发、生产和销售,同时基于客户需求和公司良好的供应链管理效率,还开展部分中药材贸易及成品分销等业务。

2. 报告期业绩(见表 3 - 28)

表 3 - 28　报告期业绩

项目	2022 年中报	2021 年年报	2020 年年报	2019 年年报
每股指标				
每股收益 - 基本/元	0.35	0.81	0.66	0.34
每股收益 - 稀释/元	—	—	0.66	0.34
关键比率				
净资产收益率 - 扣除/%	8.08	18.73	18.89	12.01
资产负债率/%	41.96	43.72	48.07	56.03
利润表摘要				
营业总收入/亿元	2.06	4.25	3.70	3.42
净利润/亿元	0.17	0.39	0.32	0.17
资产负债表摘要				
资产总计/亿元	3.66	3.72	3.28	3.14
股东权益/亿元	2.12	2.10	1.70	1.38
经营活动产生的现金净流量/亿元	0.19	0.40	0.23	0.36

3. 主要反馈问题

问题 1. 创新成果与核心竞争力的关系

发行人主要业务收入源于中药饮片的加工销售及中药材贸易。发行人技术创新主要体现在中药饮片炮制技术以及炮制器械的更新改造。

问题 2. 财务内控健全有效性

(1)发行人客户主要包括药品零售连锁企业、单体销售终端、医药流通企业等,客户数量逾 3000 个,其中非法人客户占比及现金结算占比较高,2018 年至 2021 年 1 ~ 6 月,非法人客户数量分别为 2279 个、2110 个、1779 个、1313 个,占客户总数比例分别为 65.51%、61.82%、54.59%、48.97%;向非法人客户销售现金结算占比较高,各期占比分别为 46.29%、27.97%、26.26%、7.31%。(2)发行人主要原材料为中药材,部分中药材在报告期内价格波动较大,且存在向个体

户、合作社等采购的情形。(3)各期收入中，缺少留存下单指令的数量占比分别为67.78%、58.96%、46.82%、13.58%，通过第三方物流能够验证未保留下单指令的订单数量占比较低，分别为18.42%、21.58%、17.08%、15.14%。(4)发行人挂牌以来先后两次变更主办券商、三次变更审计机构。

二十九、捷世智通，2022年3月16日终止

1. 主营业务

嵌入式计算机软硬件产品及国产化芯片的设计、开发、生产与销售业务。

2. 报告期业绩(见表3-29)

表3-29　报告期业绩

项目	2022年中报	2021年年报	2020年年报	2019年年报
每股指标				
每股收益-基本/元	-0.26	0.04	0.14	0.07
每股收益-稀释/元	-0.26	0.04	0.14	0.07
关键比率				
净资产收益率-扣除/%	-10.12	-0.01	3.44	1.47
资产负债率/%	26.24	23.79	26.92	18.80
利润表摘要				
营业总收入/亿元	0.36	2.07	1.94	1.42
净利润/亿元	-0.27	0.04	0.14	0.07
归属母公司股东的净利润/亿元	-0.27	0.04	0.14	0.07
非经常性损益/亿元	0.01	0.04	0.04	0.03
归属母公司股东的净利润(扣除非经常性损益)/亿元	-0.27	0.00	0.10	0.04
息税前利润EBIT(东方财富计算)/亿元	-0.27	0.06	0.14	0.05
息税折旧摊销前利润EBITDA(东方财富计算)/亿元	-0.23	0.16	0.23	0.11
资产负债表摘要				
资产总计/亿元	3.68	3.91	4.03	3.45
股东权益/亿元	2.71	2.98	2.94	2.80
归属母公司股东的权益/亿元	2.71	2.98	2.94	2.80
经营活动产生的现金净流量/亿元	-0.20	-0.05	0.16	0.23

3. 主要反馈问题

问题1. 收入确认合规性及确认依据是否充分、客观

(1)报告期内发行人嵌入式计算机业务不存在大额销售退回情形。(2)同行业可比公司一般以交付作为收入确认的时点。(3)报告期内发行人收入确认依据中未经客户签字或盖章的比例分别为77.42%、77.02%、75.01%、50.74%,其中电话口头通知的占比分别为58.82%、58.25%、59.53%、27.18%。(4)公司嵌入式计算机产品从产品出库到客户验收一般为1~6个月不等。根据公开信息,发行人申报前对发行人收入会计政策的表述进行修改,原文为"发出货物且经客户签收,相关的收入已取得或者取得了收款的凭据且相关的经济利益很可能流入时确认收入"。

问题2. 未签约发货的情形是否属于行业惯例

发行人披露的2021年度业绩快报预计2021年度收入为20,773.22万元,较2020年度增长率为7.30%。报告期内,发行人在开展嵌入式计算机业务过程中,因部分军工、轨道交通客户合同审批签约流程较长而采用口头、微信等方式下达生产任务,存在未签约先行发货的情形。报告期各期该等情况的合同金额共计4186.19万元。

问题3. 报告期内经营业绩变动的合理性

(1)2019年、2020年发行人X86产品收入增速分别为22.19%、21.10%,2018年至2020年X86产品中2018年以前定型产品收入金额各期约为5000万元。(2)发行人客户在嵌入式计算机产品所最终应用的装备定型后,依据生产计划进行规模采购。报告期内定型产品为公司嵌入式计算机产品收入主要来源,并且以非国产嵌入式计算机产品为主。(3)嵌入式计算机产品中X86产品2018年至2021年1~6月毛利率分别为55.30%、56.85%、48.67%、60.87%,最近一年及一期波动较大。(4)2021年芯片制造厂商流片价格普遍上涨,各大芯片制造厂商纷纷宣布上调产品价格,上调幅度普遍达到10%~20%。

问题4. 研发投入归集准确性及资本化的依据充分性

(1)报告期内发行人研发投入构成主要为职工薪酬,但研发人员归集变动较大,存在其他岗位人员调为研发人员的情形。(2)发行人将样机试制过程中发生的研发人员薪酬、研发用固定资产折旧等计入研发费用。(3)报告期内发行人存在部分研发人员共用情形,主要为部分具有技术背景的董监高人员,除履行公司日常"三会"管理工作外,仍主要从事客户产品的前期预研及定型工作。

三十、壹创国际，2022 年 3 月 16 日终止

1. 主营业务

建筑工程领域的设计、研发、咨询、管理及服务，主营业务涵盖规划、设计、装配式建筑、绿色建筑、BIM 设计及技术研究、全过程工程咨询等领域。

2. 报告期业绩（见表 3－30）

表 3－30　报告期业绩

项目	2022 年中报	2021 年年报	2020 年年报	2019 年年报
每股指标				
每股收益－基本/元	0.16	－0.38	1.00	0.61
每股收益－稀释/元	0.16	－0.38	1.00	0.61
关键比率				
净资产收益率 ROE（摊薄）/%	4.62	－11.27	24.14	24.30
资产负债率/%	37.03	39.01	42.58	53.39
利润表摘要				
营业总收入/亿元	0.91	2.28	2.26	1.54
净利润/亿元	0.06	－0.15	0.30	0.17
资产负债表摘要				
资产总计/亿元	2.16	2.13	2.15	1.50
股东权益/亿元	1.36	1.30	1.23	0.70
经营活动产生的现金净流量/亿元	0.00	－0.21	0.11	0.13

3. 主要反馈问题

问题 1. 应收恒大地产、人才安居集团款项减值计提充分性

（1）应收恒大地产款项减值计提是否充分。（2）应收人才安居集团款项减值计提是否充分。

问题 2. 控制权稳定性

（1）报告期内天健地产曾对发行人发起过收购。2020 年 7 月 15 日，发行人发布终止收购公告，同时保留向天健地产定向发行股票事宜，天健地产目前持有发行人 20% 股份。终止收购协议中包含“天健地产投资款项支付满 1 年后，协

议双方再行协商后续股份合作事宜”“天健地产向壹创国际提名一名财务副总监,50 万元以上的审批事项需经该名财务副总监审批”等条款。(2)实际控制人严定刚直接持股比例为 27.95%,前海添富、前海壹汇、深圳添贵合计持有发行人 46.09% 的股份。

问题 3. 员工持股多家供应商合理性及交易公允性

发行人存在员工持股多家供应商的情形,发行人与上述供应商合作时,相关员工大部分处于在职状态。其中,苏毅、简晓宇先后成立深圳熙源建筑设计有限公司、深圳栖澜建筑设计咨询有限公司;郑军先后成立深圳十二城建筑设计有限公司、深圳之觉建筑设计有限公司;杨欣炜、胡婧先后成立云上建筑设计(深圳)、深圳海峦设计公司。发行人还存在员工入职不久即成立公司,公司成立当年即成为发行人供应商的情形,如罗韧于 2018 年 3 月入职发行人,同年 6 月成立深圳华昊建筑设计有限公司;桂海刚、冯炎球、刘辉科分别于 2017 年 9 ~ 10 月入职发行人,后于 2018 年 1 月成立深圳璞本建筑设计有限公司,上述两家公司成立当年即成为发行人供应商。此外,上述部分持股供应商的员工及部分非员工持股的供应商的股东通过前海添富、前海壹汇、深圳添贵间接持有发行人股份。

三十一、东立科技,2022 年 3 月 14 日终止

1. 主营业务

工业固废绿矾($FeSO_4 \cdot 7H_2O$)的资源综合利用。

2. 报告期业绩(见表 3 – 31)

表 3 – 31　报告期业绩

项目	2022 年中报	2021 年年报	2020 年年报	2019 年年报
每股指标				
每股收益 – 基本/元	0.63	1.31	1.17	0.56
每股收益 – 稀释/元	0.63	1.31	1.17	0.56
关键比率				
净资产收益率 ROE(摊薄)/%	20.22	40.89	50.53	30.68
资产负债率/%	44.31	33.58	43.58	52.43
利润表摘要				
营业总收入/亿元	1.48	3.89	3.58	3.27
净利润/亿元	0.33	0.68	0.61	0.29

续表

项目	2022 年中报	2021 年年报	2020 年年报	2019 年年报
资产负债表摘要				
资产总计/亿元	2.92	2.50	2.13	2.00
股东权益/亿元	1.63	1.66	1.20	0.95
经营活动产生的现金净流量/亿元	1.00	0.18	0.91	0.10

3. 主要反馈问题

问题 1. 超产生产是否需重新履行环评

报告期内发行人持续超设计产能生产危化品，其中 2020 年超产 41%，按照生态环境部发布的《污染影响类建设项目重大变动清单(试行)》，超产 30% 的需要重新履行环评手续。攀枝花市生态环境局于 2021 年 1 月 12 日出具的《证明函》：自 2018 年 1 月 1 日起至证明函出具之日，东立科技能够遵守环保相关法律、法规及规范性文件的要求，污染物排放总量和范围符合规定，未发生重大环境污染事故，不存在环境保护方面的重大违法违规行为，不存在因违反环保法律、法规而受到重大行政处罚的情形。二轮问询要求进一步说明是否需重新环评，回复内容为发行人生产线产能超出设计产能 30% 以内的，不属于《污染影响类建设项目重大变动清单(试行)》等规定的重大变动，不需重新环评。

问题 2. 生产经营的重大不利变化风险

(1) 技术服务模式下与东方钛业的合作是否可持续。(2) 自主生产模式下新增项目的实施风险。(3) 是否存在被替代风险。

问题 3. 发行人、兴中钛业、亚平宁商贸三方交易金额与资金流转情况不匹配

发行人、亚平宁商贸、兴中钛业三方交易金额与资金流转情况存在较大差异。(1) 2018 ~ 2020 年，公司向亚平宁商贸采购的款项分别为 0 万元、3607.49 万元、1955.69 万元，公司支付给亚平宁商贸的款项分别为 4466.02 万元、8705.31 万元、4407.94 万元，收到亚平宁商贸的款项分别为 3516.02 万元、5107.05 万元、2669.80 万元。(2) 2018 ~ 2020 年，公司向兴中钛业销售的款项分别为 1808.32 万元、3128.80 万元、2948.49 万元，公司收到兴中钛业的款项分别为 1914.34 万元、3047.22 万元、3795.22 万元。(3) 2018 ~ 2020 年，兴中钛业向亚平宁商贸销售的款项分别为 1160.83 万元、2101.51 万元、1248.00 万元，亚平宁商贸支付给兴中钛业的款项分别为 1415.29 万元、6333.50 万元、5378.01 万

元,亚平宁商贸收到兴中钛业的款项分别为424.28万元、5350.57万元、2841.61万元。

问题4.资金流水核查结论是否准确

发行人关联方兴中钛业、兴中矿业、虹亦仓储与发行人客户、供应商存在大额资金往来。中介机构核查了发行人、实际控制人、董监高、关键岗位人员、发行人关联方等的银行账户,部分人员银行账户核查数量与首轮问询回复的核查数量不一致;发行人的实际控制人与供应商亚平宁商贸、米易县永恒欣工贸有限公司存在资金往来,与首轮问询回复中"未发现实际控制人与供应商存在资金往来等相关情况"的核查结论不一致。

三十二、浦漕科技,2022年3月14日终止

1.主营业务

电线电缆研发、生产、销售。

2.报告期业绩(见表3-32)

表3-32　报告期业绩

项目	2022年中报	2021年年报	2020年年报	2019年年报
每股指标				
每股收益-基本/元	0.07	0.21	0.22	0.18
每股收益-稀释/元	0.07	0.21	0.22	0.18
关键比率				
净资产收益率ROE(摊薄)/%	3.95	12.85	14.95	14.43
资产负债率/%	42.35	44.62	45.68	49.92
利润表摘要				
营业总收入/亿元	2.40	5.48	5.35	4.98
净利润/亿元	0.13	0.40	0.40	0.33
资产负债表摘要				
资产总计/亿元	5.58	5.58	4.95	4.57
股东权益/亿元	3.22	3.09	2.69	2.29
经营活动产生的现金净流量/亿元	-0.55	-0.14	0.30	0.26

3.主要反馈问题

问题1.2021年新增主要客户真实性

2021 年 1 ~6 月,发行人在被国网平台暂停中标资格情况下,新增江苏汇亿恒、四川百顿、开能智慧能源等主要客户,营业收入较去年同期未发生明显变化。其中,买卖宝科技指定发行人为江苏汇亿恒的供应商。

问题 2. 铜价上涨情况下毛利率增长的合理性

2020 年起发行人主要原材料铜的价格持续大幅上涨,但发行人 2021 年上半年毛利率高于 2020 年,且与太阳电缆、中超控股等公司毛利率变化趋势不一致。发行人存在实际执行订单价格高于原订单的情况。

问题 3. 向东春辉贸易支付与实际采购匹配性

发行人向东春辉贸易支付资金与东春辉实际采购时间存在一定间隔。

三十三、爱信股份,2022 年 3 月 10 日终止

1. 主营业务

通信网络技术服务,主要为爱立信、中兴、华为、诺基亚全球四大通信设备制造商,以及中国移动、中国电信、中国联通三大通信运营商及中国铁塔提供包括通信网络集成服务、通信网络运维服务以及通信网络优化和咨询服务。

2. 报告期业绩(见表 3 -33)

表 3 -33　报告期业绩

项目	2022 年中报	2021 年年报	2020 年年报	2019 年年报
每股指标				
每股收益 -基本/元	0.09	0.34	0.40	0.27
每股收益 -稀释/元	0.09	0.34	0.40	0.27
关键比率				
净资产收益率 ROE(摊薄)/%	3.24	12.97	17.57	13.30
资产负债率/%	26.37	29.88	33.38	30.42
利润表摘要				
营业总收入/亿元	2.11	5.65	4.59	3.44
净利润/亿元	0.07	0.29	0.34	0.19
资产负债表摘要				
资产总计/亿元	3.03	3.14	2.88	2.09
股东权益/亿元	2.23	2.20	1.92	1.45
经营活动产生的现金净流量/亿元	-0.24	-0.38	-0.23	0.03

3. 主要反馈问题

问题 1. 财务核算是否真实、准确

报告期内发行人存在以下事项：(1)自然人供应商数量多且个别交易金额较大、主要客户推荐自然人作为劳务外协商。2018 年至 2020 年发行人非法人单位供应商分别有 8 家、29 家和 35 家，2019 年发行人主要客户中移建设北京分公司向发行人推荐个人供应商王珍珍，报告期内累计采购金额为 1719.81 万元。(2)通过劳务外协商代发工资或员工代开普通发票报销等方式发放工资。(3)主要劳务外协商注册地与订单执行区域不一致。根据问询回复及公开信息，主要劳务外协商宁波广捷 2017 年 8 月成立、注册地为宁波市，成立当年即与发行人合作、来自公司的业务收入占其各期营业收入总额的比例为 70% 左右，但人员规模及参保人数均为 0 且项目地域分布多在东北，类似劳务外协商还包括安徽耕昌外包服务有限公司等。(4)报告期内发行人通信网络运维服务毛利率均为 4.5% 左右，低于同行业可比公司的主要原因为该业务公司从爱立信、赛尔通信、诺基亚等承接，而同行业可比公司该类业务直接从中国移动等通信运营商承接。为保证利润空间，发行人选择了需预付款的劳务外协商。

问题 2. 公司治理及财务内控是否有效

报告期内发行人存在以下事项：(1)公司治理方面，2019 年 5 月、2020 年 3 月发行人向前五大劳务外协商宁波广捷、长春新立累计转账 516 万元，当天宁波广捷、长春新立向发行人董事、高级管理人员汇款，用于其个人证券投资和参与发行人定向增发，前述款项直至 2020 年 12 月底归还。(2)资金管理方面，2018 年年末至 2020 年年末发行人预付账款分别为 3470.04 万元、1383.98 万元、3753.53万元，主要为预付劳务外协商长春新立、宁波广捷的劳务外协费，同时报告期内发行人存在通过劳务外协商代发工资或员工代开普通发票报销等方式发放工资等情形，并因此进行多项会计差错更正。(3)公司组织结构方面，截至招股说明书签署日发行人拥有 4 家控股子公司、1 家参股公司和 11 家分公司，同时已在 20 余个省、自治区、直辖市设立了项目部或服务网点。

问题 3. 业务实质及是否具有持续经营能力

(1)2020 年 10 月，瑞典邮政和电信管理局(PTS)对华为和中兴发布 5G 网络建设禁令，禁止华为、中兴参与其国家 5G 网络建设。瑞典反贸易全球化政策加剧了两国贸易摩擦。2021 年，爱立信在三大运营商 5G 无线主设备建设项目中的中标份额由 2020 年的 10% 左右下降至 2% 左右，中标份额下降显著。(2)发行人与爱立信、中国移动等主要客户的框架合同将于 2021 年年底到期，主要框架合同的续期、新业务招投标项目将集中在2021年年底至2022年年初进行招投标。

问题4. 收入确认是否合规、准确

报告期内发行人存在以下情形:(1)发行人通信网络技术服务按照完工确认单确认收入;若无法取得客户提供的完工确认单,发行人会自制包含期间、订单号及金额的完工确认单让客户予以确认,但主要客户爱立信、中兴通讯、中移建设北京分公司等对接人员是否有权代表客户确认无法判断。(2)通信网络集成服务各个订单项目周期一般为1周至4周不等,发行人会计差错更正前存在未完工项目、会计处理方式为同时确认收入和成本,但更正后存货中不存在未完工项目。(3)发行人固网业务、无线网业务主要客户中移铁通北京分公司2018年至2020年各订单项目周期均为1周至4周不等,2021年1~6月项目周期变更为"按月确认工作量",与同类业务其他客户如中移建设北京分公司的项目周期不一致,且最近一期该业务收入金额及占比大幅上升。

三十四、秦森园林,2022年2月18日终止

1. 主营业务

园林工程施工、园林景观设计及园林养护。

2. 报告期业绩(见表3-34)

表3-34 报告期业绩

项目	2022年中报	2021年年报	2020年年报	2019年年报
每股指标				
每股收益-基本/元	-0.06	0.35	0.37	0.53
每股收益-稀释/元	-0.06	0.34	0.37	0.53
关键比率				
净资产收益率ROE(摊薄)/%	-1.33	7.72	8.91	13.57
资产负债率/%	77.36	78.02	78.79	78.89
利润表摘要				
营业总收入/亿元	2.34	10.69	10.44	13.96
净利润/亿元	-0.13	0.74	0.79	1.12
资产负债表摘要				
资产总计/亿元	42.12	43.97	42.09	39.53
股东权益/亿元	9.54	9.66	8.93	8.34
经营活动产生的现金净流量/亿元	-0.34	-0.51	2.66	0.45

3. 主要反馈意见

问题1. 实际控制人存在共约1.64亿元的个人债务及对赌回购义务

实际控制人是否具备偿债能力。根据公开发行说明书，发行人实际控制人秦同千与第二大股东前海固与于2019年1月签署了《借款合同》，借款金额7000万元，借款期限2019年1月至2022年1月。秦同千以其所持发行人股份的99.92%提供质押担保，并办理了股权质押登记。后经协商，双方于2021年6月20日签署了《股份质押解除协议》，并于2021年6月21日办理了上述股权的质押解除登记。

问题2. 补充披露未认定秦焕根为共同实际控制人的原因

发行人控股股东及实际控制人为秦同千，直接或间接持有44.51%的股份。秦焕根为秦同千的胞弟，持有公司5.95%的股份。

问题3. 最近12个月内董事会秘书、财务总监辞职

发行人副总经理、董事会秘书张庆，副总经理、财务总监顾海兰分别于2020年11月3日、2021年4月13日辞去公司职务。

问题4. 国家储备林项目的可持续性

报告期内园林工程业务收入占比均在99%左右，2019～2020年度，主要园林工程项目均为河南省下属县市储备林PPP项目，主要服务位于华中的安阳、渑池、新乡、叶县等地区，公司在近两年该区域的收入占比均超过80%，已经成为公司重要的经营区域。

问题5. 部分供应商成立时间较短

2018～2020年发行人向前五大供应商采购占比40.16%、25.74%、18.97%，部分供应商存在成立时间短、注册资本小的情况，其中旭焱建筑于2018年成立、2018年采购金额1.37亿元；向虎建材于2017年成立、注册资本500万元，2018年采购金额0.81亿元；梁淼建筑注册资本10万元，采购金额6406万元。2018～2020年发行人苗木采购金额占比17.05%、52.72%、57.35%。

问题6. 劳务分包的合规性及质量控制

报告期内，公司劳务采购金额分别为22,645.56万元、32,095.77万元、24,291.79万元，占各期采购总额的比例分别为22.12%、31.24%、29.43%。

问题7. 发行人董监高与供应商、项目保荐代表人存在资金往来

根据保荐工作报告，报告期内发行人董事、副总经理秦焕根，监事叶建军与发行人供应商之间存在大额的资金往来；发行人监事张雪峰，副总经理、董事会

秘书、前财务总监顾海兰与保荐代表人曹路、张高峰之间存在资金周转。

三十五、博芳环保,2022 年 1 月 12 日终止

1. 主营业务

水处理剂的研发、生产和销售、智能化污水处理设备的研发、集成和销售、污水处理工程服务及污水处理设施运营服务。

2. 报告期业绩(见表 3 - 35)

表 3 - 35　报告期业绩

项目	2022 年中报	2021 年年报	2020 年年报	2019 年年报
每股指标				
每股收益 - 基本/元	0.22	0.70	0.99	1.01
每股收益 - 稀释/元	0.25	0.70	0.99	1.01
关键比率				
净资产收益率 ROE(摊薄)/%	7.24	20.41	34.93	43.47
资产负债率/%	23.82	25.10	34.89	50.41
利润表摘要				
营业总收入/亿元	0.75	1.57	1.63	1.13
净利润/亿元	0.10	0.30	0.43	0.30
资产负债表摘要				
资产总计/亿元	2.19	2.16	1.96	1.40
股东权益/亿元	1.67	1.62	1.28	0.69
经营活动产生的现金净流量/亿元	-0.03	0.40	0.46	0.47

3. 主要反馈问题

问题 1. 补充披露母子公司分工及子公司情况

发行人有 3 家全资子公司(肇庆领誉、四会中水、广州中水)、1 家控股子公司(湖北众净)、1 家参股公司(湖北博净)。其中,广州中水、四会中水分别成立于 2018 年 6 月、2020 年 9 月;湖北众净成立于 2017 年 11 月;2020 年 10 月,发行人购买了郭晓俊和江杰分别持有湖北众净 38.70%、12.28% 的股份,目前发行人与湖北众净企业管理有限公司分别持有湖北众净 50.98%、49.02% 的股份;湖北博净成立于 2021 年 1 月,发行人与郭晓杰、武汉净迪过滤环保科技有限公司分别持有湖北博净 40.00%、30.00%、30.00% 的股份。目前,上述两家公司均未实际开展业务。

问题 2. 成长空间及业务转型风险

从事污水处理企业较多，污水处理行业集中度较低，市场竞争激烈，存在较高的技术壁垒、资金壁垒。报告期内，公司主营业务收入全部源于华南地区，拟通过湖北众净、湖北博净开拓湖北地区业务。

问题 3. 与广州中洁资金往来是否涉及利益输送

（1）2008 年 8 月，杨宇、马艳芳、李明玉设立广州中洁。2017 年 2 月，为方便转贷，杨宇、马艳芳、李明玉将广州中洁股权转让给高鸣鸣、李瓒，杨宇和马艳芳委托高鸣鸣、李瓒代为持有广州中洁的股权。（2）2018～2019 年，关联方广州中洁分别为发行人第一、第三大供应商，占当期采购金额的 21.18%、3.73%，主要系发行人开展污水处理设施投资运营业务时部分小规模供应商无法开具增值税专用发票或普通发票，故统一向广州中洁采购、签订合同、结算货款、取得发票，广州中洁再向供应商采购、签订合同、结算货款、取得发票或收据。（3）2021 年 4 月，发行人董事会及股东大会对 2018～2019 年与广州中洁及其子公司的关联关系及交易进行了追认，并遵循"平进平出"的价格原则。

问题 4. 财务核算的规范性

（1）收入确认方法披露不充分。根据申请文件，发行人业务分为销售商品、运营服务（投资及委托）、建造服务三类，其中销售商品、建造服务涉及验收环节。请发行人：①按销售商品、运营服务（投资及委托）、建造服务等业务模式补充披露报告期内收入确认方式及依据、结算时点及依据，逐一说明上述会计处理是否符合《企业会计准则》规定。②补充披露除水处理剂销售外，发行人 2018 年至今所有项目的业务模式及基本情况，包括不限于客户名称、项目内容、开始运营时间、合同期限、项目进度、合作终止时间、收入、成本、毛利率、结算周期、回款情况等，分析说明上述项目收入确认时点是否准确、与成本结转是否匹配。③结合上述项目主要合同条款、行业惯例等，逐一说明对该项目划分为 BOO、PPP、EPC + O 的主要依据及合理性。④结合新收入准则某一时段内履行履约义务的满足条件，说明发行人委托运营业务属于某一时段内履行履约义务还是某一时点履行履约义务，相关会计处理是否符合《企业会计准则》规定。⑤补充披露销售商品、建造服务验收标准、证据及周期，是否存在已交付未通过验收的情况。⑥补充说明污水运营服务项目（投资及委托）合同条款是否就污水处理需要达到的效果进行了约定，实际处理效果是否符合约定或法律法规规定，是否发生过水质超标的情况。⑦详细说明投资运营服务业务如何通过在线监测、不定期抽检等方式检验发行人水质情况，若水质达标，上述数据是否可以作为投资运营服务收入确认时点及结算依据，风险报酬转移是否已发生转移，是否符合行业惯例；补充披露委托运营服务下客户对水质的监测方法及水质超标对发行人的具体影响。

（2）污水处理工程服务由完工百分比法调整为终验法是否应追溯调整。根据申请文件，2018～2019年，发行人污水处理工程服务按照与工程委托方确认的完工百分比确认收入。2021年4月，发行人就该服务2020年收入确认方法进行会计政策变更，改为公司施工建设完毕并取得工程验收报告时确认收入。请发行人：①结合公司外部宏观环境、内部控制、销售模式、业务性质、收入确认的风险及报酬转移时点是否发生变化等因素，分析说明将2020年污水处理工程服务收入确认方式调整为终验法的原因及合理性，以及上述调整认定为会计政策变更而非会计差错更正的依据，是否符合《企业会计准则》规定。②按照终验法对报告期各期污水处理工程服务的收入确认进行测算，分析说明发行人经营业绩与完工百分比法下收入确认的具体差异及原因。

（3）存在多项会计差错更正。根据申请文件，发行人对2018～2019年财务报表进行了会计差错更正，其中2018年分别调增净资产、净利润4.08%、10.87%，2019年分别调增净资产、净利润3.88%、3.14%。请发行人：①逐项说明会计差错更正事项的形成原因、更正后会计处理的依据，披露各项会计差错累计对各期净利润、净资产的影响比例。②说明会计差错更正是否反映发行人存在会计基础工作薄弱、内控缺失、审计疏漏、滥用会计政策或者会计估计以及恶意隐瞒或舞弊行为，是否构成重大会计差错更正；如存在会计基础工作薄弱、内控缺失，请说明整改情况。③说明相关调整是否存在导致收入、成本跨期的情形，是否存在利润调节或操纵的情形。

三十六、思源股份，2022年1月6日终止

1. 主营业务

视频信息系统专网建设和运营服务，包括系统方案咨询与设计、软件定制化开发、设备供应、系统集成、系统运营和维护等。

2. 报告期业绩(见表3－36)

表3－36　报告期业绩

项目	2022年中报	2021年年报	2020年年报	2019年年报
每股指标				
每股收益－基本/元	0.03	0.39	0.54	0.45
每股收益－稀释/元	0.03	0.39	0.54	0.45
关键比率				
净资产收益率ROE(摊薄)/%	1.01	11.46	17.69	17.90
资产负债率/%	65.91	68.63	69.44	70.54
利润表摘要				
营业总收入/亿元	0.68	2.21	2.39	2.58
净利润/亿元	0.02	0.18	0.25	0.21
资产负债表摘要				
资产总计/亿元	4.77	5.13	4.66	3.98
股东权益/亿元	1.63	1.61	1.43	1.17
经营活动产生的现金净流量/亿元	0.11	-0.26	-0.28	-0.21

3. 主要反馈问题

问题1. 财务负责人长期空缺的原因及合规性

2017年2月7日,何亚娣辞去财务负责人职务;2019年3月22日,发行人聘任汪剑辉为公司财务负责人;2017年2月至2019年2月,发行人财务负责人空缺。

问题2. 募投项目的合理性

申报时发行人拟将本次募集资金全部用于补充流动资金;申报后发行人变更了募集资金投向,拟将本次募集资金中的1亿元用于补充流动资金,4200万元用于偿还银行贷款。

问题3. 分期收款项目加剧公司资金压力及相关信息披露准确性

报告期内,发行人分期收款业务销售收入金额分别为5917.07万元、2467.76万元、7678.14万元,占比分别为26.53%、9.55%、32.17%,分期收款项目款项一般3~5年收回,收款周期较长导致发行人资金压力较大。

问题4. 是否对外部软件存在依赖

公司视频信息系统整体解决方案项目所用的软件包括外购软件和自主开发

软件,公司在发明专利和软件著作权的数量、研发费用占营业收入比例、研发人员占比均明显低于同行业可比公司的平均水平,外购软件比重高于同行业可比公司。

问题5. 毛利率明显低于同行业可比公司且大幅波动

发行人不同项目毛利率波动较大,系统解决方案的毛利率持续下滑且低于同行业平均水平的原因主要是发行人研发投入、职工人数及分支机构低于同行业可比公司,导致发行人软件采购和劳务采购比重高于同行业可比公司。

三十七、天维信息,2022年1月6日终止

1. 主营业务

专业为银行业金融机构提供绩效管理解决方案。

2. 报告期业绩(见表3-37)

表3-37 报告期业绩

项目	2022年中报	2021年年报	2020年年报	2019年年报
每股指标				
每股收益-基本/元	0.03	0.21	0.31	0.29
每股收益-稀释/元	0.03	0.21	0.31	0.29
关键比率				
净资产收益率-扣除/%	2.13	11.19	18.93	20.05
资产负债率/%	19.02	20.66	25.54	27.37
资产周转率/倍	0.53	1.26	1.25	1.25
利润表摘要				
营业总收入/亿元	0.69	1.63	1.49	1.38
净利润/亿元	0.02	0.12	0.18	0.17
归属母公司股东的净利润/亿元	0.02	0.12	0.18	0.17
非经常性损益/亿元	0.00	0.00	0.00	0.01
归属母公司股东的净利润(扣除非经常性损益)/亿元	0.02	0.12	0.18	0.16
息税前利润EBIT(东方财富计算)/亿元	0.03	0.14	0.20	0.20
息税折旧摊销前利润EBITDA(东方财富计算)/亿元	0.04	0.17	0.22	0.20

续表

项目	2022 年中报	2021 年年报	2020 年年报	2019 年年报
资产负债表摘要				
资产总计/亿元	1.28	1.34	1.26	1.12
股东权益/亿元	1.04	1.06	0.94	0.81
归属母公司股东的权益/亿元	1.04	1.06	0.94	0.81
经营活动产生的现金净流量/亿元	-0.13	0.11	0.15	0.11

3. 主要反馈问题

问题 1. 公司经营稳定性及成长空间

(1)与现有客户合作的稳定性。2018 年至 2020 年,公司客户是银行为主的金融机构,数量较多,单个客户收入贡献较低,单一银行的集中度不高。前五大客户收入占比分别为 8.30%、12.28%、15.90%,且变动较大。请发行人:①按照与客户的合作时间划分客户类型,补充披露各类型客户的数量及对应收入、占比、变动趋势;补充披露报告期各期新增、减少、续签客户数量及对应收入金额、占比;按照报告期内各客户所对应销售收入金额大小,分区段披露对应客户数量、收入金额及占比。②结合前述情况以及报告期内变动情况、变动原因等,分析并补充披露客户比较分散对公司客户开拓与维护成本、经营业绩、经营稳定性的影响,并说明 2020 年合同负债大幅增加的原因。③结合前述情况以及公司与主要客户的合作历史及长期合作协议(如有)、主要客户在绩效管理解决方案领域支出变动趋势、相关服务或产品复购率、服务周期、公司与其他绩效管理解决方案供应商的竞争优劣势、报告期各期来自主要客户的收入金额及变动趋势、在手订单等情况,分析并补充披露公司与现有客户合作的稳定性及可持续性,是否存在与客户终止合作的风险,是否存在被其他竞争对手抢占客户的风险。

(2)开拓新客户是否存在困难。2018 年至 2020 年,公司在华北和华东区域的收入占比为 64.88%、71.49% 和 62.01%。公司银行客户类型的集中度较高,主要为农村金融机构或中小商业银行。请发行人:①补充披露公司银行客户类型的集中度较高且主要为农村金融机构或中小商业银行的原因及合理性,销售区域集中的原因及合理性,为减少客户行业、区域集中度较高的风险所采取的具体措施及实施效果。②结合国有大型商业银行、股份制商业银行、城市商业银行和省农信、农商等农村金融机构在信息化建设领域的投入变动趋势以及发行人主要客户类型,报告期各期新增、续签、减少的客户数量、类型、收入金额及占比、所属区域等,分析并补充披露公司开拓银行类新客户、非银行类新客户的主要方向,分别面临的主要困难、应对措施及有效性,跨区域拓展客户面临的挑战,是否存在市场开拓不及预期的风险,是否存在市场份额被抢占、经营业绩下滑的风险。

(3)细分行业市场空间是否受限。发行人所处市场处于充分竞争状态,中国银行业IT解决方案主要分为业务类、渠道类、管理类和其他类四大类。请发行人补充披露公司主要产品及服务与上述分类之间的对应关系,并结合发行人所处细分行业的总体市场规模及信息化建设投入变动趋势、市场竞争格局、发行人核心竞争力等,分析并补充披露公司未来成长空间是否受限。

问题2.主要业务是否存在项目集中到期无法持续的风险

公司客户是银行为主的金融机构,数量较多,单个客户收入贡献较低,单一银行的集中度不高。公司核心业务绩效管理数据服务业务从2014年开始推广,一般与客户以五年为一个合作周期。

请发行人:(1)补充披露客户对于绩效管理数据服务的需求是否具有持续性,在完成一个合作周期后短期内是否还有购买软件或其他服务的需求,公司报告期各年到期的项目数量及续期数量、续期项目金额较前次是否有显著下降。(2)补充披露公司报告期各年新增订单情况,并结合银行行业的相关政策、对于绩效管理方面的投入情况(包含自身建设和对外采购)、目前绩效管理体系建设的完成情况和升级改造需求等,测算行业的整体市场空间,说明是否存在未来需求逐步下滑的风险。(3)按照剩余服务期限对现有在手订单进行划分,补充披露未来几年将到期的项目数量及金额,说明是否存在集中到期风险,发行人业务是否具有可持续性。(4)补充披露银行业绩效管理与其他行业的异同,发行人是否存在向其他行业绩效管理领域拓展的能力及相关规划。

问题3.报告期内存在体外账户

报告期各期末,公司货币资金余额分别为825.13万元、3272.61万元、3323.32万元,占净资产比重分别为12.03%、40.22%、35.42%,各期利息收入分别为25.41万元、9.91万元、10.95万元;报告期内,发行人存在体外账户。

(1)体外账户使用情况及合规性。请发行人:①补充披露体外账户的具体情况,包括全部体外账户的开户方、与实际控制人及董监高是否存在关联关系、相关账目金额、对手方、往来原因、时间、最终资金流向、使用体外账户原因,相关资金入账是否完整、会计处理是否规范。②说明体外账户对财务信息真实性的影响,体外账户与实际控制人及董监高是否存在资金往来,是否存在通过体外账户进行商业贿赂，是否存在实际控制人或其他关联方占用公司资金情形，是否违反相关法律法规。③说明银行账户使用及内控是否规范，相关内部控制是否健全且有效执行、是否存在会计基础薄弱，体外账户的整改情况，并对上述事项作重大事项提示并充分揭示风险。

（2）货币资金与利息收入的匹配性。请发行人：①补充披露报告期内银行存款持有及变动情况，并测算其与利息收入是否匹配。②说明后续对现有货币资金的具体使用规划，以及在报告期内持有大量库存现金却未扩增公司产能的原因及合理性。③说明对闲置货币资金的管理方法，财务预算、资金盈余管理相关的内部控制及执行的有效性。

问题4.研发费用归集准确性及咨询服务费合理性

2018年至2020年，发行人研发费用分别为1144.01万元、1286.85万元、1282.47万元，研发人员职工薪酬占比分别为97.87%、98.92%、99.53%；销售费用中咨询服务费金额分别为22.14万元、35.14万元、132.58万元，市场维护费分别为95.16万元、152.49万元、139.03万元。

（1）研发人员与生产人员混同。请发行人：①补充披露研发人员的界定标准，拆分列示研发人员与生产人员数量情况。②说明报告期内是否存在将从事非研发工作人员归为研发人员、研发人员从事非研发活动或同时参与多个研发项目的情形，研发投入归集和核算是否准确，研发相关内控制度是否建立健全并得到有效执行。③结合研发项目、研发内容、薪酬制度等，说明研发费用中职工薪酬与各期研发人员数量是否匹配。

（2）咨询服务费的合理性。为了开拓西北市场，发行人与外部销售机构西安优如信信息技术有限公司合作，产生了一定的咨询服务费用。根据公开信息，西安优如信信息技术有限公司于2017年11月成立，2019年则与发行人开展业务合作。请发行人：①按照项目性质，补充披露咨询服务费的具体构成情况。②补充公司与西安优如信信息技术有限公司的合作情况，包括各期费用金额、合作模式、所提供服务内容、收费标准等，并说明上述合作模式是否符合市场惯例，优如信设立不久则与其开展业务合作的合理性，与实际控制人、董监高或者客户是否存在关联关系，是否存在通过支付咨询服务费进行商业贿赂的情形。

（3）销售费用率高于可比公司。请发行人补充披露市场维护费的具体内容，并进一步说明销售费用率高于同行业可比公司的原因及合理性。

附件　上市板块定位与财务指标对比

一、各板块定位(见附表1)

附表1　各板块定位

板块	主板	创业板	科创板	北交所
行业定位	符合国家产业政策具有一定盈利规模的大型蓝筹企业	主要服务成长型创新创业企业,支持传统产业与新技术、新产业、新业态、新模式深度融合	科创企业:新一代信息技术领域、高端装备领域、新材料领域、新能源领域、节能环保领域、生物医药领域	专精特新型中小企业,重点支持先进制造业和现代服务业等领域的企业

(一)科创板

2021年4月16日,证监会发布修订后的《科创属性评价指引(试行)》。按照支持类、限制类、禁止类,分类界定科创板行业领域,建立负面清单制度,科创板支持和鼓励新一代信息技术、高端装备、新材料等"六大行业领域"以及符合科创板定位的其他领域的企业上市,同时明确禁止房地产和主要从事金融、投资类业务的企业在科创板发行上市,并要求保荐机构推荐其他领域公司时充分论证、审慎推荐。突出定性和定量综合研判,严防研发投入注水、突击购买专利。

科创板科创属性:

(1)最近三年累计研发投入占最近三年累计营业收入比例5%以上,或者最近三年研发投入金额累计在6000万元以上。其中,软件企业最近三年累计研发投入占最近三年累计营业收入比例10%以上。

(2)研发人员占当年员工总数的比例不低于10%。

(3)形成主营业务收入的发明专利(含国防专利)5项以上,软件企业除外。

(4)最近三年营业收入复合增长率达到20%,或者最近一年营业收入金额达到3亿元。(采用预计市值不低于40亿元的上市标准除外)

例外指标:

(1)拥有的核心技术经国家主管部门认定具有国际领先、引领作用或者对于国家战略具有重大意义。

(2)作为主要参与单位或者核心技术人员作为主要参与人员,获得国家自然科学奖、国家科技进步奖、国家技术发明奖,并将相关技术运用于主营业务。

(3)独立或者牵头承担与主营业务和核心技术相关的国家重大科技专项项目。

(4)依靠核心技术形成的主要产品(服务),属于国家鼓励、支持和推动的关键设备、关键产品、关键零部件、关键材料等,并实现了进口替代。

(5)形成核心技术和主营业务收入相关的发明专利(含国防专利)合计50项以上。

(二)创业板定位:"三创四新"——创业板负面清单

属于中国证监会公布的《上市公司行业分类指引》(2012年修订)中如附图1所示行业的企业,原则上不支持其申报在创业板发行上市,但与互联网、大数据、云计算、自动化、人工智能、新能源等新技术、新产业、新业态、新模式深度融合的创新创业企业除外。

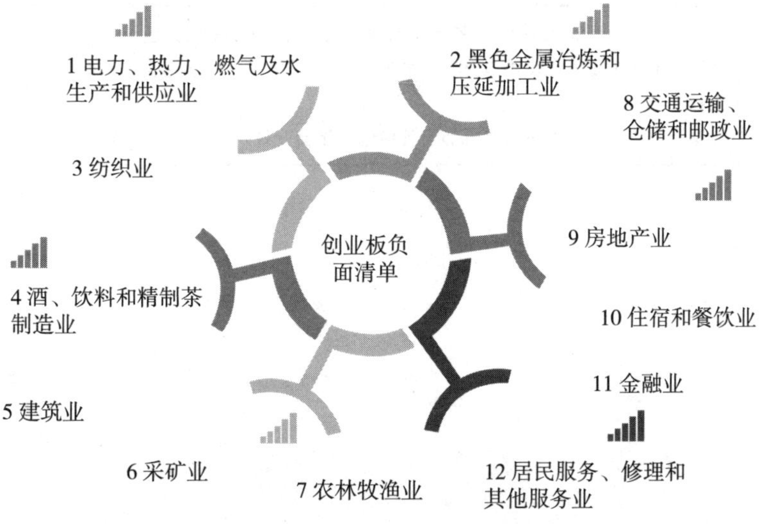

附图1　创业板负面清单

二、各板块财务指标对比(见附表2)

附表2　各板块财务指标对比

类别	对比内容
北交所	①预计市值不低于2亿元,最近两年净利润均不低于1500万元且加权平均净资产收益率平均不低于8%,或者最近一年净利润不低于2500万元且加权平均净资产收益率不低于8%; ②预计市值不低于4亿元,最近两年营业收入平均不低于1亿元,且最近一年营业收入增长率不低于30%,最近一年经营活动产生的现金流量净额为正; ③预计市值不低于8亿元,最近一年营业收入不低于2亿元,最近两年研发投入合计占最近两年营业收入合计比例不低于8%; ④预计市值不低于15亿元,最近两年研发投入合计不低于5000万元。 前款所称预计市值是指以发行人公开发行价格计算的股票市值
科创板	①预计市值不低于10亿元,最近两年净利润均为正且累计净利润不低于5000万元,或者预计市值不低于10亿元,最近一年净利润为正且营业收入不低于1亿元; ②预计市值不低于15亿元,最近一年营业收入不低于2亿元,且最近三年累计研发投入占最近三年累计营业收入的比例不低于15%; ③预计市值不低于20亿元,最近一年营业收入不低于3亿元,且最近三年经营活动产生的现金流量净额累计不低于1亿元; ④预计市值不低于30亿元,且最近一年营业收入不低于3亿元; ⑤预计市值不低于40亿元,主要业务或产品须经国家有关部门批准,市场空间大,目前已取得阶段性成果。医药行业企业需至少有一项核心产品获准开展二期临床试验,其他符合科创板定位的企业需具备明显的技术优势并满足相应条件
创业板	①最近两年净利润均为正,且累计净利润不低于人民币5000万元; ②预计市值不低于人民币10亿元,最近一年净利润为正且营业收入不低于人民币1亿元; ③预计市值不低于人民币50亿元,且最近一年营业收入不低于人民币3亿元

参考文献

1.《首部新三板蓝皮书:未来十年它将成我国最重要的资本阵地》,载汇财经 2016 年 8 月 10 日,http://m. jpm. cn/article - 13985 - 1. html。

2. 吴晓波:《影响商业的 50 本书》,浙江大学出版社 2020 年版。

3. 徐明:《深化新三板改革　高质量建设北京证券交易所》,第二十六届(2022 年度)中国资本市场论坛上的讲话,2022 年 1 月 8 日于北京。